苗元一 著

中国历史宿命论研究

——推背学概论

中南出版传媒

岳麓書社·长沙

目 录

上篇 推背学概论

下篇　《推背图》象数易学、图书易学及历史宿命论构建

上篇

推背学概论

引　言

世所公认：《易经》是中国历史上最古老的典籍，《推背图》是中国历史上最神秘的典籍。

数千年以来，作为中国文化渊源的《易经》，研究者不计其数，著述汗牛充栋，蔚为大观，经历代先哲之阐发，终形成了所谓二派六宗之说[①]，深刻地影响了并仍在影响着中国历史的方方面面。而《推背图》问世1300多年以来，闻者甚众而研究者甚少，长期流落于江湖术士之手，受金圣叹之影响，研究者多盲词呓语附会史事，或望文生义，或按图索骥，至今竟没有一部将其视作易学著作并对其进行易学诠释的学术性著作。究其原因，一方面是因为在漫漫千载的专制主义时代，《推背图》长期被后人误认为仅是研究朝代更迭、政权嬗变、家国治乱的超验性的政治学著作从而被历代王朝所严禁，致使学者大儒不敢深究。另一方面，象数易学自汉末渐衰，加之魏王弼扫象痛击，至唐李鼎祚《周易集解》之后已成绝学，后学无人识得《推背图》的易学创作原理，进而粗暴地将其斥为虚妄之作。

笔者从1991年开始研究《推背图》，历时19年，先后参阅了

① 《四库全书·总目·经部·易类》："易之为书，推天道以明人事者也。《左传》所记诸占，盖犹太卜之遗法。汉儒言象数，去古不远也。一变而为京焦，入于禨祥。再变而为陈邵，务穷造化，易遂不切于民用。王弼尽黜象数，说以老庄。一变而胡瑗程子，始阐明儒理。再变而李光、杨万里，又参证史事。易遂日启其论端。此两派六宗已互相攻驳。又易道广大，无所不包，旁及天文、地理、乐律、兵法、韵学、算术以逮方外之炉火，皆可援易以为说。"两派即象数派和义理派，六宗指太卜遗法、京房焦延寿禨祥说、王弼老庄说、陈抟邵雍造化说、胡瑗程子儒理说、李光杨万里史事说。

包括明清手抄本在内的七种不同版本，结论是：《推背图》是易学史上一部伟大的易学著作。《推背图》无一字一句、一图一画不源于《易》，《推背图》是象数易学的经典和图书易学的里程碑，《推背图》不仅是两汉象数易学的终极，也是两宋图书易学的开端。《推背图》以易理为根基，以象数易学和图书易学为逻辑，构筑了其宏大的历史哲学和政治哲学——中国历史宿命论体系。

《推背图》的研究涉及象数易学、图书易学、历史哲学、政治哲学、天文学、星象学、文字学等，横跨文史哲乃至自然科学，形成了一个需要综合性研究的独特视域。据此，笔者提出构建推背学一说。所谓推背学，就是关于研究《推背图》的象数易学原理和图书易学原理及其历史哲学和政治哲学——中国历史宿命论的一门学问。本著试图对此予以概论。

第一章 《推背图》是象数易学的经典

就易经的生成史来看，象数是根，易理是本，根本须臾而不可分离。“古者包牺氏之王天下也，仰则观象于天，俯则观法于地，观鸟兽之文与地之宜，近取诸身，远取诸物，于是始作八卦，以通神明之德，以类万物之情。”“是故易者，象也。象也者，像也。”①“易以天地准，故能弥纶天地之道”②，正因为圣人观天地之象而制易，所以才能贯通天地之至理大道。以八卦符号取象取义，人类哲学史上没有第二种如此简易、系统、完整、深刻、高度概括、变化无穷、生生不息的理论体系，这是人类智慧原创时期的最高文化成就。

数在《系辞传》中分为天地之数、大衍之数，《系辞上》云：“天一、地二、天三、地四、天五、地六、天七、地八、天九、地十。”“天数五、地数五，五位相得而各有合。天数二十有五，地数三十，凡天地之数五十有五，此所以成变化而行鬼神也。”“大衍之数五十，其用四十有九，分为二以象两，挂一以象三，揲之以四以象四时，归奇于扐以象闰，五岁再闰，故再扐而后挂。”“乾之策二百一十有六，坤之策百四十有四，凡三百有六十，当期之日。二篇之策，万有一千五百二十，当万物之数也。是故四营而成易，十有八变而成卦。八卦而小成，引而伸之，触类而长之，天下之能事毕矣。”“极其数，遂定天下之象。”以《系辞》而言，数在象前，数是万象产生和变化的根本。

《系辞》又讲：“易有太极，是生两仪，两仪生四象，四象生

① 《周易·系辞下传》。
② 《周易·系辞上传》。

八卦，八卦定吉凶，吉凶生大业。”“太极”、“两仪”、“四象”、“八卦”这是最早的将“象”和“数”合一使用的易学概念。“太、两、四、八”为数，“极、仪、象、卦”为象，也就是说象数定吉凶生大业，换而言之象数是一切事业的出发点和决定力量。

象数易学始于《系辞》，盛于汉，衰于晋，绝于唐。宋元明清尽管有不少易学家试图恢复和发展象数易学，但总体而言未能超越两汉象数易学的成就。两汉象数易学经田何、施雠、孟喜、焦延寿、梁丘贺、费直、京房、《易纬》作者、马融、郑玄、荀爽、宋忠、虞翻、陆绩等一大批伟大的易学家的传承与阐发，建立了庞大而繁杂的理论体系，举凡卦气论、八宫说、纳甲纳支说、飞伏说、五行说、爻辰说、升降说、卦变说、旁通说、互体说、半象说等等，体例纷呈，莫衷一是，其目的在于阐发阴阳灾异，推天道以明人事并进而展现他们的家国情怀。他们皆有以象数探索国家命运的学术取向，但这批易学家似乎并没有完成他们的抱负，他们的象数易学成果在推天道明人事论时政方面最终并没有形成具有超时代意义的理论体系，并没有完成历史宿命论的范式构建。这一使命历史地落在了数百年以后的李淳风身上。唐李淳风袁天罡全面地继承和发展了两汉象数易学成就，创造性地完成了《推背图》这一空前绝后的易学巨著。

一、《推背图》中的八宫说

李淳风在《周易玄义》和《推背图》中均受京房易之影响。汉时有两位名为京房的易学家，一位京房是杨何弟子、梁丘贺之师官至太中大夫、齐郡太守。另一位京房（前 77—前 37），字君明，本姓李，通音律，以律推定自己为京氏。京君明师从焦延寿，在象数易学上具有开创性的贡献。李淳风所宗之易为后京房之易即京君明易。

京氏易对后世影响巨大。京氏易以八宫卦为主干，根据乾坤六子，阴阳变化的原理对六十四卦的卦序作了创造性的编排，其体例更能体现“生生之谓易”的易理。八宫卦说以八经卦的重卦乾、震、坎、艮、坤、巽、离、兑为八宫的起始卦，依照爻变而推出一世、二世、三世、四世、五世、游魂、归魂卦，把六十四卦分别纳入宫中。见下表：

京房八宫六十四卦表

本宫 世说	乾 ䷀	震 ䷲	坎 ䷜	艮 ䷳	坤 ䷁	巽 ䷸	离 ䷝	兑 ䷹
一世	姤 ䷫	豫 ䷏	节 ䷻	贲 ䷕	复 ䷗	小畜 ䷈	旅 ䷷	困 ䷮
二世	遁 ䷠	解 ䷧	屯 ䷂	大畜 ䷙	临 ䷒	家人 ䷤	鼎 ䷱	萃 ䷬
三世	否 ䷋	恒 ䷟	既济 ䷾	损 ䷨	泰 ䷊	益 ䷩	未济 ䷿	咸 ䷞
四世	观 ䷓	升 ䷭	革 ䷰	睽 ䷥	大壮 ䷡	无妄 ䷘	蒙 ䷃	蹇 ䷦
五世	剥 ䷖	井 ䷯	丰 ䷶	履 ䷉	夬 ䷪	噬嗑 ䷔	涣 ䷺	谦 ䷎
游魂	晋 ䷢	大过 ䷛	明夷 ䷣	中孚 ䷼	需 ䷄	颐 ䷚	讼 ䷅	小过 ䷽
归魂	大有 ䷍	随 ䷐	师 ䷆	渐 ䷴	比 ䷇	蛊 ䷑	同人 ䷌	归妹 ䷵

笔者将京房八宫卦和《推背图》主要版本的卦序加之比较，发现《推背图》基本上是按照八宫卦排序的。但《推背图》八宫排序却遵循后天八卦方位图的排序。见下表：

京房八宫卦排序与《推背图》八卦排序比较

京房八宫卦序	民国四年本《推背图》卦序	民国元年本《推背图》卦序	京房八宫卦序	民国四年本《推背图》卦序	民国元年本《推背图》卦序	京房八宫卦序	民国四年本《推背图》卦序	民国元年本《推背图》卦序	京房八宫卦序	民国四年本《推背图》卦序	民国元年本《推背图》卦序
乾	乾	乾	艮	艮	艮	巽	巽	巽	坤	坤	坤
姤	姤	姤	贲	贲	贲	小畜	随	随	复	复	复
遁	遁	遁	大畜	同人	大畜	家人	小畜	小畜	临	临	临
否	否	否	损	损	损	益	益	益	泰	泰	泰
观	观	观	睽	睽	睽	无妄			大壮	大壮	大壮
剥	剥	剥	履	履	履	噬嗑	噬嗑	噬嗑	夬	夬	夬
	无妄	无妄									
晋	晋	晋	中孚	中孚	中孚	颐	颐	颐	需	需	需
大有	大有	大有	渐	渐	渐	蛊	蛊	蛊	比	比	比
坎	坎	坎	震	震	震	离	离	离	兑	兑	兑
节	节	节	豫	豫	豫	旅	旅	旅	困	困	困
屯	屯	屯	解	解	解	鼎	鼎	鼎	萃	咸	萃

续表

京房八宫卦序	民国四年本《推背图》卦序	民国元年本《推背图》卦序	京房八宫卦序	民国四年本《推背图》卦序	民国元年本《推背图》卦序	京房八宫卦序	民国四年本《推背图》卦序	民国元年本《推背图》卦序	京房八宫卦序	民国四年本《推背图》卦序	民国元年本《推背图》卦序
既济	既济	既济	恒	恒	恒	未济	未济	未济	咸	萃	咸
革	革	革	升	升	升	蒙	蒙	蒙	蹇		
丰	丰	丰	井	家人	家人	涣	涣	涣	谦		
明夷	明夷	明夷	大过	井	井	讼	讼	讼	小过		
师	师	师	随	大过	大过	同人	同人	同人	归妹		

我们从对比中发现，乾宫卦，民国四年本和元年本均比京房乾宫卦多无妄卦，坎宫、艮宫、离宫、坤宫，京房宫卦和民国四年本元年本三者相一。震宫卦，京房易排序为：震、豫、解、恒、升、井、大过、随，民国四年本和元年本排序为：震、豫、解、恒、升、家人、井、大过；巽宫卦，京房易排序为：巽、小畜、家人、益、无妄、噬嗑、颐、蛊，民国四年本和元年本排序为：巽、随、小畜、益、噬嗑、颐、蛊；兑宫卦，京房易排序为：兑、困、萃、咸、蹇、谦、小过、归妹，民国四年本只取四卦，排序为：兑、困、咸、萃，民国元年本亦取四卦，排序为：兑、困、萃、咸。

大致而言，《推背图》排序宗京房八宫卦排序无疑，至于有部分不相一致者，这很可能与赵匡胤当政初将《推背图》“紊其次而杂书之”① 有关。但有些调整可能是作者故意为之，比如兑宫四卦民国元年本与京房兑宫卦序完全一致，但民国四年本第五十九象为咸卦，第六十象为萃卦。如果从整个《推背图》的建构体系而言，民国元年排序更完善，《推背图》起于乾卦终于咸卦。乾为通行本《易经》上经第一卦，咸为通行本《易经》下经第一卦，从乾之“元亨利贞”、“万物资始”到咸之“万物化生”、“天下和平”浑然一体。但民国四年本第五十九象谶颂文辞更能反映咸卦卦义，第六十象谶颂文辞也更能反映萃卦卦义，且萃䷬卦，二至上䷞与咸卦䷞大象一致，两卦调整不影响意义。更为重要的是萃卦放在最后是为了更为准确的表达著作者的名字。

李淳风《推背图》中的八宫卦与京君明的八宫卦相较，除各个

① 岳珂《桯史》，中华书局1981年版，第2页。

宫中卦的排序因历史原因有一定的出入外，最重大的不同之处在于八宫之排序，京房从《说卦》："乾，天也，故称乎父；坤，地也，故称乎母。震一索而得男，故谓之长男；巽一索而得女，故谓之长女；坎再索而得男，故谓之中男；离再索而得女，故谓之中女；艮三索而得男，故谓之少男；兑三索而得女，故谓之少女。"他将八宫排列为：乾、震、坎、艮、坤、巽、离、兑，先四阳：父、长男、中男、少男；后四阴：母、长女、中女、少女；取阳极则阴生，阴阳相交，生生不息之意。

而李淳风《推背图》中八宫之排列为：乾、坎、艮、震、巽、离、坤、兑，此说亦出自《说卦》："帝出乎震，齐乎巽，相见乎离。致役乎坤，说言乎兑，战乎乾，劳乎坎，成言乎艮。万物出乎震，震东方也。齐乎巽，巽东南也，齐也者，言万物之絜齐也。离也者，明也，万物皆相见，南方之卦也。圣人南面而听天下，向明而治，盖取诸此也。坤也者，地也，万物皆致养焉，故曰致役乎坤。兑，正秋也，万物之所说也，故曰说言乎兑。战乎乾，乾，西北之卦也，言阴阳相薄也。坎者，水也，正北方之卦也，劳卦也，万物之所归也，故曰劳乎坎。艮，东北之卦也，万物之所成终而所成始也，故曰成言乎艮。"显然《推背图》中八宫卦排序是后天八卦排序。

李淳风的《推背图》既运用了京房的八宫卦每宫卦序的排列方式，又不局限于京房的八宫四阳四阴排序法，而是创造性地将《说卦》中后天八卦排序引入其中。李淳风通过这一构架所建立的历史宿命论神奇地反映了中国的大历史：从乾（西北）、坎（北）、艮（东北）、震（东），到巽（东南）、离（南）、坤（西南）、兑（西），中国历史的重心历唐、五代、宋、元、明、清、民国、当代大致沿着这一方向在转化和运行。李淳风将中国最终的崛起和中心定格在西部。

二、《推背图》中的干支说及纳甲说

隋代萧吉在《五行大义·论支干名》曰：支干者"昔轩辕之

时，大挠之所制也”。此说当为神话，只能说支干起源久远，至于确切起始已难考证。古人最初以干记日之出没，以支记月之盈亏。后以十天干甲、乙、丙、丁、戊、己、庚、辛、壬、癸和十二地支子、丑、寅、卯、辰、巳、午、未、申、酉、戌、亥，取十和十二的最小公倍数六十组成六十甲子。干支从鲁隐公三年（前722）二月己巳日起用于记日，一直持续到当代，干支可谓承载了中国之大历史。在象数易学家看来，干支之荣枯变化和日月运行与中国历史之变迁和盛衰息息相关，六十甲子之循环往复与人类社会之生生不息紧密相连，所谓天人合一构成了中国古代之天道观。

两汉象数易学以京房为代表将干支体系纳入八宫卦，亦即将天体运行纳入八卦之中，《京氏易传》卷下云：“分天地乾坤之象，益之以甲乙壬癸。震巽之象配庚辛，坎离之象配戊己，艮兑之象配丙丁。八卦分阴阳，六位配五行，光明四通，变易立节。”京房开创了以阴阳五行八卦为模型的天道观，从而将人类之家庭与社会和天地之自然与变化统一于一。

对此，李淳风有精辟之见解：“乾之甲子壬午为阳日之始终，壬为阳日之终，子为阳辰之始，午为阳辰之终。初爻在子，四爻在午，乾主阳，内子为始，外午为终也。坤主乙未、癸丑。乙为阴之始，癸为阴之终。丑为阴辰之始，未为阴辰之终。坤初爻在未，四爻在丑，坤主阴，故内主未而外主丑也。震主庚子、庚午。震为长男，即乾之初九，对于庚，故震主庚，以父授子，故主子午与父同也。巽主辛丑、辛未。巽为长女，即坤之初六巳与辛对，故巽主辛，以母授女故主丑未，同于母也。坎主戊寅、戊申。坎为中男故主于中辰。离主己卯、己酉。离为中女，故亦主于中辰。艮主丙辰、丙戌，艮为少男，乾上爻主壬对丙，用丙辰、丙戌，是第五配。兑主丁巳、丁亥，兑为少女，坤上爻主癸对丁，用丁巳、丁亥，乃第六配。”[①] 李淳风在《推背图》中以六十甲子配以八宫卦作为全书的基本构架正是借鉴了汉易天道观的宇宙模型，用以诠释中国和世界之大历史依天道而运行，其谶颂文辞不仅与卦象相关亦

① 唐李淳风《周易玄义》。

与干支相关：

如第二象，乙丑　姤䷫，颂曰：“万物土中生”，乙丑中天干乙：《说文》：象春草木冤屈而出，含气尚强，其出乙乙也；《史律》：言万物生轧轧也。《月令》郑注：乙之言轧也，时万物皆抽轧而生。乙丑中地支丑为土，故乙丑象征“万物土中生”。

如第六象，己巳　剥䷖，谶曰“日月复光”，取剥䷖象，上卦艮☶为日，下卦坤☷为月，艮☶又为光，剥䷖覆为复䷗，䷗者复也，䷗为大震☳，震☳者日也光也，是故日月复光。此处艮☶之所以为日为光，盖因艮☶纳丙也。

如第二十七象，庚寅　豫䷏，颂曰：“枝枝叶叶现金光”，从卦象来看，取豫䷏之旁通小畜䷈，巽☴为枝为叶，二至上䷈为巽☴正覆相连，故枝枝叶叶。互离☲为现为光，下乾☰为金。从干支庚寅来看，寅为叶藏甲为枝，藏丙为现为光，庚为金，故枝枝叶叶现金光。

如第三十三象，丙申　大过䷛，谶曰“地支无子”，大过之纳干支图为：

⚋丁未

⚊丁酉

⚊丁亥

⚊辛酉

⚊辛亥

⚋辛丑

大过属震宫卦，震☳之初爻地支为子，在大过中地支“子”伏于震之初爻地支“丑”之下，故地支无子。当然用卦象解释似更为通顺合理：大过䷛通颐䷚，上艮☶为地为支，互坤☷为无，下震☳为子，故地支无子。

如第三十六象，己亥　小畜䷈，谶曰“不分祸福”，取旁通豫䷏卦之象：

⚋庚戌

⚋庚申

⚊庚午

--乙卯

--乙巳

--乙未

下坤☷为祸，上震☳为福，乙庚、午未、巳申、卯戌皆合，乃六合之象，故不分祸福。

至于纳甲所引出的纳音说，《推背图》亦有运用。第二十二象图中马当为天马，水当为天水。此天水应在宋高宗1126年之丙午年，丙午纳音为天河水。

三、《推背图》中的阴阳五行说

《庄子·天下篇》曰：“易以道阴阳。”《系辞传》曰：“一阴一阳为之道。”“阴阳之义配日月”，阴在天为月，在人为女，阳在天为日，在人为男。《推背图》推天道明人事，在其历史宿命论构建中，将天道阴阳日月之变化与人道男女交互执政涉政相比附和同构，并不认为男权政治为唯一之政治形态。《推背图》中第三象女；第五象女；第十八象女；第二十六象部分女；第三十一象部分女；第三十六象女；第四十二象女；第五十一象部分女；共八象涉及女性，将《推背图》掐头去尾共五十八象涉及人事，女性象占14%，平均每宫一个。

五行之说最早见之于《尚书·洪范》：“五行：一曰水、二曰火、三曰木、四曰金、五曰土。水曰润下，火曰炎上，木曰曲直，金曰从革，土爰稼穑。润下作咸，炎上作苦，曲直作酸，从革作辛，稼穑作甘。”先秦典籍中多有与五行相关的记载。及至邹衍更是将五行生克应用到朝代更迭和历史变迁上，建立了所谓“五德终始”之说。邹衍认为，木生火，火生土，土生金，金生水，水生木是五行相生；水胜火，火胜金，金胜木，木胜土，土胜水是五行相胜，他说“五德从所不胜，虞土、夏木、殷金、周火”①。按邹衍之说，五行的德行是按照相克的关系传递的，但后世也有提出五行

① 南朝梁萧统编、唐李善注《文选·齐故安陆昭王碑》引邹子。

的德行是按照相生的关系传递的。汉代起初在汉高祖刘邦时，张苍认为秦国祚太短且暴虐无道，不属正统王朝，应该由汉朝接替周朝的火德，所以汉朝之正朔当为水德，到汉武帝时又改正朔为土德，到王莽建立新朝，为证明其篡汉之合法性，采用了刘向刘歆父子相生传递说，认为汉是火德。汉光武帝时，正式采纳了这一说法，确立汉朝为火德，东汉及以后的史书如《汉书》、《三国志》皆采用了这种说法。因此汉又称“炎汉”或“炎刘”。王莽篡汉之前，一般采用五行相克说：黄帝（土）→夏（木）→商（金）→周（火）→秦（水）→汉（土）；王莽篡汉之后，一般采用五行相生说：黄帝（土）→夏（金）→商（水）→周（木）→汉（火）。

五德终始理论影响很大，一直是许多王朝解释其政权合法性的理论依据，后世“皇帝诏曰奉天承运”，此承运即是这一理论的反映。《推背图》抛弃了刘向刘歆父子相生说，而继承了邹衍的相克说：

唐（土）：第二象颂曰“万物土中生”，第十二象颂曰“已非唐土”。

宋（木）：第十八象、十九象、二十三象中皆有类似宫殿或亭子的图像，实乃象征“宋”字，盖顶为“宀”四柱为“木”，正是“宋”字，第二十四象一浮木象征大宋已倾。

元（金）：第二十五象，以千钧之斧象征蒙元。斧，金也。

明（火）：第二十七象谶曰“其色曰赤”，颂曰“现金光”“光明起”。

清（水）：第三十三象谶曰“黄河水清”，颂曰“天长白瀑来”。

水（清）克火（明）克金（元）克木（宋）克土（唐），此用邹衍之说。但李淳风又不局限于邹衍之说，比如他在阐释五代时曰“金木水火土已终”，金→木→水→火→土有克有生，五代确是又克又生、更迭频繁、战和无常的乱世。他亦用五行说推断某个历史事件，比如第四十五象谶曰“木火金水”，木水为“核”（“核”由木、亥组成，亥为水），火金为武器。

汉易中，京房以五行解释八卦的爻位，郑玄以五行解释大衍之数和天地之数。《推背图》皆有吸收。

四、《推背图》中的卦气说与卦变说

卦气说始于汉代象数易学，经孟喜、京房、《易纬》、荀爽的发展，形成了一套将易卦与历法之节气相配的理论体系。其体系大致以孟喜六日七分说和十二消息卦为宗。

《新唐书》载僧一行《卦议》引孟喜易说云："自冬至初，中孚用事。一月之策，九六、七八，是为三十。而卦以地六，候以天五，五六相乘，消息一变，十有二变而岁复初。坎、震、离、兑，二十四气，次主一爻，其初则二至、二分也。坎以阴包阳，故自北正，微阳动于下，升而未达，极于二月，凝涸之气消，坎运终焉。春分出于震，始据万物之元，为主于内，则群阴化而从之，极于南正，而丰大之变穷，震功究焉。离以阳包阴，故自南正，微阴生于地下，积而未章，至于八月，文明之质衰，离运终焉。仲秋阴形于兑，始循万物之末，为主于内，群阳降而承之，极于北正，而天泽之施穷，兑功究焉。故阳七之静始于坎，阳九之动始于震，阴八之静始于离，阴六之动始于兑。故四象之变，皆兼六爻，而中节之应备矣。"这是我们目前所能看到的有关孟喜卦气理论的主要文献记载。

清惠栋在《易汉学》中列有宋李溉所传十二辟卦《卦气七十二候图》和《六日七分图》。

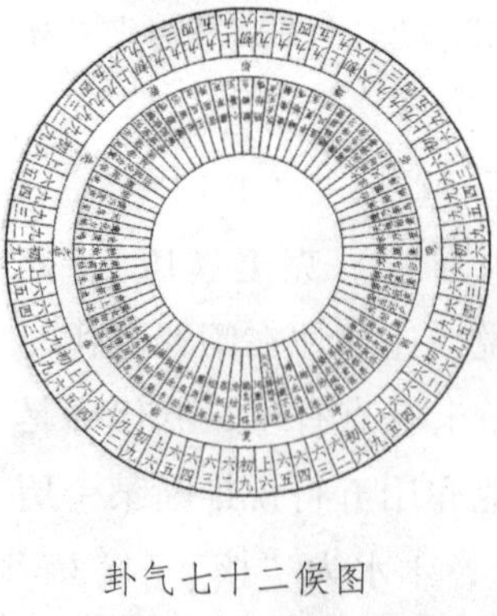

卦气七十二候图

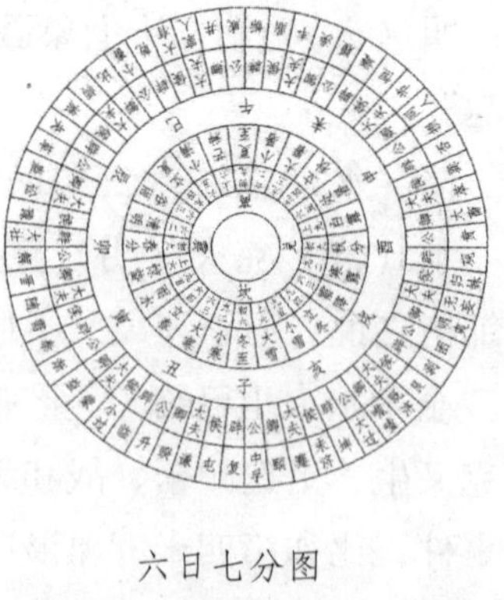

六日七分图

汉代象数易学家以卦气理论解经，如《坤》之"西南得朋，东北丧朋”、《复》之“七日来复”、《临》之“八月有凶”。[1] 扬雄以《易》拟《太玄》也参考了卦气理论，卦气说起于中孚䷼，终于颐䷚，《太玄》起于“中”，终于“养”。

李淳风和袁天罡在《推背图》中亦运用了卦气理论，如第二十二象颂曰“一木会支二八月”，第三十七象颂曰“倒戈逢八月”，第三十九象颂曰“十二月中气不和”。

第三十七象，庚子　益䷩，颂曰“倒戈逢八月”，益䷩覆为倒，为损䷨，损䷨初至五为䷒，形象为临䷒，临䷒：八月有凶也。

第三十九象，壬寅　颐䷚，颂曰“十二月中气不和”，颐䷚互坤䷁为卦气论中十二辟卦（十二消息卦）之十二月卦，坤☷居颐䷚卦之中，故“十二月中”。

至于二十二象，乙酉　睽䷥，颂曰“一木会支二八月”不仅运用了卦气说，亦杂糅了卦变论于其中。睽䷥为二阴四阳卦源于遁䷠大壮䷡两卦，睽通蹇䷦为二阳四阴卦源于临䷒观䷓两卦。大壮䷡为二月卦，观䷓为八月卦，大壮䷡上震☳为木，观䷓为上巽☴为支，故“一木会支二八月”。清惠栋以为：“卦变之说本于《彖传》，荀慈明、虞仲翔、姚元直及蜀才、卢氏、侯果等之注详矣，而仲翔之说尤备。”[2] 以虞翻为集大成者。卦变说以乾坤阴阳消息为逻辑对八卦进行变化和归纳，包括：一阳五阴者来自复，共六卦；一阴五阳者来自姤，共六卦；二阳四阴来自临、观，共十五卦；二阴四阳者来自遁、大壮，共十五卦；三阴三阳者来自泰、否，共二十卦；纯阳纯阴两卦为乾坤，共六十四卦。卦变说在易学史上有着深刻的意义，它不仅揭示了六十四卦之间除了正、覆、互、通关系外，还有着相消相息、相生相依内在变化的关系，此谓易生生不息的内在逻辑。《推背图》在此象中兼用卦变和卦气说，当是补卦象之正覆互通之不足。

① 唐李鼎祚《周易集解》。
② 清惠栋《汉易学》卷八。

五、《推背图》中的正象覆象互象通象半象飞象伏象交象说

易象说始于易经构建之初期，如《乾》卦经文取龙象。后经两汉易学家之阐发易象说形成了博大而精深之体系，在解经和辨析阴阳灾异时凡正象、覆象、互象、通象、半象、飞象、伏象、交象无所不及无所不用。《推背图》继承和发展了这一体系，就象数学而论，《推背图》是《易林》之后最有价值之经典，但其取义启示远在《易林》之上。举例详解如下：

第一象“茫茫天地”：天取正象乾☰，地取伏象坤☷，茫茫取旁通之象坤䷁，坤☷为茫，坤䷁上下为☷，故茫茫。

第二象“一果一仁”：取姤䷫之互卦乾䷀卦象，上乾☰为一为果，下乾☰为一为仁。《说卦》：乾为木果。虞翻易，乾为仁。

第三象“喔喔晨鸡孰是雄”：遁䷠旁通兑☱震☳皆为叫，故为喔喔；互卦姤䷫，上卦乾☰为晨，下卦巽☴为鸡，旁通兑☱居西地，兑☱亦为鸡；旁通临䷒，上卦坤☷为老妇，下卦为兑☱为少女，皆雌，故孰是雄？此句用旁通飞伏之象。

第四象“赖有猴儿齐着力”：否䷋，互艮☶为赖，互巽☴为有，《涣·六四》“涣有丘”，《家人·九五》“王假有庙”皆上巽☴为“有”。互艮☶为猴为儿，互巽☴为齐，伏震☳（三至五）为力，为着力。

第五象“渔阳击鼓过潼关”：本象观䷓，上卦巽☴下卦坤☷皆渔，旁通大壮䷡，上卦震☳下卦乾☰皆阳，故渔阳；互卦艮☶为击，旁通震☳为鼓为鼙鼓为过，下卦坤☷为潼，互艮☶为关。

第六象“大帜巍巍树两京”：取覆卦复䷗，下卦震☳为大帜，互坤䷁上下皆土，故巍巍，下震☳为树，坤☷为京师，互坤䷁上下两坤☷，故两京。另，剥䷖，上卦艮☶为山，下卦坤☷为地，巍巍之象。

第七象“小草滋生土口啼”：取旁通升卦䷭，上卦坤☷为小，互震☳下巽☴皆为草，互兑☱为滋，互震☳为生，上坤☷为土，互

震☳互兑☱皆口皆啼。另，兑☱为笑，初至四䷹兑口相背，故啼。

第八象“孤军一驻安社稷”：晋䷢，上互坎☵为孤，下坤☷为军，上互坎☵又为一，下互艮☶为驻为安，下坤☷为社稷。另：一至五为䷆，乃半个师卦，残师之象，岂非孤军？

第九象“满天飞血”：通比䷇，下坤☷为满，上互艮☶为日为天，故为满天。上坎☵为血，坎☵出于离☲，离☲为飞，故为飞血。另，本象大有䷍，不仅有如日中天之象，亦有满天飞血之象，盖下乾☰为满天，上离☲为血飞之故。“血染河山日色红”：通比䷇，上坎☵为血为染，下坤☷为河为山，互艮☶亦为山，以此象表述血染河山极其生动、形象、准确，可谓经典。互艮☶为色为日为红。“可怜巢覆亦成空”：取通比䷇，上坎☵下坤☷皆可怜之象，互艮☶为巢，艮☶伏☰之下，故巢覆，上坎☵下坤☷皆为亦，互艮☶为成，坎☵坤☷皆空也！经典描述，《易林》难比！

第十象“四海茫茫总一家”：坎䷜，互震☳为四，上下皆坎☵为海，为茫茫，坎☵为总为一，互艮☶为家。“回头还有李儿花”：颐䷚，上卦艮☶为头，下卦震☳为艮☶覆，故为回头，下震☳为还，上艮☶为有，下震☳又为李为儿为花。

第十一象“喜怒哀乐”：节䷻，由下至上：下兑☱为喜，下互震☳为怒，上坎☵为哀，循环往下，又至兑☱震☳，兑震皆乐也。此表述层层递进，甚为精当。

第十二象“系铃自解铃”：屯䷂，上坎☵为系，下震☳为铃，互坤☷为目；屯䷂之交象为解䷧。上震☳为铃出于坎☵，故为解铃。易有交易，易象岂能没有交象?！交象之说当源远流长。

第十三象“高栖独自理毛衣”：取未济䷿，初至上三个半艮☶，艮☶为高为栖为独为自为理。本象既济䷾，初至上三个半震☳，震☳为毛为衣。交互其中。

第十四象“枯木逢春只一瞬”：革䷰二至上为䷛大过之象，《大过·九五》象曰：枯木生华，何可久也?！“金木水火土已终”：革䷰，互乾☰为金，互巽☴为木，上兑☱为水，下离☲为火，独坤☷伏乾下而不见，坤☷为土为终。

第十五象之图取丰䷶之交象噬嗑䷔，下震☳为树，上离☲为巢，下震☳为蜂为飞；初至四䷚，上艮☶为童子为拿为扫，下震☳为草为立，故一童子站在草丛上追扫群蜂。

第十六象“纳土姓钱并姓李”：取旁通讼䷅卦，下坎☵纳戊，故纳土，互巽☴为姓为李，上乾☰为钱。巽☴乾☰都在坎☵上，故为并。

第十七象“声赫赫”：师䷆，互震☳为声，通离☲为赫，通乾☰为大赤，故为赫赫。

第十八象“朝中又见钗光照”：艮䷳，艮☶为朝，互坎☵为中。兑☱为见，旁通兑䷹上下皆兑，故又见。兑☱为钗，艮☶纳丙为光为照，互震☳亦为照。

第十九象“众人嚚嚚”：困䷮，下☵为坎，三至上☵亦为坎，初至上亦有大坎☵之象。坎☵为众人。嚚：同嚚，愚蠢之意，坎☵形为上下兑☱口相对，口不道忠言也！故坎☵为嚚，又困䷮中坎☵多，故为嚚嚚。

第二十象“父子同心并同道”：归妹䷵，上震☳为父为子，皆出于坎☵（三至五），坎☵为心，故父子同心。大畜䷙，下乾☰为父，上艮☶为子，互震☳为道，三至上䷚为震正覆并道之象，故父子同道。

第二十一象“卜世三六又南行”：损䷨，上艮☶为卜，互坤☷为世，互震☳后天数为三，坤☷旁通乾☰后天数为六，上艮☶为南，互震☳为行。上艮☶为又，下兑☱为二为兼故亦为又。

第二十二象“否极见泰”：取既济䷾象，互卦既济䷾由泰䷊卦变来，虞翻注既济䷾曰：“泰五之二”即既济源于泰六五与九二互动。既济䷾，上坎☵互坎☵皆否，故为否极，若二五还原，即为泰䷊也，故否极见泰。

第二十三象“一江断楫”：谦䷎，互坎☵为一，坎☵与上坤☷皆江，故一江；坎☵陷为断。坎☵又为楫，《系辞》曰：刳木为舟，剡木为楫，盖取诸涣。涣䷺，上巽☴为舟，下坎☵为楫。

第二十四象“干戈四起疑无路”：中孚䷼，下兑☱为干戈，互震☳为四为起，故干戈四起，上巽☴为疑为无，《丰·六二》：往得疑疾。疑取互巽☴之象。互艮☶为路。

第二十五象“离离河水”：取未济䷿之象，上☲为离，互☲为离，互坎☵为河，下坎☵为水，故离离河水。

第二十六象“房中自有长生术”：取覆卦艮䷳象，上艮☶为房，互坎☵为中，下艮☶为自为有，互震☳为长生。《说文》，术：邑中道也。初至五䷽，下艮☶为邑，互坎☵为中，上震☳为道，故术也。初至五䷽为坎☵象，故坎☵为术也。

第二十七象“江东岸上光明起”：豫䷏，互坎☵为江，上震☳为东，互艮☶为岸，上震☳为上为光为明为起。

第二十八象“真龙游四海”：解䷧，震☳为真龙，为游，数四，下坎☵为海。

第二十九象“又有南枝种亦同”：益䷩，互艮☶为又为有为南亦为木为枝，故又有南枝，下震☳为种，互坤☷为亦为同。另，上巽☴互艮☶下震☳皆木，故种亦同。

第三十象“半圭半林”：升䷭，上坤☷为土，故为半圭，下巽☴为木，故为半林。

第三十一象“忠臣贤士尽沉沦”：解䷧，下坎☵为忠臣，上震☳为贤士，初至五为䷜两坎☵相连，坎☵为沉沦故尽沉沦。虞翻易艮☶为贤士，上震☳为艮☶覆，故尽沉沦。

第三十二象“太息金陵王气尽”：井䷯，互离☲为太，上坎☵为息，互兑☱为金，伏艮☶为陵，伏震☳为王，下巽☴为气，上坎☵为尽。

第三十三象“气顺则治”：大过䷛，下巽☴为气为顺，伏坤☷亦为顺，互乾☰为则为治。《乾·文言》：“乾元用九，天下治也。”“乾元用九，乃见天则。”

第三十四象“太平时王杀王”：震䷲，上震☳为太，互坎☵为平，互艮☶为时，故太平时。震䷲，上震☳为王，下震☳亦为王，上下之间互坎☵为杀，故王杀王。

第三十五象“帝出不还三台扶倾”：随䷐，下震☳为帝，为出走，互艮☶为震☳覆，为不还，故帝出不还。下震☳后天数三，互艮☶为台，艮☶为手为扶。下震☳为艮☶覆，故扶倾。侯果曰：倾，覆也。

第三十六象“双拳旋转乾坤”：豫䷏，艮☶为手为拳，二至上䷳艮☶正覆为旋转，故双拳旋转，下☷为坤通☰为乾。

第三十七象“不统继统”：益䷩，震☳为统，三至五为震☳覆，故不统，上巽☴为继，下震☳为统，故继统，故不统继统，极其精妙。“水清终有竭”：剥䷖，下坤☷为水为清，上艮☶为终竭为有。

第三十八象“火运开时祸蔓延”：噬嗑䷔，上离☲为火，下震☳为运为开，互艮☶为时，上离☲互坎☵皆为祸，下震☳为蔓为延。

第三十九象“一朝听得金鸡叫”：大过䷛，互乾☰为一为朝，上兑☱为听得为叫，互乾☰为金，下巽☴为鸡，故金鸡。另，上兑☱居酉，亦为金鸡。

第四十象“垂拱而治”：蛊䷑，上艮☶为拱，艮☶覆为震☳为垂，故三至上䷚为震☳正覆，为垂拱之象。上艮☶为治。故垂拱而治。

第四十一象“九十九年成大错”：离䷝，上离☲为九，互兑☱为十通艮☶为成，下离☲亦为九，互大过䷛中乾☰为年，故九十九年，互大过䷛为大错。此亦经典表述。

第四十二象“皎皎衣裳色更鲜”：取大过䷛象，上兑☱为白，下巽☴亦白，故为皎皎。互乾☰为衣裳，《系辞下》：“黄帝尧舜垂衣裳而天下治，盖取诸乾坤”；九家易注曰：“黄帝以上，羽皮革木，以御寒暑，至乎黄帝，始制衣裳，垂示天下，衣取象乾，居上覆物。”旅䷷，上离☲为色，下艮☶为色为更，互兑☱为鲜。

第四十三象“君非君，臣非臣”：夬䷪，下乾☰为君，上兑☱为非，互乾☰亦为君；屯䷂，互坤☷为臣，上坎☵为非为臣。“欲尽不尽不可说”：屯䷂，上坎☵互坤☷皆欲皆不，互艮☶互坤☷皆尽，故欲尽不尽，上坎☵为不可，下震☳为说，故不可说。

第四十四象“双羽四足”：未济䷿，上离☲为雉，故有双羽，下坎☵为马，故有四足。

第四十五象“金乌隐匿白洋中”：蒙䷃，伏兑☱为金，伏离☲为乌，兑离皆阴皆伏，故隐匿，互震☳为白，下坎☵为洋为中。汉王充《论衡·说日》：“儒者曰：日中有三足乌”；《淮南子·精神》："日中有踆乌"；唐瞿昙悉达《开元占经·日占一》引张衡《灵宪》曰："日者，阳精之宗，积而成乌。"此日用飞伏之象。

第四十六象"杀不用刀"：涣䷺，下坎☵为杀，上巽☴为覆兑☱，兑☱为刀，故杀不用刀。《既济·九五》"东邻杀牛"，上坎☵为杀。另：下坎☵为杀为不，互艮☶为用为刀。"只言我是白头翁"：涣䷺，下坎☵为只，互震☳为言，互艮☶为我为是，上巽☴为白，下坎☵为首为头，互震☳为翁。

第四十七象"一言为评"：讼䷅，上乾☰为一为言，下坎☵为两兑☱口相对为争言为评论，故一言为评。

第四十八象"青青草自田间出"：取师䷆象，互震☳为东方，色青，为草，上坤☷为自为田，下坎☵为间，互震☳为出。

第四十九象"六爻占尽文明见"：乾☰坤☷两卦独有文言，盖因六爻皆变。乾☰为文，乾☰又为明为见，故六爻占尽文明见。

第五十象"贞下起元"：姤䷫，始自乾☰初爻动，乾☰：元亨利贞，循环往复，周流不止，生生不息之象，故贞下起元。

第五十一象"卜年一六寿而康"：遁䷠，下艮☶为卜，上乾☰为年，乾先天数一后天数六，故卜年一六。临䷒，上坤☷为寿，互震☳为康，故寿而康。

《说文》：卜，灼剥龟也。艮☶纳丙为火为灼，艮☶又为龟，大艮☶为䷖为剥，故艮☶为卜也。

第五十二象"吴楚依然有帝王"：泰䷊，互震☳为吴为楚，《说文》：吴，大言也。震☳为大为言故为吴。通艮☶为依然，下乾☰为帝王。

第五十三象"一个孝子自西来"：大壮䷡，下乾☰为一个，上震☳为子通巽☴为顺为孝，故一个孝子，互兑☱为西，上震☳为来。通观䷓，互艮☶下坤☷皆自。

第五十四象"不分牛鼠与牛羊"：剥䷖，下坤☷为不为分为牛，上艮☶为鼠为与，通兑☱为羊。

第五十五象"水边有女"：需䷄，上坎☵为水，互离☲互兑☱皆女。互兑☱通艮☶为边为有。

第五十六象"造化游戏"：取覆卦师䷆象，互震☳为造化，震

☳又为游戏。第十一象颂曰“上得天堂好游戏”，游戏亦取震☳象。震☳为游戏见《易林·夬之巽》：“恬淡无患，游戏道门，与神来往，长乐以安”，游戏取巽之伏震；《易林·夬之涣》：“被服衣冠，游戏道门，以礼相终，身无灾患”，游戏取涣之互震。另，比䷇象，互艮☶为造化，通兑☱为游为戏。

第五十七象“物极必反”：艮䷳，上艮☶为物，互震☳为反，物极为艮☶覆，震☳象又为艮☶覆，故物极为震☳，而震☳为反，是故物极必反。

第五十八象“统帝统王又统和”：取贲䷕象，上艮☶为统治，下离☲为王，互震☳为帝，互坎☵为和，故统帝统王又统和。

第五十九象“东南西北尽和睦”：取损䷨象，互震☳为东，上艮☶为南，下兑☱为西，互坤☷为北，故东南西北；上艮☶为尽，互坤☷为和，下兑☱为睦，故尽和睦。

第六十象“世道兴衰不自由”：取萃䷬象，下坤☷为世，互艮☶为道，上兑☱为兴，下坤☷为衰，乾☰为自由，乾☰伏，故不自由。

六、《推背图》中的数说

笔者研究发现，《推背图》诸象中运用了大量的数字。见下表：

《推背图》诸象有关数之一览表

第一象		第十六象	1、1	第三十一象	1、1	第四十六象	万、1、1
第二象	1、1、2、9、1	第十七象	百	第三十二象	8、9、5、1	第四十七象	1、1、1
第三象	1	第十八象	3、8	第三十三象		第四十八象	8、5、10、1
第四象	10、8	第十九象	百、万、1	第三十四象	5	第四十九象	1、6
第五象	1	第二十象		第三十五象	3	第五十象	
第六象	1、2	第二十一象	3、3、6	第三十六象	2	第五十一象	4、1、6
第七象	6	第二十二象	1、2、8	第三十七象	8	第五十二象	1
第八象	1、3	第二十三象	1、2	第三十八象	1、万、万	第五十三象	1、2
第九象	1、1	第二十四象	2、9、4、8、万、10、1、4	第三十九象	10、2、1	第五十四象	1、9
第十象	8、1、2、4、1	第二十五象	1、1、2、5、5	第四十象	1、2、3、4、1	第五十五象	

续表

第十一象	5、3、10、1、百、万	第二十六象	4、4	第四十一象	9、10、9	第五十六象	万
第十二象	1、2、8	第二十七象	4	第四十二象	百、万	第五十七象	3、4
第十三象	百、9、10、9、1	第二十八象	4	第四十三象	3、10	第五十八象	4、6、7
第十四象	1、10、3、5、5、10、3	第二十九象	1、1、3	第四十四象	百、2、4、4、9	第五十九象	1、1
第十五象		第三十象	1、6	第四十五象		第六十象	1、1、万、万、千、千

其中1数出现48次，2数出现13次，3数出现12次，4数出现13次，5数出现8次，6数出现6次，7数出现1次，8数出现9次，9数出现9次，10数出现10次，“百”出现6次，“千”出现2次，“万”出现10次。数字之中1、2、3、4、5、6、7、8、9、10、百、千、万均在《推背图》错综推演之中，可谓“极其数，遂定天下之象”①。

《推背图》中之数源于象数易学中之数，大致在大衍之数、策数、天地数、河图数、先天数、后天数、甲子数、五行数、干支数等等范围之内。图表如下：

卦 数	乾 ☰	震 ☳	坎 ☵	艮 ☶	坤 ☷	巽 ☴	离 ☲	兑 ☱
河图数	4、9	3、8	1、6	5、10	5、10	3、8	2、7	4、9
洛书数	6	3	1	8	2、5	4	9	7
先天数	1	4	6	7	8	5	3	2
后天数	6	3	1	8	2、5	4	9	7
纳甲数	甲壬	庚	甲戊	丙	乙癸	辛	甲己	丁
其他	百、岁、年	年、百、周			千、万、岁			数十

① 《周易·系辞上传》。

当然《推背图》中的数不是象数易学中数之简单罗列和累积，很可能还有一套自己独特的数理推演体系，这有待进一步研究。

七、《推背图》中图象——卦象——字象说

易学史上最早将卦象与文字联系在一起的是《易纬》，宋杨万里在《诚斋易传》中亦有所论述。《易纬乾坤凿度·上》以为：☰为古天字，☷为古地字，☴为古风字，☶为古山字，☵为古坎字，☲为古火字，☳为古雷字，☱为古泽字。紧接着又以为乾之大象为天，坤之大象为地，离之大象为日，坎之大象为月，巽之大象为风，震之大象为雷，艮之大象为山，兑之大象为泽。这样卦象与字象则首次出现了连接。杨万里进而认为："☰、☷，古之天、地字也。曷由知之？由坎、离知之。偃之为☵、☲，立之为水火。若雷风山泽之字亦然。故《汉书》'坤'字作'巛'。八字立而声画不可胜穷矣，岂待鸟迹哉！后世草书天字作玄，即☰也。"① 杨万里将天——玄——☰统一起来解释似更玄妙。

《推背图》成书在《易纬》之后《诚斋易传》之前，不仅将卦象和字象而且将图象一并抽象起来进行创作。举例如下：

第二十象图为水淹丛草之象，取大畜䷙之旁通萃䷬卦之象：下坤☷为洪涛为汪洋为祸水，上兑☱为两，互巽☴为草。《说文》：蔡，草也。象征蔡氏父子。以☴为草，以草喻蔡，匪夷所思！在这里☴————蔡（草）三象一致抽象统一，足见作者非凡的想象力和创造力。

第二十九象——☳——杨（木）。

第三十二象——☵——闯（马）。

震☳不仅有雷象，亦有木象；坎☵不仅有水象，亦有马象。《推背图》将卦之象、图之象、字之象（包括字之意象）能够抽象统一起来正是象在中国文化原点上具有重要的初始意义的表现。

① 宋杨万里《诚斋易传》卷一。

将文字之解构运用到历史政治的推演中在两汉时期极其盛行。汉时屡见“卯金刀”说，“卯金刀”为“劉”，“劉”为汉王刘邦之姓；《易运期》说：“鬼在山，禾女运，王天下”，[1] 以“魏”字代汉制造舆论。这些为现实政治服务之言论无易学依据，王充以为“神怪之言”。[2]《推背图》亦有“金刀伏兔”、“禾、女、鬼”图之说，但皆依象数易学卦象——字象——图象为据，试析如下：

第十八象“金刀伏兔”，取艮䷳象，上艮☶为刀通兑☱为金，故金刀；下艮☶为震☳覆，震☳为兔，故伏兔。兔为卯，金刀伏兔即“劉”字。

第三十一象图中一禾一女一鬼，正是“魏”字，象征魏忠贤人鬼不分与客氏秽乱，此图取家人䷤之象，下离☲为女，上巽☴为禾，互坎☵为鬼。

第三十一象中的——䷤——魏，精确地诠释和展现了《推背图》中图象——卦象——字象抽象统一的象学体系。

事实上，《推背图》中还有一象即星象亦极其重要。《推背图》第八象、第五十二象有“欃枪”、“角亢”这些星象学术语。李淳风不仅是一位伟大的天文学家，也是一位伟大的星象学家，今存仅有的三部星象学著作《乙巳占》、《开元占经》、《观象玩占》都与李淳风有关，《乙巳占》为李淳风所作；《开元占经》为瞿昙悉达编撰，其风占篇引用了李淳风之说；《观象玩占》旧题为李淳风所作，即使为后人托李淳风之名所撰，但书中内容多为李淳风星象学思想则无疑。星象学不仅是一门理论学科，也是一门需言传身教、口耳相授的实验观察性很强的学科，今则基本失传。所幸李淳风给我们留下了理论性文献。《推背图》以天道明人道，星象学作为推演天道之学在其中必是重要的一环，这一问题有待深入研究。

---

① 《三国志·魏书·文帝纪》注引《献帝传》载太史丞许芝说。
② 汉王充《论衡·实知篇》。

八、《推背图》中的谶颂说

《推背图》之每一象除由干支、卦象、图象组成外，尚有谶辞和颂辞。

段玉裁注《说文》：“谶，验也。有征验之书，河洛所出书曰谶。”[1]《仓颉篇》：“谶书，河洛书也。”[2]《四库全书总目提要》：“谶者，诡为隐语，预决吉凶。”上述文献说明所谓谶乃是言之在前验之在后之征验之书。

颂，《说文》：貌也。貌引出容，容引出美，故后世有歌颂、祝颂、颂扬之说。《诗经》有“风、雅、颂、赋、比、兴”，“颂”乃六义之一。《推背图》有“颂曰”其义则指占兆之词。《周礼·春官宗伯第三》：“大卜掌三兆之法，一曰玉兆，二曰瓦兆，三曰原兆。其经兆之体皆百有二十，其颂皆千有二百。”郑玄注：颂谓繇辞。繇辞即占词。

《推背图》中的谶颂文辞是李淳风袁天纲依据象数易学对中国及世界大历史的推占世运之说，是一部伟大的易学文献。如果见《推背图》中有“谶曰”就将其归为谶纬之说显然是错误而无知的。现将《推背图》的谶颂学和汉代的谶纬学主要之异同比较如下：

其一，谶纬学和谶颂学理论来源不同。先人以为谶出自河洛书，所谓龙马负图于黄河，神龟背书出于洛水乃上古之神话，此说证明谶是神学且相当久远。谶之神学到汉代与纬学相合称为谶纬之学。纬是相对于经而言，依傍经义，以阴阳五行、星象、自然科学解释经义。谶与纬本有区别，但在汉代皇权需要一套贯通神人之理论体系为其统治之合法性提供依据，谶纬自然合流。纬需要谶神话自己，谶需要经纬装点自己。汉成帝、哀帝之后谶纬广为流传，至

① 清段玉裁注《说文》。
② 南朝梁萧统编、唐李善注《文选》张衡《思玄赋》注引。

汉光武帝刘秀于中元元年（公元56）“宣布图谶于天下”①，谶纬在汉代遂成显学，即使当朝儒学亦需要它的论证和神话。

但谶纬来源复杂，远非一句出自河洛就能厘清。有的与阴阳五行有关，有的与星象学有关，如《易纬》（郑玄注）至今都是公认的两汉象数易学文献。但更多的谶纬则是巫师神婆方士假托神灵，不用占卜诡为隐语预示吉凶或别有用心的政客的伪造。他们可能丝毫不懂易学，但这并不妨碍他们作谶，《后汉书·光武帝纪上》：“谶记曰：刘秀发兵捕不道，卯金修德为天子。”李贤注：“卯金，劉也。”《三国志·魏书·文帝纪》注引《献帝传》载太史丞许芝说“鬼在山，禾女连，王天下”，“鬼禾女”凑在一起为“魏”。这里的“卯金”、“鬼禾女”显然没有任何易学理论依据，只能是当时的政客为其主子登上历史舞台的造势。《史记·秦始皇本纪》始皇三十二年，燕人卢生使入还海，以鬼神事，因奏《录图书》曰：“亡秦者胡也”，胡非指胡人，而是指胡亥。此谶大致是燕齐海上方士所造，装神弄鬼之造势，与易毫无关联。谶纬五花八门，驳杂难明，连“梦书”亦可归为“谶”，《文选·幽通赋》李善注云：“遗谶，谓梦书也。”

《推背图》中的谶颂学，则不仅完全出自易学且创造性地将象数易学进行了运用和发展。笔者经过十九年之研究发现，《推背图》谶颂文辞，无一字一句不源于易（详见本著逐字逐句之象数易学诠释与构建）。在象数易学史上，就成体系的著作比较来看，首推《说卦》，《说卦》之后为汉焦延寿《易林》，《易林》之后当为《推背图》，《推背图》之后是邵雍的《皇极经世》，但《推背图》将象数易学运用到其历史哲学和政治哲学建构上且象象验之不爽，这在易学史上是空前绝后的。

其二，就历时性来说，谶纬学重当下，而《推背图》中的谶颂学则继往开来贯通古今未来两千年之大历史。上文提到的刘秀“卯金”、魏王“鬼禾女”都是刘、魏即将登上历史舞台之前的“谶”书，具有当下性和现实性。汉初贾谊被贬至长沙，一日暮晚时分一

① 《后汉书·光武帝纪》。

只鹏鸟飞到他身旁，以为不祥之兆，作《鹏鸟赋》云：“发书占之兮，谶言其度”，此处之谶更是言说个人眼前之休咎吉凶。但《推背图》以大易为根基推天道明人道，从唐开始历五代、宋、元、明、清至未来两千年，臧否家国治乱，展示世界风云，这是汉代谶纬学根本无法企及的。

其三，就其研究的范围而论，谶纬学重当朝，而《推背图》关乎中外格局和世界大历史。汉代谶纬学几乎无一例外地关注的是汉代范围内的历史与现实或个人之休咎吉凶，但《推背图》不仅关注中国，也关注世界，更关注人类的未来，蒙元入侵是世界意义的大事，第一次世界大战、第二次世界大战更是人类有史以来最惨烈之战争均在《推背图》视野之中，第五十九象描述了“无城无府，无尔无我。天下一家，至臻大化”，“红黄黑白不分明，东南西北尽和睦”的世界图景。可以说《推背图》将易学推演历史与政治之说达到了登峰造极的地步。以此而论，汉代谶纬学望尘莫及。

总之，谶纬学重神学，《推背图》主易学；谶纬学重当下，《推背图》横贯两千年；谶纬学重当朝，《推背图》关注世界和人类，这就是谶纬学仅盛兴于汉代，而《推背图》则屡禁不绝、历久弥新的根本原因。

其四，如果说汉代谶纬学与《推背图》谶颂学还有什么相同的地方的话，那就是皆有占验之功能。《推背图》与谶纬学有交集之处，如《易纬》，但有根本之不同。

笔者从以上《推背图》八宫说、干支说和纳甲说、阴阳五行说、卦气卦变说、正象覆象半象互象飞象伏象交象说、数说、卦象——字象——图象说、谶颂说等八个方面概括性地论述了《推背图》是中国易学史上象数易学的经典。象数易学鼎盛于两汉，两汉易学大家林立、学派纷呈，两汉象数易学家皆有经世致用的入世情怀，但在以辨释阴阳灾异为目标的宿命论构建中却未有学者对历史宿命论提出体系性的理论框架，孟喜之卦气、焦延寿之象辞、郑玄之爻辰、荀爽之升降、虞翻之之正尽管各有卓绝之处，但终未将象数易学升华到历史哲学和政治哲学的高度。这遭到了后世学者的激烈批评。王弼在《周易略例·明象》中嘲讽道：“互体不足，遂及卦变，变又不足，推致五行。一失其原，巧愈弥甚。纵复或值，而意无所取。盖存象忘义之由也。”顾炎武更是抨击道：“夫子作传，传中更无别象，荀爽虞翻之徒，穿凿附会，象外生象。以同声相应为震巽，同气相求为艮兑，水流湿、火就燥为坎离，云从龙则曰乾为龙，风从虎则曰坤为虎。十翼之中，无语不求其象，而易之大指荒矣。”① 王弼顾炎武之说确实切中了两汉象数易学之大弊：巧弄象数而荒易之大义！但《推背图》却创造性地综合发展了他们的研究成果，通过象数易学构建了中国思想史和哲学史上独一无二的历史宿命论体系，其义大也！从这个意义上而言，毫无疑问《推背图》是两汉象数易学的终极。

① 清顾炎武《日知录》卷一。

第二章 《推背图》是图书易学的里程碑

图书易学作为易学史上重要的学术流派始于宋代。北宋初年华山道士陈抟，通过对《易经》的研究，制出“河图”、“洛书”、“先天图”、“无极图”等，其图不仅与易之卦爻“无不符合”，且其阴阳奇偶也“一一与易相应”①。

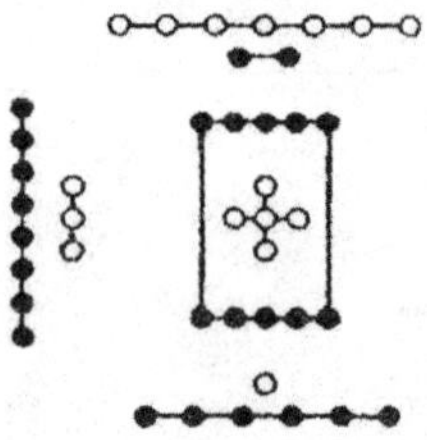

河图

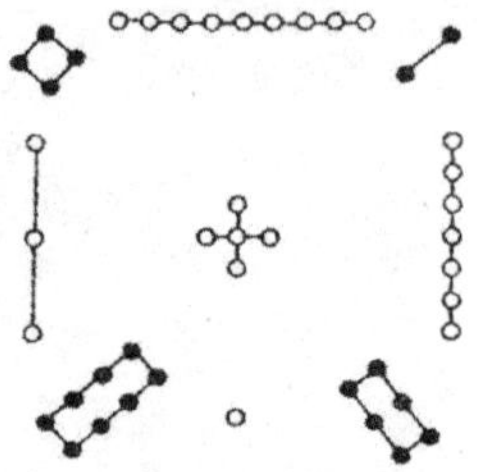

洛书

（朱熹《周易本义》取蔡元定说，蔡说与刘牧说相反。）

此说一出，宋、元、明、清近千年间许多易学家争相比附发明，从宋初陈抟到清末杭辛斋易图，据说达到数千种之多。宋代易学家朱震曾考证此说之源流：“国家龙兴，异人间出，濮上陈抟以先天图传种放，放传穆修，修传李之才，之才传邵雍；放以河图、洛书传李溉，溉传许坚，坚传范谔昌，谔昌传刘牧；修以太极图传周敦颐，敦颐传程颐、程颢。”② 这其中代表人物邵雍据先天图著《皇极经世》，刘牧据河图洛书“陈天地五十有五之数”著《易数钩隐图》，周敦颐据太极图著《太极图书》。其后朱震著《汉上易传》，朱熹著《周易本义》、《易学启蒙》，王湜著《易学》，林至著《易裨传》，税与权著《易学启蒙小传》，胡方平著《易学启蒙通

① 《四库全书总目·经部易类》。

② 宋朱震《进周易表》、《宋史·朱震传》。

释》，丁易东著《大衍索隐》，朱元升著《三易备遗》，吴仁杰著《易图说》，林光世著《水村易镜》，雷思齐著《易图通变》等等，终形成蔚为大观之两宋图书易学，特别是经理学家朱熹将《河图洛书》、《伏羲八卦次序》、《伏羲八卦次方位》、《伏羲六十四卦次序》、《伏羲六十四卦方位》、《文王八卦次序》、《文王八卦方位》、《卦变图》等八图置于《周易本义》书前，更是奠定了图书易学在易理之学中的突出地位。

宋以后这一领域的代表人物及其著作有：元代吴澄著《易纂言外翼》，保巴著《易源奥义》，张理著《易象图说内外篇》、《大易象数钩深图》；明代来知德著《易经来注图解》，来集之著《易图亲见》；清代陈梦雷著《周易浅述》，黄宗羲著《易学象数论》，黄宗炎著《图学辨惑》，胡渭《易图明辨》，焦循著《易图略》，崔述著《易卦图说》，江永著《河洛精蕴》，张慧言著《易图条辨》，冯道立著《周易三极图贯》，杭辛斋著《易楔》。

图书易学的最重要的特征是以图谱的形式独辟蹊径，探赜索隐，试图求索和表达易学之精义奥蕴。图书易学在宋以前我们只能看到非常零散且有限的文献记载，如《尚书》“大玉、夷玉、天球、河图在东序”①，《系辞》“河出图，洛出书，圣人则之”②，《汉书》“河图命庖，洛书赐禹，八卦成列，九畴由叙”③。此后至宋千年这一领域几乎找不到文献，那么这是否意味着图书易学是宋人自创的呢？答案是否定的。今人刘大钧先生极其重视这一问题，他说：“周敦颐的太极图，绝非陈抟、种放之说，其源古矣！”④“《易》图的兴起，特别是河图、洛书等图，绝不是宋人自造。”“以易图解《易》由来久矣！”⑤ 惜刘大钧先生用以佐证这一立论的《隋书·经籍志》中的一些文献早已佚亡，故其说只能是某种推断。

笔者通过对唐李淳风袁天纲《推背图》历时十九年的研究，发

---

① 《尚书·顾命》。
② 《周易·系辞上传》。
③ 《汉书·五行志赞》。
④ 林忠军著《象数易学发展史卷二》刘大钧序，齐鲁书社 1999 年版。
⑤ 施维主编《周易八卦图解》刘大钧序，巴蜀书社 2003 年版。

现《推背图》其图象皆源于易，图图精妙，象象绝伦。它上承河洛，下启两宋图书易学，试析如下：

一、《推背图》中的先后天八卦图

我们不妨先将《推背图》的卦序整理如下：

第一象乾☰，第二象、第三象、第四象、第五象、第六象、第七象、第八象、第九象

第十象坎☵，第十一象、第十二象、第十三象、第十四象、第十五象、第十六象、第十七象

第十八象艮☶，第十九象、第二十象、第二十一象、第二十二象、第二十三象、第二十四象、第二十五象

第二十六象震☳，第二十七象、第二十八象、第二十九象、第三十象、第三十一象、第三十二象、第三十三象

第三十四象巽☴，第三十五象、第三十六象、第三十七象、第三十八象、第三十九象、第四十象

第四十一象离☲，第四十二象、第四十三象、第四十四象、第四十五象、第四十六象、第四十七象、第四十八象

第四十九象坤☷，第五十象、第五十一象、第五十二象、第五十三象、第五十四象、第五十五象、第五十六象

第五十七象兑☱，第五十八象、第五十九象、第六十象

《推背图》中乾☰、坎☵、艮☶、震☳、巽☴、离☲、坤☷、兑☱各宫按顺时流布。《推背图》第一象从唐开言，唐之国都长安在西北，与后天乾☰方位相合。如果我们将《推背图》中八纯卦抽出依顺时排列的话，我们就会发现一个清晰的后天八卦图。如图：

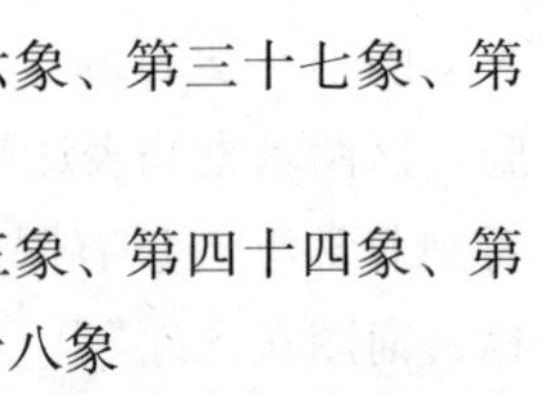

在《推背图》中我们还能寻找到依先天方位制图的踪影，如第六象和第十六象。

学术界长期以为先后天八卦图始于宋陈抟、刘牧、周敦颐、邵雍，现在看来至少后天八卦图最早在陈抟之前三百多年就被李淳风袁天纲的《推背图》所运用。

二、《推背图》图书体系与周敦颐太极图比较

《推背图》图书体系与周敦颐太极图比较如下：

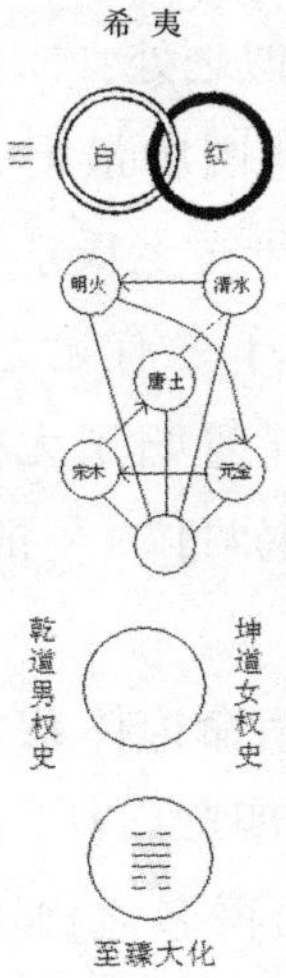

《推背图》历史宿命论图书体系

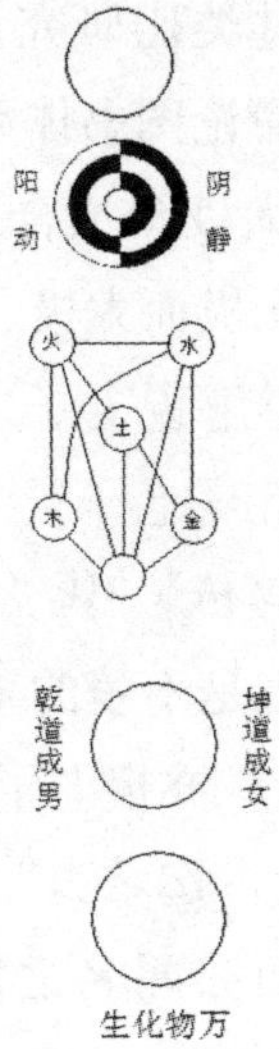

张伯行编《周子全书》中之《周氏太极图》

周子《太极图说》曰："无极而太极。太极动而生阳，动极而静，静而生阴，静极复动。一动一静，互为其根。分阴分阳，两仪立焉。阳变阴合，而生水火木金土。五气顺布，四时行焉。五行一阴阳也，阴阳一太极也，太极本无极也。五行之生也，各一其性。无极之真，二五之精，妙合而凝。乾道成男，坤道成女。二气交感，化生万物。万物生生，而变化无穷焉。惟人也得其秀而最灵。形既生矣，神发知矣。五性感动，而善恶分，万事出矣。圣人定之以中正仁义而主静，立人极焉。故圣人与天地合其德，日月合其明，四时合其序，鬼神合其吉凶。君子修之吉，小人悖之凶。故曰：'立天之道，曰阴与阳。立地之道，曰柔与刚。立人之道，曰仁与义。'又曰：'原始返终，故知死生之说。'大哉易也！斯其至矣。"

周子太极图所构筑的宇宙本体论模型是：无极（太极）→阴阳

→五行→万物，先从本体推到万象；再从万象上溯到本体“五行一阴阳也，阴阳一太极也，太极本无极也”。即万象→五行→阴阳→无极（太极），然后这两个序列又“妙合而凝”、“化生万物”、“变化无穷焉”！

笔者通过类比研究，发现周子太极图的本体论模型与《推背图》历史宿命论图书体系有着惊人的相似之处：

1. 周氏太极图“合老庄于儒”①。他图中最上方的圆圈，朱子后来旁注为无极而太极，陆九渊批评朱子援老氏学，以为老氏学之不正，朱子辩解说老子之有无为二，周子之有无为一。尽管如此，周氏太极图将《老子》第二十八章中“复归于无极”的“无极”与《易·系辞传》中“易有太极，是生两仪”②的“太极”融合统一为己说当是不争的事实。

《推背图》亦援老子之学于其历史宿命论体系之中。第一象颂曰：“自从盘古迄希夷”。《老子》第十四章曰：“视之而弗见名之曰微，听之而弗闻名之曰希，搏之而弗得名之曰夷。三者不可致计，故混而为一。一者，其上不攸，其下不忽，寻寻兮不可名也，复归于无物。是谓无状之状，无物之象。”老子的“希夷”介于有无之间。

2. 周氏太极图讲阴阳静动互相转化；《推背图》讲阴阳天地日月循环。周氏太极图讲“原始返终”；《推背图》讲“周而复始”。

3. 周氏太极图讲阴阳合而“生水火木金土，五气顺布，四时行焉”；《推背图》讲五德终始，唐（土）→宋（木）→元（金）→明（火）→清（水），尊邹衍相胜之说，后朝对前朝相克相胜，革故而鼎新。

4. 周氏太极图讲二五变化妙合，乾道成男，坤道成女；《推背图》中的历史宿命论不仅讲男权史观亦讲女权史观，此源于一阴（☷）一阳（☰）之天道变化。

5. 周氏太极图讲乾坤化生万物。万物生生而变化无穷也；《推

① 清黄宗羲《宋元学案》卷十二《濂溪学案下》。
② 《周易·系辞上传》。

背图》亦讲万物化生，《推背图》民国元年本将最后一象定为咸䷞卦，民国四年本五十九象亦为咸䷞卦，六十象萃䷬卦二至上䷞亦有咸象。《彖》曰：“咸，感也……天地感而万物化生，圣人感人心而天下和平；观其所感，而天地万物之情可见矣！”因此《推背图》曰“天下一家，治臻大化”（民国四年本第五十九象）。

6. 周氏太极图“知死生之说”，《推背图》讲历史之宿命。

周氏太极图与《推背图》历史宿命论图书体系之所以有以上如此之多的相似之处，笔者以为绝非偶然，从陈抟到周敦颐的太极图未必是其亲作，即使是其亲作亦必有所宗。陈抟历晚唐、五代、宋初，而五代为《推背图》最盛行之时，陈抟不可能没有见过《推背图》，由他肇始的宋代图书易学即使没有直接因袭《推背图》，也当受到《推背图》同时期的与其相类似的图书易学文献的影响。

三、《推背图》第一图与赵㧑谦阴阳鱼图之关系

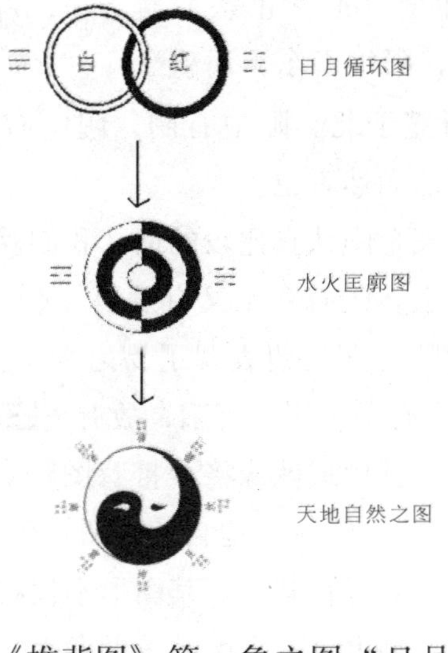

上图最上方为《推背图》第一象之图“日月循环，周而复始”之象，左圈为阳乾☰所出，右圈为阴坤☷所出，中间相交部分为泰䷊否䷋，代表人类历史如阴阳周流，日月循环一样否泰相交，治乱相承，生生不息。

上图中间的图为《水火匡廓图》（载胡渭《易图明辨》），源于

清初毛奇龄《太极图说遗议》，毛奇龄又取自五代十国时期后蜀彭晓注《周易参同契》本中，毛奇龄认为陈抟窃此图传于周敦颐，遂有后世周氏太极图。这个图的最大特点是左边阳（⚊）阴（⚋）阳（⚊）象离☲，右边阴（⚋）阳（⚊）阴（⚋）象坎☵，若离☲中间⚋爻与坎☵中间⚊爻互换则变成左乾☰右坤☷此即参同契所谓取坎填离。

上图下方为明初赵㧑谦《天地自然之图》，此即后世阴阳鱼太极图之滥觞。他认为此图乃为《河图》，即伏羲时代龙马从黄河里背负出来的图。他在《六书本义》中解释此图时说："此图世传蔡元定得于蜀之隐者，秘而不传，虽朱子亦莫之见。今得之陈伯敷氏，当熟玩之，有太极含阴阳，阴阳含八卦自然之妙。"在此基础上又有传世《古太极图》。

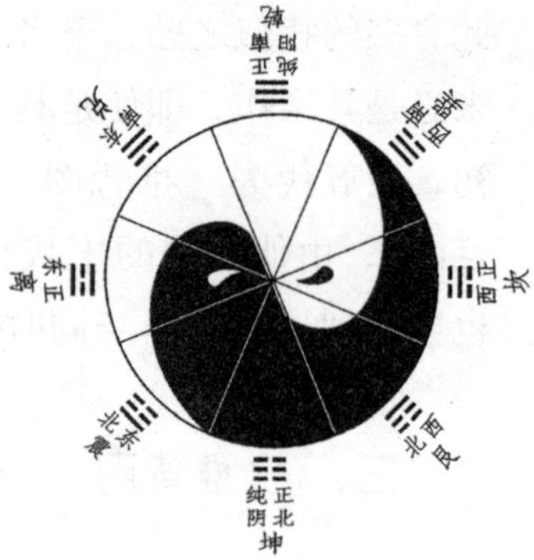

《古太极图》：胡渭《易图明辨》

胡渭引赵氏仲全《道学正宗》解释说："古太极图，阳生于东，而盛于南；阴生于西，而盛于北。阳中有阴，阴中有阳，而两仪，而四象，而八卦，皆自然而然者也。"

如果我们将这三个图认真比较的话，我们就会发现这三个图由简单到复杂到形而上，既有联系又有发展。《日月循环图》以乾☰坤☷阴阳为主，简约且深刻地表现了易之大义：一阴一阳谓之道。《水火匡廓图》阳中有阴，阴中有阳，故有离☲有坎☵，取坎填离，故又有乾☰有坤☷；其形式就像将《推背图》《日月循环图》中的相交部分递加为三层一样。《天地自然之图》则太极、两仪、四象、乾坤坎离巽震艮兑八卦皆在其中，其图形不仅将其他相关易图的优点囊括其中，且在造型上具有高度的美学意义。

这三个图的演化路径就犹如阴阳不断加速递增旋转，就图书史来看，毛奇龄之《水火匡廓图》、赵㧑谦之《天地自然之图》皆晚于《推背图》，就图谱的生成由简单到复杂的历史来看，《推背图》第一图当是宋以后各种太极图式之渊源。

四、《推背图》中的易图与宋以后的易图比较

《推背图》六十图图图易出，图图精妙，很难取舍。现选取部分与宋·佚名辑《周易图》和元张理《大易象数钩深图》中的易图比较如下：

1. 颐卦卦象图比较

颐灵龟图

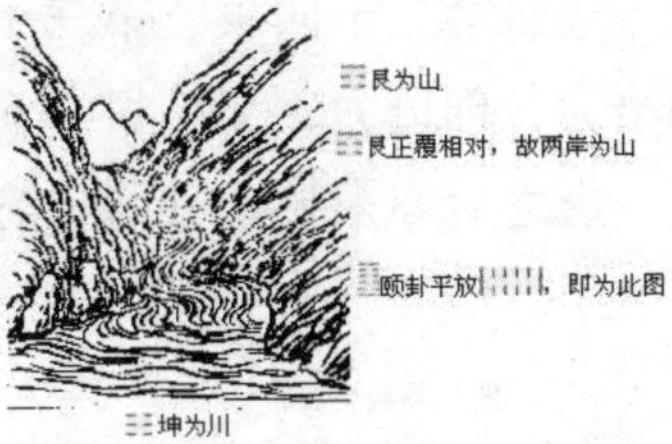

第十象

第十一象

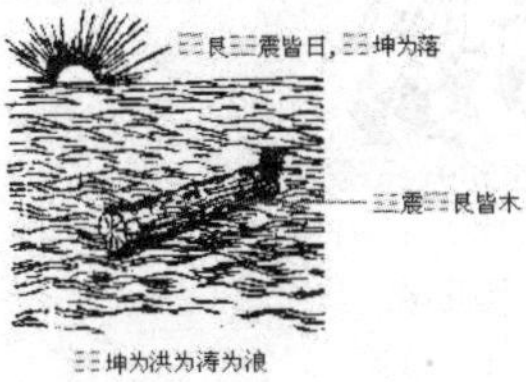

第二十四象

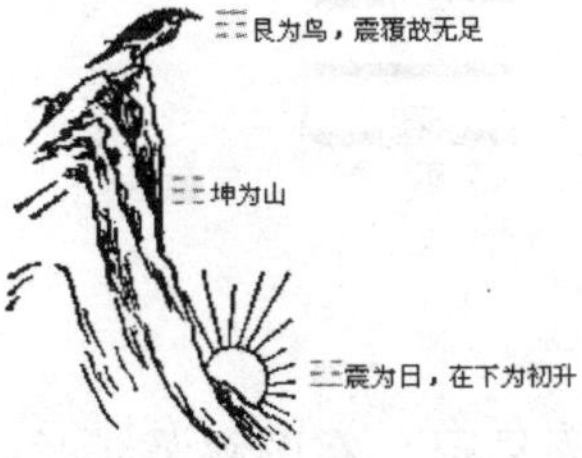

第三十九象

《周易图》在图解颐卦时说：颐中虚，虚则灵龟之象。君子见之，以灵龟自警，小人见之则孕颐垂涎。三为下齿，噬之动者也，故凶甚于二、五。三之所以动者，因初有震象耳。离为龟，亦此意。此处颐䷚乃大离☲之象，《说卦》以离为龟。互坤☷为虚为灵，故颐䷚有灵龟之象。

而《推背图》第十象将颐䷚卦图示为两岸间大河奔流之象，颐䷚，上下艮☶正覆相对，艮☶为山，故两岸为山，颐䷚中为坤☷，帛《易》坤☷为川，故两岸之间大河奔腾，将颐卦䷚平放，即为此图。第十一象将颐䷚卦图示为两树夹尸之象，颐䷚上下为震☳之正覆，震☳为树，故两树相夹，颐䷚中坤☷为死为身故两树夹尸。

第二十四象将颐䷚卦图示为一木漂于日暮下的巨浪中，颐䷚，上艮☶下震☳皆日，互坤☷为落，故有日落之象，下震☳上艮☶皆木，互坤☷又为洪为涛为浪，两木皆在坤☷水之外，故又有木浮于水上之象。第三十九象则更绝，整个图象从上到下展示为颐䷚象，上艮☶为鸟，为震☳覆，震☳为足，故鸟无足，中间坤☷为山，下震☳为日，在下为初，故旭初升。

宋人和元张理依《说卦》将颐䷚图示为灵龟，自是顺理成章。但将颐䷚作第十象、第十一象、第二十四象、第三十九象图示，如果没有伟大之想象力、洞察力、创造力，那是根本无法做到的。如此之易图创作唐之前未见，唐之后亦未见，可谓空前绝后！

2. 蒙卦卦象图比较

第四十五象

《周易图》在图解蒙卦时说：童蒙在五，击之在上，是外学也。耳目所入，虽足以资吾，适足以贼吾之真性，故不利为寇也。包蒙在二，发之在初，是内学也。心之所造，贵于几先，一著于心，便成机械，所以脱桎梏吝也。利者，吾心之桎梏乎。

《推背图》第四十五象图示为两武士手持长矛腾空而起，刺向太阳。蒙䷃，下坎☵为空为中，互震☳为飞，上艮☶为兵戈为武士为手持，通兑☱为二，故两武士手持兵戈空中起飞。上艮☶为日，互震☳为日。

《周易图》对蒙卦以蒙学作经解，但《推背图》却变化出战争之象。

3. 比卦卦象图比较

第九象

第五十六象

《周易图》在图解比卦时说：坤为众，而师亦为众者，师统众之义也。统众者，非德也则不可。故以乾之九二入于坤为师，以乾德在二也。律因数起，数自中出。黄钟之律起为度量衡，差之毫厘，则不可也。北方之坎，黄钟之本也，故繇言丈人，爻言律，丈与律，法度之出，非有德者乎？北方主幽阴杀伐之象，南主向明朝会之象。六爻分二、三、四五之数。二居南方，离明之地也，故以北为南面。五居中央，非北也。天北望，惟见斗枢，辰极，辰曰"北辰"，斗曰"北斗"，虽名曰北，实中天也。师北向，故有五人为伍之意。比南面，故有五等分爵之象。上居五位，后其君者也，故曰"后夫凶"。

《推背图》第九象图示为一大树下横卧四尸。比䷇，震☳为四夫，震☳覆（三至五）故四夫覆，互艮☶为卧，上坎☵下坤☷皆死象。上坎☵互艮☶为木为树，互艮☶又为巢，艮☶在上坎☵之陷和下坤☷之死中间，巢危之象，故树上一覆巢。第五十六象图示为两战士人手一矛行军水上，两口相向互喷烈火，头上两鸟，展翅争斗。比䷇，下坤☷为军后天数二，互艮☶为对垒，故两军对垒之象，艮☶为手为持通兑☱为右为矛，故右手持矛；下坤☷为水，互艮☶为武士在上，故行军水上。大有䷍，互兑☱为两为口为喷，上离☲为火，故互喷烈火。互兑☱又为两为鸟为争，故两鸟相争，上离☲为飞，故空中相争。比䷇，下坤☷为水，伏乾☰，乾☰在水下故为潜者，乾河图数为四为九，此处取四数，上坎☵下坤☷皆水皆鱼，故水中四鱼。

三图比卦皆有战争之象，但《推背图》更直接更形象，特别是第五十六象对战争的形式、使用的武器极富发明和创造，有超世之洞察力。

4. **小畜卦卦象图比较**

第三十六象

《周易图》在图解小畜卦时说：巽居东南方，乾气自子至巳入于巽，以巽为畜，名曰“小畜”。以阴生于巽，巽阴之微，故以“小”言。自子至寅，三画之乾也，巽畜乾悔也。小畜之所以失权者，变大畜六五而为九五耳。满假自大，所以失权，而为人所畜也。

《推背图》第三十六象图示为一贵妇人骑马，前有一侍女持灯带路，旁有一大臣模样的人跪拜请示。取小畜䷈之象，上巽☴为贵为妇，下乾☰为马为骑，故贵妇骑马，互兑☱为少女，伏艮☶为持为灯，上巽☴旁通震☳为行，故少女持灯前行，下乾☰伏坤☷，坤☷为大臣，伏为拜，又伏艮☶为跪拜，故大臣伏拜。结合“纤纤女子，赤手御敌。不分祸福，灯光蔽日。双拳旋转乾坤，海内无端不靖”来看，此贵妇断不至于游山玩水，当在逃亡路上。

《小畜》上九：“妇贞厉”，《推背图》似更合经义？

5. **观卦卦象图比较**

第五象

《周易图》在图解观卦时说：四阴生阴，侵阳之卦也。比之于阳侵阴，乃大壮之理也。不曰小壮，而曰观者，阴顺巽而无侵阳之意也。下既顺巽，上必以中正，然后足以使下观而化。安有侵阳之事乎？

《推背图》第五象图示为一卧女、一马鞍、一史书、两金环。观䷓，上卦巽☴为女为伏为卧，下卦坤☷为旧为文，故为史书。互艮☶为鞍，艮☶为革为安故为鞍。大壮䷡，互兑☱为二，下乾☰为金环，故为一对金环。且伏在䷓之巽☴艮☶下面，是故巽女边一环，艮鞍边一环。

两图皆言阴侵阳也。

6. **剥卦卦象图比较**

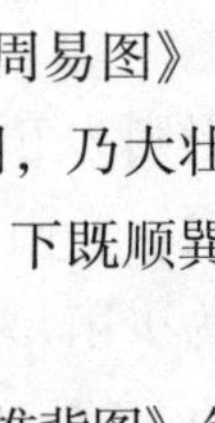

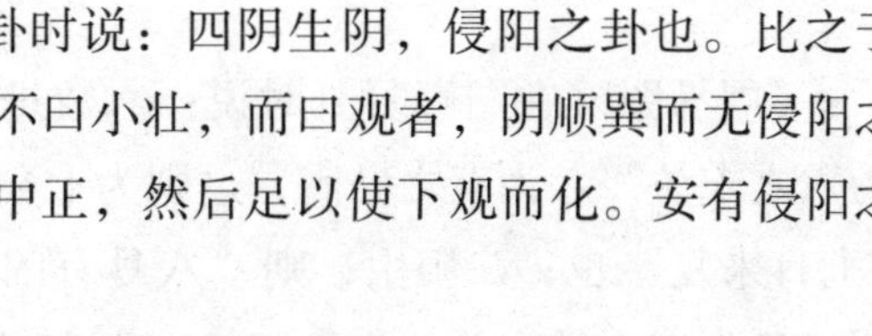

第五十四象

《周易图》在图解剥卦时说：复卦之下阳，即剥之上阳落于地也，故有硕果不实之象。

《推背图》第五十四象图示为五童赶一牛，取剥䷖卦象，上艮☶为童子，河图数五（下坤☷数亦五），艮☶又为手指为木杆，故为赶，下坤☷为牛，此图与剥䷖卦象毫厘不失。

周易图将剥卦之象解释为阳落于地。事实上剥卦亦有鱼贯之象。《推背图》将剥卦绘为五童逐牛亦创意非凡。

7. **复卦卦象图比较**

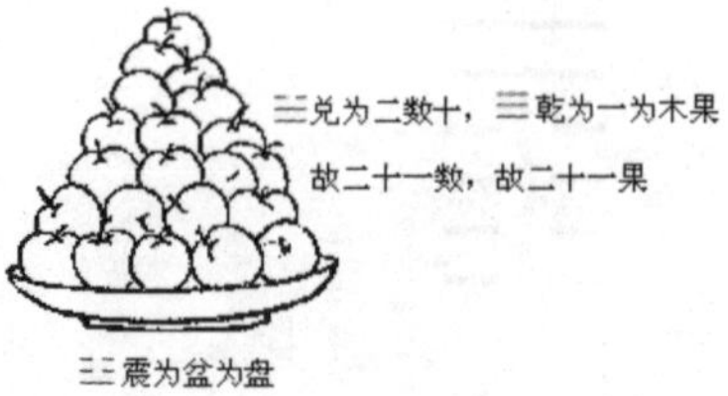

第二象

《周易图》在图解复卦时说：六数进则为七，退则为五，是五为六之未盈，六为五之已满，过则为七矣。六为极矣。一阳生，则“七日来复”也；二阳生，则“八月有凶”也。七为少阳，八为少阴，日为震，月为兑。临虽阳长，而实得八兑之数也。故曰“有凶于八月”也。复卦一阳来复曰“七日”者，盖坤阴极于亥，六数尽于一，复出于坎，并而得七也。数穷于六甲，运穷于三统，而复为元，亦“七日来复”之义云耳。

《推背图》第二象图示为盘中盛有二十一果，复䷗卦，下卦震☳为盆为盘。夬䷪，上卦兑☱为二数十，下卦乾☰为一，故二十一数，乾又为木果，故二十一果。

《周易图》以复卦图解“七日来复”之数，《推背图》以复卦䷗，像盘中之果，各有其妙，二至上☷像层叠之果乎？

8. **明夷卦卦象图比较**

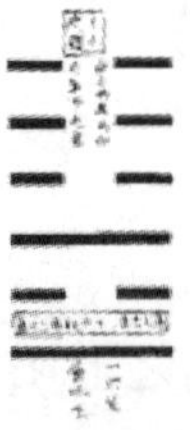

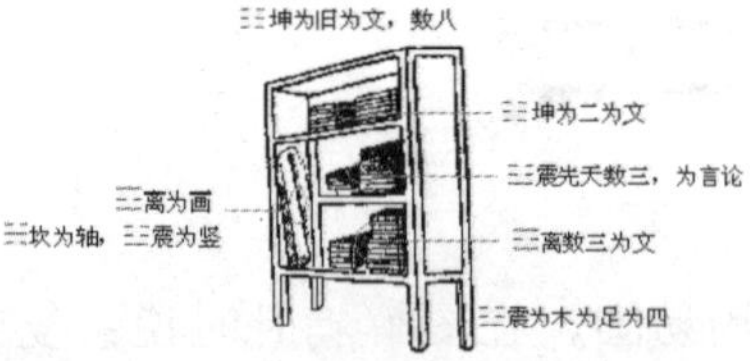

第四十七象

《周易图》在图解明夷卦时说：明夷之卦，圣人赞之，以《彖》“象”最显，于人事最明。五为箕子，则上为纣矣。九三有南狩，而得“大首”之辞，岂非武王乎？“拯马壮”者，又岂非武王之辅相乱臣乎？六四本坤画，而下与三同居人位，又岂非微子、太公之归周乎？初九与上六同乎坎水，将飞而翼垂，将行而粮不继，岂欲拯之而力不能，如伯夷、叔齐之徒乎？

《推背图》第四十七象图示为一书柜，分三格，放有旧书和卷轴。明夷䷣，互震☳为木为足为四，故为四脚柜；上坤☷为文，下离☲为明，文明之象；上坤☷为旧为文，数八，故八套旧书。坤☷在上为二为文，故上面先摆两套，互震☳先天数三，为言论，故中间再摆三套，下离☲数三为文，故下面又摆三套。下离☲为画，互坎☵为轴，互震☳为竖，故竖一画轴？真是匪夷所思！

《明夷》彖曰：“内文明而外柔顺”“文王以之”，说明明夷有文明之象，《推背图》第47图准确诠释了这一大义。宋杨万里以后以史事参易，自是一说，然人事岂能取代象之大义？

9. **家人卦卦象图比较**

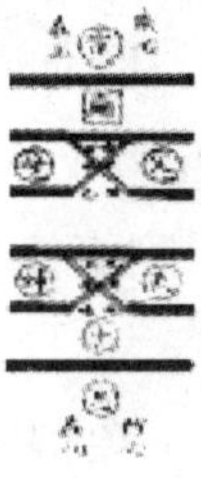

第三十一象

《周易图》在图解家人卦时说：或问文中子家人之象。子曰：明内齐外，盖离、巽之象也。然象在一阴一阳相妃于中，有父母夫妇之象，意本于夫子之《象》。焦延寿以上爻为宗庙，五为君，今用之于家人，则君位为父矣。孔子曰：家人，有严君焉。父母之谓也。

《推背图》第三十一象图示为一禾一女一鬼。取家人䷤之象，上巽☴为禾为伏为后，下离☲为女，故草禾伏于女人身后，互坎☵为鬼。图中离☲坎☵为东西走向，当先天之图耳！

此两图皆有夫妇之象，但如果没有《推背图》，我们只知道《家人》乃夫妇正道之象，岂知《家人》还有奸夫恶妇之象?!《家人》彖曰：正家而天下定也。家不正岂非天下危矣?!

10. **睽卦卦象图比较**

第二十二象

第三十二象

《周易图》在图解睽卦时说：睽之为卦，六爻相疑者，阴阳相疑也。阳居阴位，是以位相疑。二应五，而五连于上，上应三，而三连于二，是以应相疑。疑则睽而不合矣。故圣人于六爻之辞，皆释其疑也，而使阴阳各安其位焉。

《推背图》第二十二象图示为一马渡江，取睽䷥象，互坎☵为马为渡，下兑☱为水。第三十二象图示为立马门中，取卦睽䷥象，初、二、上构成一个大乾☰，乾为大门，三、四、五构成坎☵，坎☵为马，坎☵在大乾☰之中，故马立于大门之中！睽者事与愿违也，立马又有何用?!

《推背图》中马图共有两象，皆与睽䷥卦相关。一象偏安一隅，一象昙花一现，皆事与愿违，其义与《周易图》解睽卦卦义一致。

11. **姤卦卦象图比较**

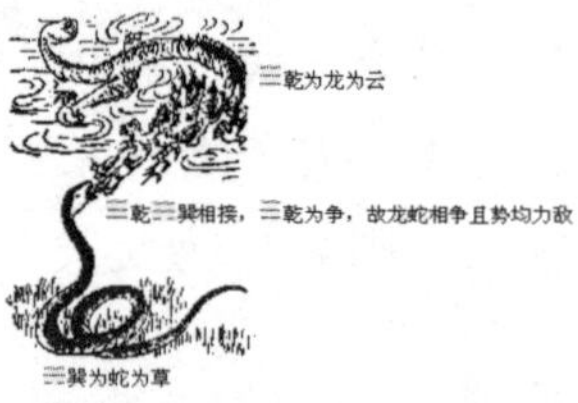

第四十八象

《周易图》在图解姤卦时说：初于本爻观之，则有豕象，而九三实其臀。初二四观之，则有鱼象，言阳包阴也。于九五观之，则有瓜蔓滋长之象，姤本乾也。一阴变其初，有龙反化鱼象，龙化鱼而角无用矣。此姤之角所以上穷。

《推背图》第四十八象图示为龙蛇相争，取姤䷫之象，上乾☰为龙，下巽☴为蛇，乾☰巽☴相接，乾☰为争，故龙蛇相争，且势均力敌。又上乾☰为云，下巽☴为草，故背景为蛇在草间，龙在云里。

《周易图》从姤䷫卦中看到“豕象”、“鱼象”、“瓜蔓滋长之象”，而《推背图》看到“龙象”、“蛇象”、“龙蛇相争之象”，可见《易》之象变化无穷也。

12. **升卦卦象图比较**

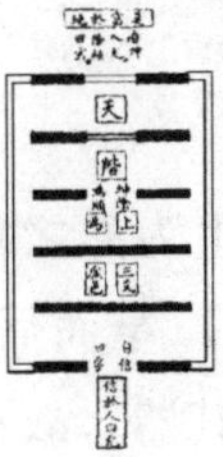

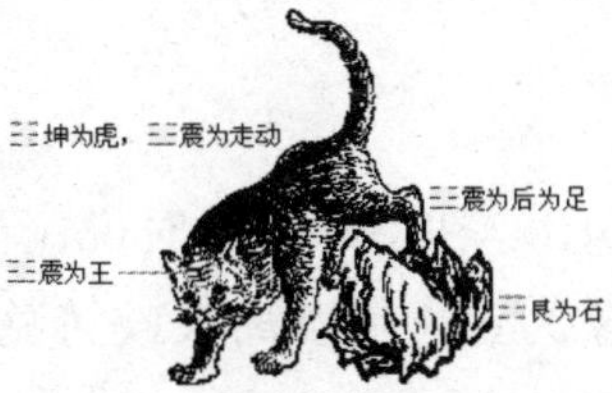

第三十象

《周易图》在图解升卦时说：巽下一阴，与坤三阴一体。阴沉滞而阳升腾，初附二阳而升，三阴又与之一体，故有允升之象。允者，言见信于人。坤用事于亥，而亥亦木之生，而未成形者也。至于子位，则震居坤下，震亦木也，是木之始根芽耳。若巽居坤下，则有二阳，非若震之一阳始萌，故曰“升”也。升居丑位，及乎卯，则木王矣。外卦以位言也。而五天位，是不可以阶升也。然贞者，正也。尧、舜、禹、汤升天位以正，如升平阶。苟不以贞，宁免于颠跻乎？

《推背图》第三十象图示为虎边一石。此图看似简单，但却极为精准地反映了卦象。升䷭，上坤☷为虎，互震☳为走动，故图中之虎有走动之象，互震☳为王，在上，且与坤☷（虎）相连，故虎头上有“王”字象。虎（☷）下为兑☱旁通为艮☶，艮☶为石，故石在虎下，虎（☷）下震☳为后为足，故此石不仅要画在虎下，而且要画在虎足之下，更要画在虎后足之下，可谓平实之中见高难度也！

《易·系辞下传》“八卦成列，象在其中矣，因而重之，爻在其中矣。刚柔相推，变在其中矣”。易变化无限，故象亦无限。升卦不仅有允升之象亦有虎石之象。

13. 革卦卦象图比较

革

鼎

第十四象

《周易图》在图解革卦时说：革虽有鼎，鬲革生为熟之象，然以炉鞴之象为正，盖以离火鼓铸兑金，而金从革也。革而后鼎者，以鼓铸而成鼎也。夏后氏铸鼎，而汤武因之，以宝其器，故有汤武革命之象。《周易图》在图解鼎卦时说：鼎卦铉、耳、趾皆全，而趾欠其一，所以初爻言“鼎颠趾”，言鼎倒而趾在上也。下一阴反有两耳之象，五曰“黄耳”，以别初爻焉。

《推背图》第十四象图示为一束捆绑在一起的枯木长出一枝新芽。鼎䷱，下巽☴为绳为绑为枯为木，互乾☰为一枝，上离☲为新，互兑☱为芽。只可惜荣华似烟云，逢春只一瞬！另：革䷰二至上为大过，鼎初至五亦为大过，《大过》九五象曰：枯木生华，何可久也?!

《周易图》中的革卦之炉火象和鼎卦之铉耳趾象屡为后世称道和援引。可以说革卦卦图和鼎卦卦图是《周易图》中最有想象力和创意的卦图。《推背图》以革卦绘枯木生华之象亦有革故鼎新之意，此革卦卦图中亦言大过之卦图。

14. 归妹卦卦象图比较

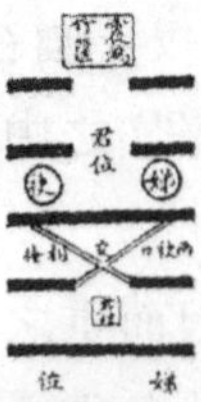

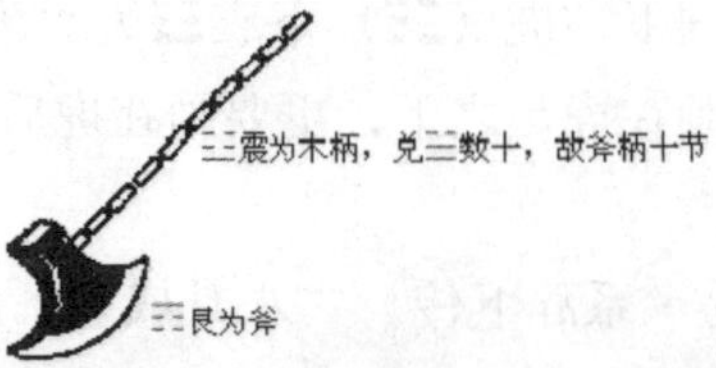

第二十五象

《周易图》在图解归妹卦时说：震为苍筤竹，下实上虚，筐象也。归妹卦与泰相类，而人位二爻两相交互，有掩袂象。夫一身左阳而右阴，阴阳之交，如两袂之交也。娣位乎下，其画阳也；君位乎上，其画阴也。易以阳善而阴恶，阳贵而阴贱，此君之袂，不如娣之袂，盖以女行非正也。其卦乃迁东方之阳，以就西方之阴，是震气入于兑，木为金所克制，故必“月几望”而后“吉”。若“征”则“凶”，无所利者，以行不以正也。

《推背图》第二十五象图示为一巨斧，有雷霆万钧之势，此图极其独特且具创造力。取归妹䷵之象，下互离☲为斧，上震☳为木柄为节，下兑☱数十，故斧柄十节。取雷霆万钧之斧，象征蒙元之超级大国以武力横扫欧亚雄霸天下。

《周易图》讲归妹之“木”“金”象，《推背图》绘归妹斧柄之象，一致而百虑也。

15. 巽卦卦象图比较

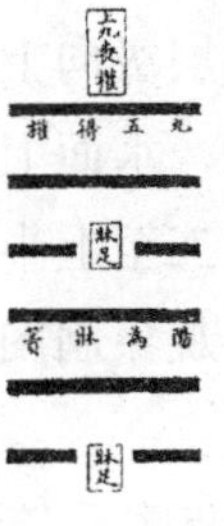

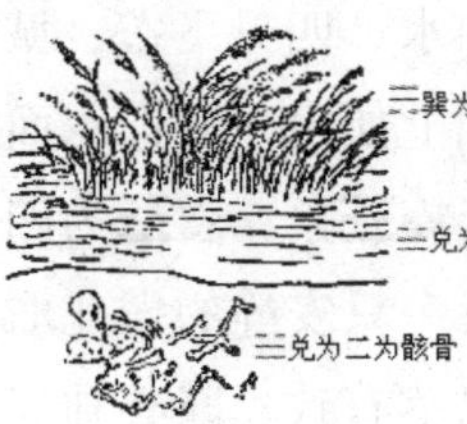

第三十四象

《周易图》在图解巽卦时说：巽以阳为床箦，而以阴为床足者，以床下有足之象，四阳行则有箦之象。九二床之东壁，而上九床之西壁，故皆云“巽在床下”，以床足附之也。九五即乾之九五，为龙，飞而为虎变者也。飞龙为甲，虎变为庚，是亦一气之变更耳。

《推背图》第三十四象图示洪水涛天苗不秀，水下两俱骸骨。取巽䷸卦卦象，巽☴为禾为秀，上下皆巽☴，故禾秀丛生，互兑☱为洪水，兑☱又为二为骸骨，故水下两俱骸骨。

《周易图》以经文释巽为“床”象，《推背图》以巽绘“禾”“水”“骨”象，《推背图》制象更有推衍意义。

16. **未济卦卦象图比较**

第十三象

《周易图》在图解未济卦时说：黄帝之律吕分乾、坤；配坎、离。乾、坤即分六阴、六阳，坎、离则成既济、未济。坎中之阳降升，而至于仲吕，辟卦为乾，是谓乾盈。九不见其首，离内之阴已入于坎，至于应钟，辟卦为坤，是谓坤虚十以导潜龙之气。既济之首，乾之首也；未济之尾，坤之尾也。乾尾续于坤尾，九而后十也；坤首继于乾首，二而先一也，皆自然之理也。

《推背图》第十三象如果将图与未济䷿卦从下往上比照就会发现，图中水、四只飞雀、城郭、一只雀，画面层级向上，与未济卦象从初到上如出一辙：水面波涛取下坎☵之象，水面上四只飞雀取二至五半震☳象，震☳为四为飞为雀，城郭取三至上半艮☶象，城郭上最后一只安静的雀儿取上卦离☲象。作者观象制图，画面参杂变化、错落有致、匠心独运，笔者叹为观止！

《周易图》释未济援汉易以律吕说。《推背图》第十三象中之未济图千变万化不拘一格，盖未济是六十四卦中最不正之卦，其象自是最变化多端。

17. **萃卦卦象图比较**

第二十象

第六十象

《周易图》在图解萃卦时说：萃之初、上包二阳、二阴于中，如物以类聚之象。阳据南面之位，一为天子，一为诸侯，下统三公、二十七大夫、八十一元士，上奉宗庙之严，防众之乱，故初爻惩失众之象寓于上画。萃者，物以秋成而聚。秋主于兑，兑卦本于上爻，为主。今西南之坤气运至西方，而阴画众矣，故二阳统之，而上爻失众焉。

《推背图》第二十象图示为一片汪洋两丛杂草，取萃䷬之卦象，下坤☷为洪涛为汪洋为祸水，上兑☱为两，互巽☴为草。《说文》：蔡，草也。象征蔡氏父子。以草喻蔡，匪夷所思！第六十象图示为一人推另一人背，前者较年长，后者较年轻。笔者以为本卦萃䷬即含有李淳风、袁天罡两作者之名。萃䷬通大畜䷙，萃䷬下卦坤☷为淳，互巽☴为风，通震☳为李，岂非李淳风?！萃䷬上兑☱居西，《参同契》曰“天罡据西”，又互艮☶为星，二至上䷴岂非天罡?！另：艮☶为前，坤☷为后，岂非天罡在前，淳风在后？又互艮☶为推为背为画，岂非《推背图》乎？凡《推背图》用一姓一名无不从象生，与《易》同也！

此三图皆取萃䷬之类聚之象。《周易图》以天子、诸侯、三公、大夫、元士聚于萃中，《推背图》第二十象以蔡氏父子狼狈为奸、沆瀣一气于萃中，第六十象则聚袁天罡和李淳风两同道共推数千年中国与世界之大历史于其中。呜呼！易者，象也；象也者，像也；像也者，非像也义也！

笔者深信，通过对《推背图》图书易学的研究，将彻底改变中国易学界从宋朱震到当代学者在图书易学史分野上的传统论断，《推背图》不仅在两宋和整个图书易学史上具有开先河的意义，且在以图解易的形式、内容上其精妙程度、创新能力都令后世易学家望尘莫及，是具有划时代意义的里程碑式的伟大著作。

第三章 《推背图》是中国历史宿命论集大成者

《易经》有道；《推背图》亦有其道。易以道阴阳，贯通天地人创宇宙——人类生生不息之体系；《推背图》以天道推人道，演历史之宿命。

历史宿命论指人类历史受一个外在的统一的力量和法则支配，尽管人类拥有意志和创造力，但只能在这一外在的力量和法则的基础上运行和发展。这一史观远早于且迥异于人类创造历史的人文主义史观。《说文》宿：止也。宿命即历史与人生皆止于命。在汉语里，此词汇最早可能为汉译佛经所用，如东汉《四十二章经》十三“沙门问佛：以何因缘得知宿命会其至道?”尽管“宿命”一词在汉语里是晚出词汇，但其义早已有之。历史宿命论又称历史定命论或历史命定论。作为人类史观中之一大系，历史宿命论深刻地影响着中国和世界大历史，但作为学术研究对象，近代以来中国思想史和哲学史研究领域一直缺乏对其概念、术语、范畴、架构进行系统的研究。①

一、 中国历史宿命论的形成

中国历史宿命论是伴随着中国文明史而发轫的。

《易》云：“古者包牺氏之王天下也，……作八卦，以通神明

① 从胡适《中国哲学史大纲》（上）到冯友兰《中国哲学史》到李泽厚中国思想史的研究均未能对此作出专题性论述。李泽厚在其《历史本体论·己卯五说》中更是以西学话语将中国古代思想比附为“巫史传统”显然失之深究。

之德，以类万物之情。”①

《论语·泰伯》云：禹“至孝乎鬼神”。

《尚书·盘庚上》云：“天其永我命于兹新邑。”

《礼记·表记》云：“殷人尊神，率民以事神。”

“帝令雨。”②“帝不令雨。”“羽癸卯帝其令风——羽癸卯帝不令风。”③ 这是殷人卜问上“帝”下不下雨和刮不刮风。

《诗经·商颂·玄鸟》云：“天命玄鸟，降而生商，宅殷土芒芒。古帝命武汤，正域彼四方。”

《尚书·周书·召诰》云：“呜呼！皇天上帝，改厥元子兹大国殷之命，惟王受命，无疆惟休，亦无疆惟恤。呜呼？曷其奈何弗敬?”

《尚书·周书·召诰》云：“我不可不监于有夏，亦不可不监于有殷。我不敢知曰，有夏服天命，惟有历年；我不敢知曰，不其延。惟不敬厥德，乃早坠厥命。我不敢知曰，有殷受天命，惟有历年；我不敢知曰，不其延。惟不敬厥德，乃早坠厥命。今王嗣受厥命，我亦惟兹二国命，嗣若功。”

从伏羲（包牺氏）“通神明”，禹“孝鬼神”，夏“服天命”，殷“受王命”，周“惟王受命”来看，中国历史宿命论在形成过程中有三点值得注意，一是面对强大的外在的自然力量——天，中国历史从人文始祖伏羲开始到禹到夏商周三王皆受神明和天命之规定和制约。二是中国历史宿命论从一开始就认为人在历史宿命论面前不是完全被动的，神明和天命是可认知和理解的。伏羲通神明是通过作八卦，而八卦是伏羲“仰则观象于天，俯则观法于地，观鸟兽之文与地之宜，近取诸身，远取诸物”的结果；禹孝鬼神，这个“孝”字很重要，孝不仅有服从的意思，还有理解、认同和敬仰的意义；《召诰》说：皇天上帝更换天子，并终止了大国殷商之命，

① 《周易·系辞下》。《汉书·艺文志》云：“易道深矣，人更三圣、世历三古。”所谓三圣指伏羲文王孔子，易历时三古为三圣“通神明之德”所作也。

② 《乙 1894，6256，6666》。

③ 《乙 2740，5497，6406》、《乙 2452，3094》。

今周王承命，无限美好，亦无比忧患，怎能不慎之又慎呢?！又说要以夏商为鉴，感叹不管夏商国祚有多长，其最终都是因为失德而丧国。这里内含敬天保民的思想。三是《尚书·周书·召诰》第一次在文献中提出“国命”的概念，国命即指一个国家历史与政治之命运。历史宿命论不仅要探讨当政者参政者之命运，更要探讨国家之命运。

最早探讨国命成因和提出历史宿命论理论的当属战国时齐人邹衍，《汉书·艺文志》阴阳家类云：“《邹子》四十九篇，《邹子终始》五十六篇。”《史记·孟子荀卿列传》又载，邹衍“作《主运》”。邹衍把人类的历史同自然界的阴阳五行的变化结合起来，认为历史是一个动态变化发展的过程，在这个过程中有一个强大的法则在内在地支配着。这个法则就是“五德转移，治各有宜，而符应若兹”。他认为金德、木德、水德、火德、土德，每一个德支配着一个朝代，每个朝代有特定的政治制度和品性，五德周而复始且遵循土德→木德→金德→火德→水德，后朝克前朝的相胜原理。他把国命分为五种政治类型，一个朝代一个国家之所以走向灭亡，必定有它的政治缺陷和社会的、经济的、历史的原因，继起者只有救偏补漏革故鼎新，但他并不认为这是根本的原因，根本的原因是各朝代之五行德性之相克相胜。邹衍的历史宿命论具有高度的概括性，他把古今未来的历史和政治统统涵盖了。

《礼记·月令》又对历史和政治的参与者作了宿命论研究，认为包括帝王在内的任何人都要受到太阳、四时、月、神、五行各种力量的支配，人类的历史及其发展不仅表现在利用自然，而且首先表现在遵循自然。

将历史宿命论提升到历史哲学和政治哲学高度的则是汉董仲舒及其《春秋繁露》。董仲舒将阴阳五行、五德终始、天人感应思想糅入《公羊传》之中并对其进行了系统的改造，他说：

“求天数之微，莫若于人，人之身有四肢，每肢有三节，三四十二，十二节相持而形体立矣。天有四时，每时有三月，三四十二，十二月相受而岁数终矣。”①

“人生有喜怒哀乐之答，春夏秋冬之类也。”②

“天之大数毕于十”，“天道十月而成，人亦十月而成，合乎天道也”。③

“天亦有喜怒之气，哀乐之心，与人相副。以类合之，天人一也。”④

“天以终岁之数成人之身，故小节三百六十六，副日数也。大节十二分，副月数也。内有五藏，副五行数也。外有四肢，副四时数也。乍视乍瞑，副昼夜也。乍刚乍柔，副冬夏也。”⑤

董氏煞费苦心地将天象与人象，天数与人数相比附类推，以证“天人一也”，其目的在于引申出“王权神授”、“人理副天道”的政治哲学，从而实现其《春秋》大一统的理想，他说：“君臣父子、夫妇之义，皆取诸阴阳之道。君为阳、臣为阴，父为阳、子为阴，夫为阳、妻为阴。”⑥“天子受命于天，诸侯受命于天子，子受命于父，臣妾受命于君，妻受命于夫，诸所受命者，其尊皆天也。”⑦ 在董仲舒看来，君为臣纲、父为子纲、夫为妻纲这三纲是天的意志。他在《春秋繁露·天地阴阳》中说：“天、地、阴、阳、木、火、土、金、水九，与人而十者，天数毕也。”⑧ 前九项是其自然历史哲学，第十项“人”凝聚了他的政治哲学和社会观，合起来“天数毕也”，这样董仲舒就将历史哲学和政治哲学融为一体从而完成了他的历史宿命论构建。

董仲舒的天人学说严重地影响了一人批两汉思想家和易学家，如大小夏侯、眭孟、孟喜、焦延寿、京房、翼奉、李寻、刘向、马融、荀爽、虞翻等等，他们或继承董子的公羊说，或将其说引向阴

① 《春秋繁露·官制象天》。
② 《春秋繁露·为人者天》。
③ 《春秋繁露·阳尊阴卑》。
④ 《春秋繁露·阴阳义》。
⑤ 《春秋繁露·人副天数》。
⑥ 《春秋繁露·基义》。
⑦ 《春秋繁露·顺命》。
⑧ 《春秋繁露·天地阴阳》。

阳灾异并进而建立各种象数学派，极大地丰富了构建历史宿命论所需要的方法论。

例如《易纬》研究了推算帝王兴亡的征王亡术，确定朝代寿命的卦轨术，乃至天子的姓名、面相也在其研究范围之内，但因传世文献有限，从郑玄注到今人的探讨来看，还没有学者能将其解释清楚。但《易纬》所提出的问题如如何确定国姓和国祚这在中国历史宿命论研究深入化具体化中显得至关重要，直接影响了历史宿命论体系的构建。

《易纬》一书有大量的孔子曰言辞，后人以为这是《易纬》作者托孔子之名而作。但孔子有宿命论思想却是无疑的，他在《论语》里说："君子有三畏，畏天命，畏大人，畏圣人之言"，"五十而知天命"，"道之将行也与，命也；道之将废也与，命也"，"不知命，无以为君子也"。在孔子看来他的理想能否实现，完全是宿命的，所以作为君子，只有知命和接受命运的支配。孔子知命且懂得占卜，帛易《要》亦有证：子曰"吾百占而七十当"[①]，那么这是否意味着《易纬》中多次出现的孔子曰并非子虚乌有呢？那么这是否又意味着孔子也在中国历史宿命论构建中起过重要作用呢?!

东汉的王充在《论衡》中将《尚书》中提出的天命——国命向前发展为天命——国命——人命，他说："人有命、有禄、有遭遇，有幸偶。命者，贫富贵贱也。禄者，盛衰兴废也。""国命胜人命，寿命胜禄命。"[②] 这也标志着人的政治作为的能动性、主动性、实践性及其意义完全被国家命运给覆盖了。但王充研究的重心在人命的哲学上，对国命的学说他和两汉众多的象数易学家一样未能作出进一步的阐发。

二、《推背图》历史宿命论体系

尽管夏商周天命论、邹衍五德终始说、董仲舒君权神授说和两

① 帛书《要》释文。《帛书·易占初探》廖名春著，台湾文史哲出版社1998年版，第280页。

② 《论衡·命义篇》。

汉易学家的象数学发挥最终未能构建出以国家命运为中心的历史宿命论体系，但这为400年后李淳风和袁天罡最终完成这一使命奠定了思想基础和方法论基础。

李淳风和袁天罡的《推背图》（民国四年本）凡60卦、60图、3531字。从唐开始历五代、宋、元、明、清、民国至今已1300余年，其推演与历史象象有应，每一象所值时间有长有短，平均30年左右，《推背图》共推演了两千年左右的中国和世界历史。事实上它言说的不仅仅只有两千年，而是从盘古——唐——大同——永远的中国和人类的全部历史。笔者通过本著的研究总结其特点如下：

1.《推背图》其性质是历史宿命论。其历史宿命论体系在学术上属于易学范畴、思想史范畴和哲学范畴。涉及阴阳家、道家、儒家、兵家等。

2. 这一体系在构建上所采用的概念和术语是象数易学和图书易学的，而且抽象而具体，极其复杂和精妙。

3. 这一体系的架构是以甲子、八宫、后天八卦组成的天道模型，融天命、国命、人命为一体。

4.《推背图》尽管认为天命大于国命，国命大于人命，国命和人命必须归从于天命，但其历史宿命论体系并没有完全将人的能动性和修为淹没。《推背图》有着强烈的是非观，全文处处闪耀着人文主义和理想主义的光辉。如：第二象、第十六象、第二十七象、第四十四象、第四十七象、第五十一象、第五十二象、第五十八象对治世之肯定；第九象、第二十象、第三十一象、第三十四象等对乱臣贼子之否定；第十七象、第二十三象对英雄之歌颂；第二十一象、第二十四象等对亡国之君之吁嗟；第三十八象、第三十九象等对战争之厌恶；第六象、第十七象等对和平之向往。

5.《推背图》的历史宿命论以中国为中心，也兼及世界和人类，如第四十五象、第五十九象。它不仅关注政治，也关注文化（第四十七象）、经济（第五十象）和军事（第四十五象、第五十六象）。

6.《推背图》所构建的历史宿命论体系完全超越了公羊说和董

仲舒《春秋繁露》所倡导的大一统思想。在《推背图》中，权威主义、保守主义、科学主义、自由主义都不具有终极真理性，它们穿插在被规定了的历史之中，它们的能动性仅仅也只能折射在宇宙与历史同构、天道与人道合一的宿命论体系中。

7.《推背图》并不认为男权是政治发展中的唯一形态，它在第三象、第五象、第十八象、第二十六象、第三十一象、第三十六象、第四十二象、第五十一象中高度关注乃至褒扬女权在历史和政治发展中的地位和影响力。由女性来主导政治这在晚清以前数千年的以男权为中心的中国思想史上是极其罕见的，也是不可想象的，可谓空谷足音！这是对中国思想史的重要贡献。

8.《推背图》的历史宿命论体系在历史哲学和政治哲学上最大的贡献，是它构建了一个中国和世界历史是按照帝制时代——共和时代——大同时代这一历史观而命定式发展的理论体系。在《推背图》看来，从第一象到第三十六象是帝制时代，历盘古至唐、五代、宋、元、明、清数千年，从第三十七象“和衷与共”到第四十七象“无王无帝定乾坤”到第五十八象“统王统帝又统和”（一作“称帝称王又统和”），中国和世界历史间有威权时代出现，但总体上是走向共和的。第五十九象和第六十象是论述人类的大同时代及其未来的。第五十九象云“无城无府，无尔无我。天下一家，治臻大化”，“红黄黑白不分明，东南西北尽和睦”，这时的世界高度发达，阶级和国家已经消亡，种族平等，天下一家。人类经过长期的努力，所追求的公平、正义、自由、博爱等普世价值终于在世界的每个角落实现了。如《礼记》所言：“大道之行也，天下为公，选贤与能，讲信修睦。故人不独亲其亲，不独子其子，使老有所终，壮有所用，幼有所长，矜寡孤独废疾者，皆有所养；男有分，女有归；货恶其弃于地也，不必藏于己；力恶其不出于身也，不必为己。是故谋闭而不兴，盗窃乱贼而不作，故户外而不闭，是谓大同。”这样，《推背图》便以道家阴阳为开始以儒家大同为结束，通过易学完美地塑造了其理论体系，体现了作者对人类命运的终极关怀。最后，作者更是将大同时代推向了永恒，作者以为人类最终全面实现普世价值是“不自由”的，亦即是必然的、宿命的，人类不得不走向自由。

近代史上，康有为撰《大同书》，孙中山先生提“天下为公”，这究竟是不约而同之指向还是受《推背图》之影响，这一问题很值得研究。

9.《推背图》的建树也使其后四百年邵雍所著的《皇极经世》难望项背，《皇极经世》同样是一部宿命论著作，他宗先天之学，以“元会运世”的数理模型推演历史。他以一年十二月，一月三十日，一日十二时辰，一时辰三十分的数字来规定一元的时间及其变化：三十年为一世，十二世为一运（计三百六十年），三十运为一会（计一万零八百年），十二会为一元（计十二万九千六百年），他认为历史从始到终的“一元”共计十二万九千六百年，并以此循环往复以至无穷。其中他又将六十四卦与元会运世岁月日时在不同层次上相值配，将卦象与数融合贯通，经过层层深入地推算，构筑了一个探究宇宙天地之演化，社会历史之交替的宿命论体系。邵氏的“元会运世”说也许并非独创，可能受到了李淳风袁天罡合著的《太白会运逆兆通代记图》的影响。邵雍的《皇极经世》与李淳风袁天罡的《推背图》相较而言，《皇极经世》更注重先天数学模型的缜密构建，《推背图》则象、数、图、理并重，更注重微言大义的阐发。《皇极经世》的易数体系探究的是“皇帝王霸”政治哲学，“用无为，则皇也。用恩信，则帝也。用公正，则王也。用智力，则霸也。霸以下则夷狄，夷狄而下，是禽兽也”[①]。邵雍的政治哲学仍局限在专制体制之内，而《推背图》所构建的帝制——共和——大同的历史宿命论体系则完全超越了中国古代历史上包括邵雍在内的任何一位学者的历史哲学和政治哲学构想；在对历史的诠释和对未来的启示方面《皇极经世》远没有达到《推背图》的高度。《皇极经世》断自唐虞于五代，但每个历史时期所值的卦象很难与其间所发生的大事相对应，似乎换作许多卦象都可以作解，《皇极经世》问世近千年以来，很难找到后人以其卦象准确启示未来的案例；而《推背图》则象象与历史有验。这是《皇极经世》

① 邵雍《观物外篇》下。

成书以来鲜有发扬而光大之者的主要原因。其弟子程颢程颐有道："邵尧夫犹空中楼阁"，[①] 此说甚是。

近代以来，随着科学技术的突飞猛进和人类财富的巨大增长，人类比以往任何一个时期都更加自信。面对科学主义，历史宿命论早已退出了历史的中心。但即使如此，人们面对历史还会常常发出感慨：假如明末没有遇到那样罕见的自然灾害，是否还有李自成、张献忠的起义？没有李自成、张献忠的起义，是否还会有清军入关？没有清军入关是否晚明会迈向近代文明？假如光绪再活二十年，清朝君主立宪是否会成功？假如袁世凯不称帝？等等，但假设毕竟不是现实，历史是无法假设的，这就是宿命。而面对未来，虽然有大批的社会学家、经济学家、政治学家、哲学家等从不同的角度会给我们拿出不同的方案，然而众多的不确定性仍然会使我们泛起深深的疑惑：人类未来的图景究竟怎样？如果我们承认人类的认知是有限的而未知是无限的话，那么历史宿命论将长存于人类学术视野。基于此，无论我们持认同的态度还是批评的态度，历史宿命论都不失为理解历史和前瞻历史的一种方法。易曰"天下同归而殊途，一致而百虑"[②]。《推背图》作为中国历史宿命论的集大成者，作为传统的神学体系和国家学说，作为东方神秘主义的杰出代表理应成为思想史和哲学史研究领域的重要篇章。

① 《二程集》上册，中华书局1981年版，第97页。

② 《周易·系辞下》。

第四章 《推背图》史、作者和著作年代考

一、《推背图》史考

《推背图》最早见之于文献记载的是元代脱脱等撰的《宋史》，《宋史卷二〇六·志第一五九·艺文》明确载有："《推背图》一卷"，虽未注明作者，但至少说明在宋代《推背图》已经存在。

宋代岳珂（1183—约1242）在《桯史》中记有："唐李淳风作《推背图》。五季之乱，王侯崛起，人有倖心，故其学益炽。开口张弓之谶，吴越至以徧名其子，而不知兆昭武基命之烈也。宋兴受命之符，尤为著明。艺祖即位，始诏禁谶书，惧其惑民志以繁刑辟。然图传已数百年，民间多有藏本，不复可收拾，有司患之。一日，赵韩王以开封具狱奏，因言犯者至众，不可胜诛。上曰：'不必多禁，正当混之耳。'乃命取旧本，自已验之外，皆紊其次第而杂书之，凡为百本，使与存者并行。于是传者懵其先后，莫知其孰讹；间有存者，不复验，亦弃弗藏矣。"① 岳珂在交代艺祖赵匡胤为什么禁谶书的同时，记述了两个非常重要的问题，一是指出《推背图》的作者是唐代的李淳风，这是宋以前文献中唯一有《推背图》作者的记载。二是赵匡胤在960年即位后禁谶时，《推背图》已传流数百年了，既然是"数百年"当然就不是一百多年，而至少二三百年以上，以三百年记，则《推背图》诞生在660年以前。考李淳风之生卒，李生于602年，卒于670年。李淳风卒年至宋太祖登基恰290年左右，岳珂所记前后一致。

---

① 岳珂《桯史》，中华书局1981年版，第2页。

尽管宋太祖禁谶之策以刑罚和作伪并用，效果似乎并未像岳珂所述众皆弃而弗藏矣。北宋末年庄绰在《鸡肋篇》讲到王安石怒范仲淹次子范纯仁“排议新法，遽请追逮”。其理由是范家藏有《推背图》，但宋神宗却说：“此书人皆有之，不足坐也!”① 这说明宋神宗（1068—1085）时期，即艺祖禁谶百年后《推背图》在社会上仍然广泛流传，“人皆有之”。

四百年以后，情况似乎发生了很大的变化，明郎瑛（1487—1566）在《七修类稿》中记述有关《推背图》时说：“《推背图》传唐李淳风作也。予尝于万都宪五溪处见之，杳难明验，因而告曰：‘记忆宋禁谶书，犯者日众，艺祖特以此书紊其次而杂书之，传数百本于人间，使传者懵其先后，不复可验，遂为弃之。此或是欤?’五溪曰：‘得矣，可以告同类不观可也。’”② 郎瑛的“记忆”显然是抄袭岳珂《桯史·艺祖禁谶书》的记述的，其说并无新意，但从其口吻来看，明时藏有《推背图》者已是寥寥无几，大约只散见于达官贵人或好事者之手了。《推背图》早已不是五代“其学益炽”，北宋“人皆有之”的时代了。

《宋史》的止史价值自不待言。《鸡肋篇》、《桯史》因其所记先世旧闻、当代史实可补正史之不足，为历代史家所重视。《七修类稿》为治明史者必读之笔记。这些文献的记载至少勾勒了《推背图》沿革的大致轮廓：《推背图》始于唐代李淳风，盛于五代，禁于北宋，衰于明代。

二、《推背图》作者和著作年代考

李淳风在新旧《唐书》均有列传。《旧唐书卷二〇四·列传第一二九》载：

李淳风，岐州雍人也。父播，隋高唐尉，以秩卑不得志，弃官而为道士，颇有文学，自号黄冠子。注《老子》，撰《方志图》，

① 庄绰《鸡肋篇》，中华书局1983年版，第67页。

② 郎瑛《七修类稿》，上海书店出版社2001版，第151页。

文集十卷，并行于代。淳风幼俊爽，博涉群书，尤明天文、历算、阴阳之学。贞观初，以驳傅仁均历议，多所折衷，授将仕郎，直太史局。寻又上言曰："今灵台候仪，是魏代遗范，观其制度，疏漏实多。臣案《虞书》称，舜在璇玑玉衡，以齐七政。则是古以混天仪考七曜之盈缩也。《周官》大司徒职，以土圭正日景，以定地中。此亦据混天仪日行黄道之明证也。暨于周末，此器乃亡。汉孝武时，洛下闳复造混天仪，事多疏阙。故贾逵、张衡各有营铸，陆绩、王蕃递加修补，或缀附经星，机应漏水，或孤张规郭，不依日行，推验七曜，并循赤道。今验冬至极南，夏至极北，而赤道当定于中，全无南北之异，以测七曜，岂得其真？黄道浑仪之阙，至今千余载矣。"太宗异其说，因令造之，至贞观七年造成。其制以铜为之，表里三重，下据准基，状如十字，末树鳌足，以张四表焉。第一仪名曰六合仪，有天经双规、浑纬规、金常规，相结于四极之内，备二十八宿、十干、十二辰，经纬三百六十五度。第二名三辰仪，圆径八尺，有璇玑规、道、月游，天宿矩度，七曜所行，并备于此，转于六合之内。第三名曰游仪，玄枢为轴，以连结玉衡游筩而贯约规矩；又玄枢北树北辰，南距地轴，傍转于内；又玉衡在玄枢之间而南北游，仰以观天之辰宿，下以识器之晷度。时称其妙。又论前代浑仪得失之差，著书七卷。名为《法象志》以奏之。太宗称善，置其仪于凝晖阁，加授承务郎。十五年，除太常博士。寻转太史丞，预撰《晋书》及《五代史》，其《天文》、《律历》、《五行志》皆淳风作也。又预撰《文史博要》。二十二年，迁太史令。

初，太宗之世有《秘记》云："唐三世之后，则女主武王代有天下。"太宗尝密召淳风以访其事，淳风曰："臣据象推算，其兆已成。然其人已生，在陛下宫内，从今不逾三十年，当有天下，诛杀唐氏子孙歼尽。"帝曰："疑似者尽杀之，如何？"淳风曰："天之所命，必无禳避之理。王者不死，多恐枉及无辜。且据上象，今已成，复在宫内，已是陛下眷属。更三十年，又当衰老，老则仁慈，虽受终易姓，其于陛下子孙，或不甚损。今若杀之，即当复生，少壮严毒，杀之立仇。若如此，即杀戮陛下子孙，必无遗类。"太宗善其言而止。

淳风每占候吉凶，合若符契，当时术者疑其别有役使，不因学习所致，然竟不能测也。显庆元年，复以修国史功封昌乐县男。先是，太史监候王思辩表称《五曹》、《孙子》十部算经理多踳驳。淳风复与国子监算学博士梁述、太学助教王真儒等受诏注《五曹》、《孙子》十部算经。书成，高宗令国学行用。龙朔二年，改授秘阁郎中。时《戊寅历法》渐差，淳风又增损刘焯《皇极历》，改撰《麟德历》奏之，术者称其精密。咸亨初，官名复旧，还为太史令。年六十九卒。所撰《典章文物志》、《乙巳占》、《秘阁录》，并《演齐人要术》等凡十余部，多传于代。

子谚，孙仙宗，并为太史令。

《新唐书卷二〇四·列传第一二九》所记李淳风列传较为简洁。不同的是，李淳风回答唐太宗李世民关于“女武代王”时《旧唐书》为“从今不逾三十年，当有天下”，《新唐书》为“四十年而王”；《旧唐书》载李淳风子为李谚，《新唐书》为李该。按《唐甲库》有李该甲库，故当为李该，谚该草书相像，谚疑为该之讹。

文献记载李淳风著述十分广泛。

《旧唐书》录有：

天文类：《周髀》二卷　李淳风撰。

《乙巳占》十卷　李淳风撰。

历算类：《皇极历》一卷　李淳风撰。

《河西甲寅元历》一卷　李淳风撰。

《缀术》五卷　祖冲之撰，李淳风注。

《辑古算术》四卷　王孝通撰，李淳风撰。

兵书类：《悬镜》十卷　李淳风撰。

五行类：《九旗飞变》一卷　郑玄撰，李淳风注。

《新唐书》录有：

正史类：《晋书》一百三十卷　房玄龄、褚遂良、李淳风等修。

《志》三十卷　颜师古、孔颖达、李淳风、魏徵等撰。

神仙类：《集注阴符经》一卷　太公、范蠡、鬼谷子、张良、诸葛亮、李淳风等。

《泰乾秘要》三卷　李淳风注。

农家类：李淳风《演齐人要术》卷亡。

天文类：《释周髀》二卷　李淳风撰。

《乙巳占》十二卷　李淳风撰。

《天文占》一卷　李淳风撰。

《大象元文》一卷　李淳风撰。

《乾坤秘奥》七卷　李淳风撰。

《法象志》七卷　李淳风撰。

《太白会运逆兆通代记图》一卷　淳风与袁天罡集。

历算类：《周髀算经》二卷　李淳风注。

《九章算术》九卷　李淳风注。

《九章算经要略》一卷　李淳风注。

《五经算术》二卷　李淳风注。

《张丘建算经》三卷　李淳风注。

《海岛算经》一卷　李淳风注。

《五曹孙子等算经》二十卷　李淳风注。

《甄鸾孙子算经》三卷　李淳风注。

《祖冲之缀术》五卷　李淳风释。

《皇极历》一卷　李淳风撰。

《王孝通缉古算术》四卷　太史丞李淳风注。

兵书类：《县镜》十卷　李淳风撰。

五行类：李淳风《四民福禄论》三卷。

《玄悟经》三卷。

《太一元鉴》五卷。

《占灯经》一卷。

《注郑玄九旗飞变》一卷。

《三元经》一卷。

《太一枢会赋》一卷　玄宗注。

类书类：《目》十二卷　高士廉、房玄龄、魏徵、李淳风等。

医术类：《图经》七卷　显庆四年，英国公李勣、太尉长孙无忌、太史令李淳风等。

集类：李淳风注颜之推《稽圣赋》一卷。

《宋史》录有：
农家类：李淳风《四民福禄论》二卷。
杂家类：李淳风《感应经》三卷。
天文类：李淳风《乾坤秘奥》七卷。
《太阳太阴赋》二卷。
《日月气象图》五卷。
《上象二十八宿纂要诀》一卷。
《太白会运逆兆通代记图》一卷。
《日行黄道图》一卷。
《月行九道图》一卷。
《云气图》一卷。
《浑天方志图》一卷。
《九州格子图》一卷。
五行类：李淳风《五行元统》一卷。
《乙巳占》十卷。
又《杂占》一卷。
《乾坤秘奥》一卷。
《立观经》一卷。
《一行禅师葬律秘密经》十卷。
《推背图》一卷（按：未注明作者）。
历算类：李淳风注释《九章经要略》一卷。
又注释《孙子算经》三卷，注《王孝通五经算法》一卷，注《甄鸾五曹算法》二卷。
杂艺术类：李淳风《历监天元主物簿》三卷。
宋郑樵（1104—1162）在《通志》中录有：
《周易玄义》三卷。
《周易新冥》一卷。
清《四库全书·存目丛书》录有：
《玉历通政经》三卷。
《观象玩占》五十卷。
清惠栋（1697—1758）在其《易汉学卷四》中录有：

《八卦六位图》李淳风注。

清马国翰（1794—1857）在其《玉函山房辑佚书》中录有：

《周易元义》李淳风撰。

综上所述，《旧唐书》录有李淳风著作八种，《新唐书》录有李淳风著作三十四种，《宋史》录有李淳风著作二十三种。《四库总目提要》对比《新唐书》与《宋史》云：“夫古书日亡而日少，淳风之书独愈远而愈增，其为术家依托，大可见矣。”此说显然不符合史实。《宋史》比《新唐书》少录十余种，缘何“愈远而愈增”？五行类著述《宋史》载六种，《新唐书》载七种，又从哪能看到“为术家之依托”呢?! 后晋刘昫（887—946）之《旧唐书》完成于 945 年，宋祁（998—1061）、欧阳修（1007—1072）之《新唐书》完成于 1060 年，前后相差仅百年，刘昫时在五代纷乱，宋祁、欧阳修时在宋之兴盛，《旧唐书》重史料，《新唐书》不仅重史料，更重价值评判。新旧《唐书》是我们研究李淳风生平的最重要的史学文献。

我们结合新旧《唐书》李淳风传、李淳风著述，兼及郑樵、《四库全书·存目丛书》、惠栋、马国翰所录李淳风著述来看，李淳风身为国家天文台最高官员和首席科学家，不仅在天文学、气象学、历法学、数学等自然科学领域成就卓著，且在易学、星象学、史学、兵学、医学、目录学、文学、农学等领域均有建树和涉猎，尤以星象学和象数易学影响深远，而这一切都有助于我们理解李淳风《推背图》的知识学背景和理论基础。

1. 李淳风父亲李播弃官为道士，且注《老子》，道家思想当为李淳风早年的主要启蒙思想，这是李淳风“明天文、历算、阴阳之学”的缘渊。李淳风家世对李淳风的学术取向影响巨大。道家的许多思想源于易经。李淳风的哲学思想兼及易经与道家。他在其名著《乙巳占》序言中指出：“夫神功造化，大易无以测其源；元运自然，阴阳不可推其末。故乾元资始，通变之理不穷；坤元资生，利用之途无尽。无源无末，众妙之门大矣；无穷无尽，圣人之道备矣。昔者伏牺氏之王天下也，仰则观象于天，俯则观法于地。观鸟兽之文，与天地之宜，近取诸身，远取诸物，于是始画八卦，以通神明之德，以类万物之情，故可以探赜索隐，钩深致远，幽潜之状不藏，鬼神之情可见，允符至理，尽性穷源。断天下之疑，通天下之志，定天下之业，冒天下之道。可久可大，逾远逾深，明本其宗致在于兹矣。故曰天垂象，见凶吉，圣人则之；天生变化，圣人效之。法象莫大乎天地，变通莫大于四时。悬象著明莫大乎日月，是知天地符观，日月耀明，圣人备法，致用远矣。”他讲“元运自然”取之《老子》第二十五章“道法自然”，“众妙之门”取之《老子》第一章“玄之又玄，众妙之门”。篇首用了许多“无”字，字里行间对老子之“无”推崇备至。他讲乾始坤生则取之于易经，从“伏牺氏之王天下”开始则基本上是引用了《系辞·上下传》中的词句。

2. 贞观初年，李淳风二十六七岁，驳傅仁均历议，授将仕郎，入太史局。

李淳风在太史局制浑天仪，《新唐书》一笔带过，而《旧唐书》有详细的记载。其实这一记载很重要。汉张衡为安、顺两代太史令，曾作浑天仪，并论汉兴四百年。① 这一履历与李淳风相当一致，天文星占之学当为推占世运之学的基础。《推背图》有“欃枪”（第八象）、“彗星”、“角亢”（第五十二象）之说。今存李淳风《乙巳占》、《观象玩占》、《玉历通政经》皆是其星象学著作。古人信奉天人合一，以天象垂变，察乎时政，星象学附会于天文学之中。

浑天仪是古代天文学家观察天象时必备仪器，它的精确与否直接影响到历法的修订。李淳风提出对传统浑天仪的改进。传统浑天仪“不足以上稽天象，敬授人时”，② 李淳风制成浑天黄道仪。科技史专家关增建先生在《李淳风及其〈乙巳占〉的科学贡献》③ 一文中指出：他创造性地将赤道环和黄道环结合在一起，解决了如何使黄道环与天空黄道相对应的难题。在浑仪上安装黄道环的做法由

---

① 《后汉书·张衡传》。

② 《旧唐书·天文志》。

③ 郑州大学学报（哲学社会科学版），2002 年第 1 期。

来已久，东汉时即已发明了太史黄道铜仪，但由于黄道只是太阳周年视运动的轨道，在天空并无明显可见的轨迹，人们一直没有找到使仪器上的黄道环与天空中的黄道相对应的方法。而在李淳风的浑天黄道仪上，黄、赤道环是按其相应方位固定在一起的，赤道环上刻有二十八宿距度，这样，只要赤道环与天空二十八宿位置对准，黄道环与天空黄道也就自然对准了。此外，他还在浑仪上架设了白道环，用以反映月亮运动轨道，此亦其首创。李淳风的浑天黄道仪弥补了北魏太史候部铁仪的不足，改进了东汉太史黄道铜仪的结构，为开元年间僧一行和梁令瓒创制的黄道游仪奠定了基础。李淳风撰《法象志》七卷，从理论上指出了前朝浑天仪之得失。太宗称善，加授承务郎。

李淳风不仅是一位实验天文学家，对天文仪器的研制和天文观测做出了巨大贡献，而且还是一位理论天文学家，对天文著作撰述和历法制定也做出了不可磨灭的贡献。

贞观十五年（641），李淳风授予太常博士，寻转太史丞，为《晋书》及《五代史》作天文律历五行志。在历代正史天文志中，《晋书·天文志》被公认为最佳，其体例被后世史家撰写天文志所沿用。《晋书·天文志》对后世天文学影响很大，李约瑟博士曾誉其为天文学知识的宝库。龙朔二年（662），李淳风改授任秘阁郎中。他对隋代刘焯的《皇极历》进行增损，制定了新法《麟德历》，《麟德历》采用定朔法排历谱，结束了自何承天（370—447）以来两百多年定朔法与平朔法的论争，使历日与天象更为切合。他还废除了章蔀纪元之法，不用闰周，直接以无中气之月置闰，使传统历法彻底摆脱了闰周的累赘。

在古代中国，天文学与星象学密不可分。张衡、李淳风皆是天文学家，皆是太史令，皆作浑天仪。张衡对汉四百年有预言，李淳风对武则天有预言，这不是简单的巧合，而是星象之学以天文学为基础，而推占世运之学又以星象学为基础。换而言之，两位首席皇家天文学家通过天象对历史作出判断当属同一知识背景。《旧唐书》李淳风“据象推算”武则天在宫内，此“象”即为天象、星象、卦象。《新唐书》：“淳风于占候吉凶，若节契然，当世术家意有鬼神相之，非学习可致，终不能测也。”[1] 所谓“占候”即根据天象之变化作出推断。如何深入研究天文星象学与推占世运之学之间的关系，当是后学研究的一个重要方向。

3. 李淳风是中国气象学史上首次对风力进行分级的科学家。他在《乙巳占卷十·占风远近法》中根据风力对树木的影响和损坏程度将其分为八级：一级动叶，二级鸣条，三级摇枝，四级坠叶，五级折小枝，六级折大枝，七级折木飞沙石，八级折树及根。尽管李淳风分级的目的在于占验，但对风力大小进行定量分级的做法却是科学的。唐瞿昙悉达在《开元占经》第九十一卷中也集录了李淳风根据风力分级进行风占的看法。

4. 李淳风是中国天文学史上首次准确预测日食的科学家。刘知几之子刘悚在《隋唐嘉话》中记载：“太史令李淳风校新历成，奏太阳合日蚀，当既，于占不吉。太宗不悦，曰：‘日或不食，卿将何以自处?’曰：‘有如不蚀，则臣请死之。’及期，帝候日于庭，谓淳风曰：‘吾放汝与妻子别。’对以尚早一刻，指表影曰：‘至此蚀矣。’如言而蚀，不差毫发。”[2]《隋唐嘉话》记载南北朝至唐开元年间历史人物的言行事迹，以唐太宗和武后两朝为多，史料价值极高，新旧《唐书》和《资治通鉴》里的某些史实，即取材于此书。

5. 数学是一切自然科学的基础。作为一代杰出的天文学家、星象学家，李淳风在数学领域有着卓越的成就。“唐初为了教学的需要，由科学家李淳风等人共同审订并注释了十部数学书，作为明算科的教科书。根据一些古书的记载，有《九章算术》、《海岛算经》、《孙子算经》、《五曹算经》、《张丘建算经》、《周髀算经》、《五经算术》、《缀术》、《缉古算经》等九部，还有一部，可能是《夏侯阳算经》。”[3] 他被李约瑟博士誉为：“整个中国历史上最伟大

---

① 《旧唐书卷七九·列传第二九·李淳风》、《新唐书卷二〇四·列传第二九·李淳风》。

② 《隋唐嘉话　朝野佥载》，（唐）刘悚、张鷟撰，中华书局1979年版，第17页。

③ 李迪《中国数学史简编》，辽宁人民出版社1984年版，第140页。

的数学著作注释家。”① 象数易学中所谓数，是指大衍之数、策数、天地数、河图数、先天数、后天数、甲子数、五行数、干支数等。《系辞·上》曰：“叁伍以变，错综其数。通其变，遂成天地之文；极其数，遂定天下之象。”杰出的数学和天文星象学成就使李淳风在中国象数易学史上独领风骚，他的《推背图》在推占世运学领域达到了空前绝后的高度。《推背图》中的每一象都是“极其数”而定的“天下之象”。在中国两千年象数易学史上，没有任何一个学者具有和他一样的数学天文学星象学知识背景，没有任何一个易学家在数学和天文学领域的造诣达到他那样高度。由他而不是别人创作出《推背图》绝非偶然。

6. 清儒马国翰《玉函山房辑佚书》中录有李淳风《周易元义》一卷；此八卦六位图惠栋《易汉学》卷四京君明易亦有录。今观其图乃本之《京氏易传》。《火珠林》引李淳风之说云：

乾　金

壬 戌 土

壬 申 金

壬 午 火

甲 辰 土

甲 寅 木

甲 子 水

乾之甲子壬午为阳日之始终，壬为阳日之终，子为阳辰之始，午为阳辰之终。初爻在子，四爻在午，乾主阳，内子为始，外午为终也。

坤　土

癸 酉 金

癸 亥 水

癸 丑 土

乙 卯 木

---

① 李约瑟著《中国科学技术史第三卷·数学》，科学出版社 1978 年版，第 84—85 页。

乙 巳 火

乙 未 土

坤主乙未、癸丑。乙为阴之始，癸为阴之终。丑为阴辰之始，未为阴辰之终。坤初爻在未，四爻在丑，坤主阴，故内主未而外主丑也。

震　　木

庚 戌 土

庚 申 金

庚 午 火

庚 辰 土

庚 寅 木

庚 子 水

震主庚子、庚午。震为长男，即乾之初九，对于庚，故震主庚，以父授子，故主子午与父同也。

巽　　木

辛 卯 木

辛 巳 土

辛 未 土

辛 酉 金

辛 亥 水

辛 丑 土

巽主辛丑、辛未。巽为长女，即坤之初六巳与辛对，故巽主辛，以母授女故主丑未，同于母也。

坎　　水

戊 子 水

戊 戌 土

戊 申 金

戊 午 火

戊 辰 土

戊 寅 木

坎主戊寅、戊申。坎为中男故主于中辰。

离　　火

己 巳 火
己 未 土
己 酉 金
己 亥 水
己 丑 土
己 卯 木

离主己卯、己酉。离为中女，故亦主于中辰。

艮 土
丙 寅 木
丙 子 水
丙 戌 土
丙 申 金
丙 午 火
丙 辰 土

艮主丙辰、丙戌，艮为少男，乾上爻主壬对丙，用丙辰、丙戌，是第五配。

兑 金
丁 未 土
丁 酉 金
丁 亥 水
丁 丑 土
丁 卯 木
丁 巳 火

兑主丁巳、丁亥，兑为少女，坤上爻主癸对丁，用丁巳、丁亥，乃第六配。

京氏之说，本之焦延寿，焦氏又得之周秦以来先师所传。《京氏易积算法》曰：夫子曰：八卦因伏羲，暨于神农。重乎八纯，圣理元微，易道难究。迄乎西伯父子，研理穷通，上下囊括，推爻考象，配卦世应，加乎星宿，属于六十四所，二十四气，分天地之数，定人伦之理，验日月之行，寻五行之端，灾祥进退，莫不因兹而兆矣。故考天地日月星辰山川草木虫鱼鸟兽之情状，运气生死休咎，不可执一隅。故曰易含万象。

京君明将六十四卦分为八宫，从乾坤阴阳消长，生生不息入手，以一世二世为地易，三世四世为人易，五世六世（八纯卦）为天易，游魂归魂为鬼易，将天地人神统一于各宫之中。

如果我们将《推背图》之卦序与京房八宫卦对比，我们就会发现，《推背图》基本遵循了京房易之排序，分乾宫（第一象至第九象）、坎宫（第十象至第十七象）、艮宫（第十八象至第二十五象）、震宫（第二十六象至第三十三象）、巽宫（第三十四象至第四十象）、离宫（第四十一象至第四十八象）、坤宫（第四十九象至第五十六象）、兑宫（第五十七象至第六十象）。

《推背图》在八宫排序上没有按京房乾统三男、坤统三女之序而是创造性地按后天八卦方位排序，从乾（西北）、坎（北）、艮（东北）、震（东）、巽（东南）、离（南）、坤（西南）、兑（西），中国政治和经济的中心历唐、五代、宋、元、明、清、民国大致沿着这一方向在运行，当然，这也意味着中国历史的兴盛和大同时代的来临最后当以西南和西部的崛起为标志。

京氏八卦各宫排序：

乾、震、坎、艮、坤、巽、离、兑，即：乾父统长中少三男，坤母统长中少三女。

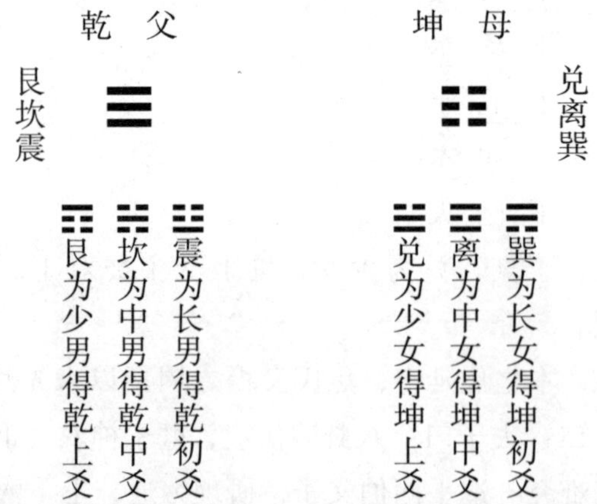

后天八卦各宫排序：

乾、坎、艮、震、巽、离、坤、兑。

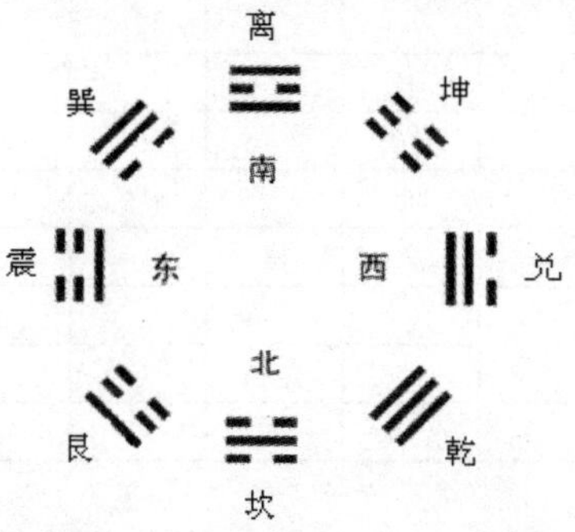

京氏易非常重视星占，他将六十四卦与二十八宿相配，以星象之变化察人事之吉凶。如下图：

京房二十八宿分宫值位图

宫 卦 宿	乾宫	震宫	坎宫	艮宫	坤宫	巽宫	离宫	兑宫
参	乾			睽				兑
井	姤			履				困
鬼	遁			中孚				萃
柳	否			渐				咸
星	观				坤			蹇
张	剥				复			谦
翼	晋				临			小过
轸	大有				泰			归妹
角		震			人壮			
亢		豫			夬			
氐		解			需			
房		恒			比			
心		升				巽		
尾		井				小畜		
箕		大过				家人		
计都		畜				益		
牛			坎			无妄		
女			节			噬嗑		
虚			屯			颐		
危			既济			蛊		
室			革				离	

续表

宫 卦 宿	乾宫	震宫	坎宫	艮宫	坤宫	巽宫	离宫	兑宫
壁			丰				旅	
奎			明夷				鼎	
娄			师				未济	
胃				艮			蒙	
昴				贲			涣	
毕				大畜			讼	
觜				损			同人	

《推背图》亦重视星占。第五十二象本卦泰卦值轸宿，第五十三象本卦大壮值角宿，第五十四象本卦夬卦值亢宿，第五十二象颂曰：“乾坤再造在角亢”，足以见得第五十二、五十三、五十四三象之间关系密切，当共同反映一断代史。

作为星占学“三式”之一的六壬学，至今有道教流派认为乃李淳风所作，并称李淳风为“六壬仙师”。

《推背图》宗京房易与传世文献记载李淳风宗京房易相吻合，这也是《推背图》为李淳风所作的重要线索和依据。

7.《旧唐书》记载：唐太宗之世有《秘记》云：“唐三世之后，则女主武王代有天下。”《新唐书》记载：唐太宗得秘谶，言“唐中弱，有女武代王”。唐太宗密召李淳风“以访其事”，李淳风曰：“臣据象推算，其兆已成”，劝太宗不要滥杀无辜，“天之所命，不可去也”。“太宗善其言而止。”这说明李淳风根据自己的象数研究并结合《秘记》已经知道了武则天将“代有天下”。

今通行本《推背图》真正推究人事则是从第三象武则天开始的（按：第一象言《推背图》之理论基础，第二象推断大唐之气数），可见将《推背图》的作者定为李淳风显然是有因缘的。《推背图》第三象一女子拿刀象征“女武”，《推背图》第四象图中画一鹦鹉，“鹦”左有“女”，“鹉”左有“武”，象征“女武代王”，象征武则天，这是李淳风作《推背图》之明证。

新旧《唐书》中关于唐太宗因“女武”之谶而杀李君羡的记载近人以为与“太宗善其言而止”的记载有出入，李淳风似并未阻止太宗之滥杀。《旧唐书卷六九·列传第一九》中载道:“贞观初,太白频昼见,太史占曰:‘女主昌。’又有谣言:‘当有女武王者。’太宗恶之,时君羡为左武卫将军,在玄武门。太宗因武官内宴,作酒令,各言小名。君羡自称小名‘五娘子’,太宗愕然,因大笑曰:‘何物女子,如此勇猛!’又以君羡封邑及属县皆有‘武’字,深恶之。会御史奏君羡与妖人员道信潜相谋结,将为不轨,遂下诏诛之。”《新唐书·卷九四·列传第一九·李君羡》所载与之大体一致,直到天授二年(691)武则天登基后才为其平反。

这里的“谣言”,当指《旧唐书·李淳风列传》中的《秘记》,亦指《新唐书·李淳风列传》中的“秘谶”。“太史占曰女主昌”中的太史不排除就是贞观初年“授将仕郎,直太史局”的李淳风。太宗因李君羡身为“左武卫将军”,又在“玄武门”,又是“武安”人,又封为“武连郡公”,又叫了个女性小名“五娘子”,便以为应了“女武王者”借口将其诛杀了。依新旧《唐书》记载而言,唐太宗杀李君羡当在李淳风建言之前,《资治通鉴卷一百九十九》对这段历史作了清晰的说明:

贞观二十二年七月,“初,左武卫将军武连县公武安李君羡直玄武门,时太白屡昼见,太史占云:‘女主昌。’民间又传《秘记》云:‘唐三世之后,女主武王代有天下。’上恶之。会与诸武臣宴宫中,行酒令,使各言小名。君羡自言名五娘,上愕然,因笑曰:‘何物女子,乃尔通健!’又以君羡官称、封邑皆有‘武’字,深恶之,后出为华州刺史。有布衣员道信,自言能绝粒,晓佛法,君羡深敬信之,数相从,屏人语。御史奏君羡与妖人交通,谋不轨。壬辰,君羡坐诛,籍没其家。上密问太史令李淳风:‘《秘记》所云,信有之乎?’对曰:‘臣仰稽天象,俯察历数,其人已在陛下宫中,为亲属,自今不过三十年,当王天下,杀唐子孙殆尽,其兆既成矣。’上曰:‘疑似者尽杀之,何如?’对曰:‘天之所命,人不能违也。王者不死,徒多杀无辜。且自今以往三十年,其人已老,庶几颇有慈心,为祸或浅。今借使得而杀之,天或生壮者肆其怨毒,恐陛下子孙,无遗类矣。’上乃止。”

《资治通鉴》中关于李君羡的死因当取之于新旧《唐书》的记

载。所不同的是，其意义在于非常清楚地记载了李君羡被诛杀的时间：贞观二十二年七月壬辰日，诛杀的方式是累及家人的坐诛！而且交代了是李君羡被诛杀之后，唐太宗才和李淳风秘会并听取了李淳风的建议未再滥杀无辜的。这一史料是对新旧《唐书》李淳风列传的重要补充，印证了新旧《唐书》关于“太宗善其言而止”的史实。

而更为重要的是新旧《唐书》和《资治通鉴》中的这些史料特别是李淳风对唐太宗回答的内容与《推背图》第三象的内容如出一辙，《推背图》第三象中所言简直就是李淳风对答的翻版！

（1）《旧唐书卷七九·列传第二九·李淳风》载：《秘记》云：“唐三世之后，则女主武王代有天下。”

《新唐书卷二〇四·列传第二九·李淳风》载：太宗得秘谶；言：“唐中弱，有女武代王。”

《旧唐书卷六九·列传第一九·李君羡》载：太史占曰：“女主昌”又有谣言：“当有女武王者。”

《新唐书卷九四·列传第一九·李君羡》载：太史占曰：“女土昌”，又谣言“当有女武土者”。

《资治通鉴卷一百九十九》载：太史占云：“女主昌”。民间又传《秘记》云：“唐三世之后，女主武王代有天下。”

这五段史料一致认为：唐初，太史占曰：“女主昌”，民间又传言“女武代王”。《推背图》在第三象中直接以一女子头戴皇冠手持利刃的图示方法表现了“女主”和“女武代王”，本卦遁䷠之互卦姤䷫，上卦乾☰为武，下卦巽☴为女，为“女武”之象。

第三象谶曰：“不文亦武”，直言武氏当道。颂曰：“喔喔晨鸡孰是雄”，以《尚书》中的典故暗示“女主昌”。《尚书·牧誓》：“牝鸡司晨，惟家之索”，喻雌代雄鸣，妇夺夫政。

（2）李淳风面对上述背景，对唐太宗的回答是：《旧唐书》：“其兆已成”，《新唐书》：“已在宫中”，《资治通鉴》：“为亲属”。

《推背图》第三象颂曰：“一朝重入帝王宫”，说明“女主”不仅已在宫中，而且还会上演再次入宫的历史。

（3）唐太宗欲尽杀疑似者，李淳风劝曰：“王者不死，多恐枉及无辜。且据上象，今已成，复在宫内，已是陛下眷属。更三十年，又当衰老，老则仁慈，虽受终易姓，其于陛下子孙，或不甚损。”① “且陛下所亲爱，四十年而老，老则仁，虽受终易姓，而不能绝唐。”② “今借使得而杀之，天或生壮者肆其怨毒，恐陛下子孙无遗类也。”③ “太宗善其言而止。”④

《推背图》第三象颂曰：“遗枝拔尽根犹在”，说明“女武”并未将李唐根室废尽杀绝。在对待唐太宗子孙的称谓上《新唐书卷二〇四·列传第二九·李淳风》用“遗种”，《旧唐书卷七九·列传第二九·李淳风》用“遗类”，《资治通鉴》亦用“遗类”，《推背图》用“遗枝”，在这里连用词也基本一致了。

上述的比较研究，使我们有理由认为《推背图》第三象是李淳风按照告诉唐太宗的结论而创作的。也就是说《推背图》当作于李淳风与唐太宗秘会之后，亦即贞观二十二年七月之后。换而言之，贞观二十二年七月，即648年八月当为《推背图》著作时间的上线。

但李淳风酝酿创作《推背图》却可能用了二十年左右的时间。唐太宗得到秘谶言女武代王是贞观初年的事，而且贞观初年，太白频频昼见，太史以此推断“女主昌”，此时李淳风已入太史局，很可能参与了这一星占。贞观二十二年，李淳风升为太史令，掌管国家天文历法，是年四十七岁。经过二十年的思考，李淳风在理论和阅历上均达到了人生的高峰。这正是要构造一个庞大理论体系的最佳创作年龄。

《推背图》是对未来历史的推断，李淳风惜墨如金，是不会将已经发生的事再罗列一遍的。《推背图》第三象颂曰：“参遍空王色相空，一朝重入帝王宫”，这显然是指武则天出家为尼并将再次入宫。这就意味着武则天出家之前《推背图》已经完成。贞观二十三年五月己巳（二十六）日（649年7月10日）唐太宗崩，武则

---

① 《旧唐书卷七九·列传第二九·李淳风》。

② 《新唐书卷二〇四·列传第二九·李淳风》。

③ 司马光《资治通鉴》卷一百九十九。

④ 《旧唐书卷七九·列传第二九·李淳风》。

天与部分没有子女的嫔妃们入感业寺为尼。也就是说《推背图》著作的最后完成当不迟于贞观二十三年五月，即 649 年 7 月。从贞观二十二年七月至贞观二十三年五月，《推背图》的创作共花了十个月左右的时间。

那么有没有可能李淳风在与唐太宗秘会之前就已经完成了《推背图》呢？答案是否定的。唐太宗之所以秘会李淳风是忧虑秘谶所谓大唐天下三世之后被女武替代。如果李淳风完成了《推背图》他就不会仅仅从语言上劝慰太宗了，而必然会将《推背图》呈于太宗，李淳风既然连唐三世之后将改朝换代如此重大的政治危机都可以无所顾忌地直陈太宗，那他将《推背图》呈于太宗又有何心理负担呢？因为《推背图》更能解除太宗的忧虑，《推背图》第二象推断大唐有二百九十年的天下。要知道公元 220 年东汉亡后至公元 618 年唐开国，四百年以来历三国、西晋、十六国、东晋、南朝、北朝、隋朝，其间战乱纷飞、王朝短命、更迭无常，太宗若见到大唐有二百九十年的国祚比起前朝他难道不会觉得相当幸运吗？一段“女武代王”又有何担心的呢？

8. 著有《相术》七卷《相术要诀》三卷的袁天罡也从相术推断武则天当有天下。《旧唐书卷一九一・列传第一四一》载：袁天罡为褓褓时武则天相面，令其步于床前，举目，大惊曰：“此郎君子龙睛凤颈，贵人之极也。”更转侧视之，又惊曰：“必若是女，实不可窥测，后当为天下之主矣！”《新唐书卷二〇四・列传第一二九》载：袁天罡视幼时武则天步与目，惊曰：“龙睛凤颈，极贵验也；若为女，当作天子。”《推背图》以第六十象两人推背而得名，显然作者不应是李淳风一人，世传另一人为袁天罡，看来亦是有其依据的。

李淳风袁天罡从不同的角度均推断武则天当有天下，这为他们二人合作《推背图》铺垫了基础。

《新唐书》录有李淳风与袁天罡集《太白会运逆兆通代记图》一卷。《宋史・艺文志》也录有《太白会运逆兆通代记图》一卷，但是将其归为李淳风一人名下。钟肇鹏先生认为：“《太白会运逆兆通代记图》即预测运会转移、时代更替的图记，疑即流传下来的

《推背图》。”[①] 笔者以为这是两本不同的著作。原因有二，一是《新唐书·艺文志》是将《太白会运逆兆通代记图》归到天文类中的，而《宋史·艺文志》也是将其归在天文类中的，说明在前人看来这是一卷天文学著作。但《宋史·艺文志》却将《推背图》归入五行类，说明两本书性质不同。二是《宋史·艺文志》同时录有《太白会运逆兆通代记图》一卷和《推背图》一卷，如果两本书是一样的，修史者岂能不作说明而一并蒙混？但《新唐书》的这一记载却非常非常重要，说明历史上李淳风和袁天罡在著书立说方面确实合作过。

既然李淳风与袁天罡合著过书，既然又一致认为武则天当王天下，既然同为星象学、易学和术数大家，那么他们再合著一本以武则天称帝为始的《推背图》岂非顺理成章?!

袁天纲，又名天罡，纲通罡，生卒不详。依新旧《唐书》记载，益州成都人，尤工相术。曾为杜淹、王珪、韦挺、窦轨、岑文本、张行成、马周等名流相面，所决祸福，无不应验。

在相学史上，令袁天罡名垂青史的则是对幼时武则天相面的案例。“则天初在襁褓，天纲来至第中，谓其母曰：‘唯夫人骨法，必生贵子。’乃召诸子，令天纲相之。见元庆、元爽曰：‘此二子皆保家之主，官可至三品。’见韩国夫人曰：‘此女亦大贵，然不利其夫。’乳母时抱则天，衣男子之服，天纲曰：‘此郎君子神色爽彻，不可易知，试令行看。’于是步于床前，仍令举目，天纲大惊曰：‘此郎君子龙睛凤颈，贵人之极也。’更转侧视之，又惊曰：‘必若是女，实不可窥测，后当为天下之主矣！’”[②]

贞观八年（634），太宗闻其名，召至九成宫。曰：“古有君平，朕今得尔，何如?”对曰：“彼不逢时，臣固胜之。”[③]

贞观八年，李淳风在太史局正是春风得意之时，他于七年造浑天仪，受到了太宗的嘉评加授承务郎。这一年袁天罡入京，两个作

① 钟肇鹏《谶纬论略》，辽宁教育出版社 1991 年版，第 242 页。
② 《旧唐书·列传第一四一·方伎·袁天纲》。
③ 《新唐书·列传第一二九·方伎·袁天纲》。

为被皇上另眼相看的同道很可能有机会谋面。这一年极可能是他们一生深交的开始。《新唐书》所载《太白会运逆兆通代记图》一卷当是他俩在这一年谋面之后的某个时期所合著。当他们的研究涉及国家未来的时候，袁天罡面相武则天当有天下的推判和此时李淳风所在太史局已经通过频发的太白星占得"女主昌"的预判不谋而合。他们完全有理由得出共同的结论：武则天当统治国家，而这一结论则很可能是他俩合作《推背图》这一巨著的缘起。这样，我们就很好理解为什么《推背图》推断人事首先从武则天开始了。

目前，我们所目及的唐代正史资料还没有发现有关他俩在一起的记载。我们只能根据一些零散的记叙和线索进行推断。

《新唐书·艺文志》子部五行类录有袁天罡《相术》七卷、《相术要诀》三卷。《旧唐书》记载：袁天罡在唐武德初年任火井令，《新唐书》说袁天罡卒在火山令上。火山令一职近人有人以为是司卜筮星象历法的宫廷神职官员，也有人认为是司全国堪舆之职官。这实是一种误解，考历代职官志，唐之前无此官职，唐之后亦无延用。唐《初学记》引《水经注》曰："火山似火从地中出，故名荧台。又曰火山上有火井。"[①] 似火山火井通用。《山海经》在记昆仑山时有言："其下有弱水之渊环之，其外有炎火之山，投物辄然。"晋常璩在《华阳国志》曰：临邛"有火井，夜时光映上昭。民欲其火，先以家火投之，顷许，如雷声，火焰出，通耀数十里。以竹筒盛其光以藏之，可拽行终日不灭也。井有二水，盖火井之民，取井火煮之，一斛水得五斗盐"。这两段记载都是下有水上有火，这一自然景象的相像性可能是"火山"一词通"火井"一词的一个重要原因。

另《说文》："虚，大丘也。昆仑丘谓之昆仑虚。古者九夫为井，四井为邑，四邑为丘。丘谓之虚。""夫"古代借作丈量单位，《广韵》："田九百亩曰井。"《说文》："丘，土之高也，非人所为也。"《山海经·大荒西经》："有大山，名曰昆仑之丘。"故丘即山

① 《初学记》，（唐）徐坚等著，中华书局1962年版，第175页。《水经注》，（后魏）郦道元著，岳麓书社1995年版，第197页。

也。这大概是“井—邑—丘（虚）—山”演化的最早线索。这也当是“井”通“山”的根本原因所在。结合新旧《唐书》袁天罡列传之记载，火山令当为火井令，也就是说是同一个职务。1982年阆中县根据咸丰元年（1851）和民国十五年（1926）《阆中县志》所修订的《阆中县志》记载道：“袁天纲，成都人，精天文、术数，官火井县令，精通风鉴。”① 清康熙《直隶邛州志》记载有：“袁天罡，好道艺，精于易学术数，兼善风鉴。贞观间，为火井令，吏治敏惠。尝登山以相县治，后人因名其山为相台。”这两个记载足以证明，《旧唐书》所载袁天罡火井令一职，即为火井县令之职。当然这也就意味着《新唐书》所载袁天罡火山令一职亦即火井县令一职。

1993年所修的《邛崃县志》对火井县的沿革有较详细的记述：“炀帝大业三年（607）改邛州为临邛郡，先后辖十县：严道县（今雅安多营乡一带）、名山县、芦山县、依政县、临邛县、临溪县、蒲江县、沈黎县（今汉源唐家乡）、汉源县、火井县。火井县自隋炀帝大业十二年（616）改北周的火井镇设置以来至元世祖至元二十一年（1284）并入大邑县为止，建县历史共668年。辖区曾包括今平乐镇、火井镇、油榨乡、南宝乡及高何镇一部分。县治几次迁移，隋时在今火井镇，唐时在今油榨乡，五代前、后蜀时期及宋初在今火井镇，宋开宝三年（970）迁至今平乐镇，至道三年（997）仍迁至今火井镇。”所谓火井，就是天然气之所在。西汉扬雄所撰《蜀王本纪》记载：“临邛有火井一所，从广五尺……井上煮盐。”临邛火井镇公认为世界上开发利用天然气最早的地方。今邛崃市火井镇政府在其公开的网页上介绍其历史时说：“隋朝大业十二年（616）设置火井县，唐朝数学家、天象学家袁天罡出任首任县令。”袁天罡出任火井县令是真，出任首任县令则纯属宣传，无史可据。

《新唐书》说贞观初年，《旧唐书》说贞观八年，唐太宗是在闻袁天罡之盛名情况下而召入京的。清康熙《直隶邛州志》是这样

① 《阆中县志》1982年修。

补充记载的："秩满入京，太宗召见，谓曰：'巴蜀古有君平，卿自顾如何？'对曰：'彼不逢时，臣遇圣王，臣固胜也。'"这里的君平是指西汉时巴蜀术数名家严君平。这段著名的对话，是在袁天罡任火井县令期满的情况下入京与太宗进行的。而《新唐书》又说袁天罡"以火山令卒"，亦即卒于火井县令之任上。这说明袁天罡可能两度出任火井县令。那么袁天罡初任火井县令于贞观八年届满到再次出任火井县令，这一段时间，他在哪里呢？在做什么呢？笔者以为，他就在长安，太宗召见后，他就没回去。《古今图书集成》五百九十七卷载：唐贞观中有望气者上言太宗，观测天文，谓西南千里之外有王气。太宗令袁天罡测步王气，由长安到四川，行至阆中，果见灵山嵯峨，佳气葱郁，其脉在蟠龙山山系之小蟠龙山之右侧鞍部。袁天罡遂在此处凿断石脉，水流如血。这说明贞观中，袁天罡还在长安，为太宗所御用。居留长安为他和李淳风一起完成《太白会运逆兆通代记图》以及名垂千古的《推背图》提供了时间和机会。《推背图》完成于贞观二十三年五月之前。这也就是说，袁天罡从第一次卸任火井令到贞观二十三年，前后十余年间其生活区域当是以长安为中心的。一面听命于太宗有关堪舆和术数占断方面的安排；一面和李淳风研究易经、星象，著书立说；一面云游天下。至于袁天罡何时离开长安再赴火井县令一职，则无可考。

今《阆中县志》称："高宗时，袁天纲定居在阆中以北三里之蟠龙山。"死后葬在阆中观稼山。并说李淳风曾游历到阆中，"凡是袁天纲在阆中所活动的地区，都有李淳风的足迹，因而定居阆中，家住在阆中城南四十五里圣泉岭下龙洞沟仙鹤会。在住地筑观星台、设风动标、建六壬道坛，在此观星象，测风定级，传授六壬道经，死后亦葬于圣泉岭下，墓前立有一碑，上书：唐太史令李淳风之墓。""为了纪念这位杰出的天文历算家，唐仪凤三年（678）在其住居之地建淳风寺庙，将当地取名为淳风村，置淳风乡于淳风寺庙西侧，至明代已形成古街长五百尺，名曰淳风街。明武宗正德七年街道及寺庙亦毁于火，淳风乡迁至柏垭场，1940 年改称柏垭乡。明神宗万历年间，淳风寺重建。"

有关李淳风墓历史文献多有记述。明嘉靖十一年（1532）所修

《嘉靖保宁府志》（明时阆中设府制，辖29州县）记载：李淳风“所居在府城西南四十里淳风乡，卒葬于所居之南五里”。明嘉靖二十八年（1549）所修《四川通志》亦记载：“李淳风墓在县（阆中）西南五十里，地名五里台，坟高三丈许，碑题：唐太史令李淳风之墓。祠址尚存，故名淳风乡，其里曰仙茔里。”

今存李淳风墓和袁天罡墓处甚多，仅李淳风墓在全国就有一二十处之多。但置淳风寺、淳风村、淳风乡、淳风街就阆中一处，《唐甲库·李该》明确记载唐仪凤三年（678）李淳风去逝不久即于阆中建寺庙，因而李淳风很可能葬于阆中。问题是，新旧《唐书》载李淳风卒于咸亨初太史令任上，《新唐书》载袁天罡卒于火山令任上，那他们又是如何葬于阆中的呢？非常遗憾的是一代伟大的天文学家、数学家、星象学家、易学家李淳风，一代术数宗师袁天纲，至今没有一本传记或者年谱，许多相关问题有待进一步检索和考证。李淳风，子李该，孙李仙宗祖孙三代皆为太史令，历太宗李世民、高宗李治、中宗李显、睿宗李旦、南周武则天、玄宗李隆基六朝，经贞观之治、开元之治，这样一个在历史上绝无仅有的显赫的天文世家，后世却鲜有研究，真是令人无比感慨。

9. 从文字学的角度看，民国四年本更接近隋唐时期的版本，亦即更接近于李淳风袁天罡之初始版本。

民国四年本出现“壍”、“𨻶”、“㘼”、“𢒉”、“鳳”、“黪”、“𡚶”等字，这些字今人已多不用，今天的《辞源》、《辞海》均未收录。这些字收录在《龙龛手镜》、《集韵》、《字汇补》、《敦煌俗字谱》等字典中，而《龙龛手镜》、《敦煌俗字谱》所录之字多为隋唐时期的俗体字和异体字，在当时这些字都是通俗字通用字。

以《推背图》第五象颂曰“定于此处壍金环”中“壍”字为例：从存世文献来看，“壍”字最早出现在《法藏敦煌西域文献》中《大目乾连冥间救母变文》一文“不须白玉为棺椁，徒劳黄金壍墓坟。长悲怨叹终无益，鼓乐弦歌我不闻”①。此字收录在《敦

① 全文见周绍良编《敦煌变文汇录》，上海出版公司1954年版。

煌俗字谱》①、《敦煌俗字典》②。此变文写本众多，仅敦煌发现的目连救母变文就有十余则，除本篇外，有称《目连救母变文》，《目连缘起》等，都是根据《佛说盂兰盆经》演绎而成。文本情节悲怨感人，塑造了目连不畏险阻、百折不挠的形象，描写了地狱的凄惨、刑罚的残酷、狱卒的凶恶，直接影响了后世文学作品中关于“幽冥界”和“阎王殿”的描述。文中倡导孝道、宣扬因果报应、六道轮回等思想。目连救母的变文在唐代流传甚广。

黄征先生指出：莫高窟所出土的敦煌文献，根据实际书写时代来说，早的有西晋时期的，较早而量大的则是北魏时期的，最多的是唐和五代时期的，最晚的是北宋咸平五年（1002）或稍后不久。“敦煌文献的起讫时间可以说是明确无误的。”③“塟”字在历代字典中，诸如《说文》（汉）、《玉篇》（南朝梁）、《龙龛手镜》（辽）、《集韵》（宋）、《字汇》《字汇补》（明）、《康熙字典》（清），均未作单独条目收录，④却出现在敦煌文献中，这对于《推背图》的研究非常重要。这意味着民国四年本《推背图》与唐《目连救母变文》是处在同一时期的作品，亦即其创作时间与敦煌文献所处时间相当。《推背图》中的一个“塟”字不仅埋葬了千古贵妃杨玉环，也可能埋葬了通行本《推背图》自民国四年刊行以来怀疑其伪作的质疑之声。

第十九象谶曰：“众人堊堊”，堊：同嚚，音银，见《集韵》⑤；第二十一象谶曰：“吁嗟元䭬”，䭬，俗顖，见高丽本《龙龛手镜》⑥，顖《玉篇》作“人初生子”，《康熙字典》引《五音篇海》：䭬，同首；第二十二象谶言：“天影当空”，“鳳鳳森森”，影：同

---

① 《敦煌俗字谱》，潘重规主编，台湾石门图书公司1978年版。

② 黄征著《敦煌俗字典》，上海教育出版社2005年版。

③ 黄征著《敦煌俗字典》，上海教育出版社2005年版，第6页。

④ 明代章黼在《韵学集成》曰：葬或作塟。章说只是疑作而无定论。

⑤ 《集韵》，宋仁宗宝元二年（1039）丁度等奉命在《广韵》和《韵略》的基础上所修，其特点是按汉字字音分韵编排。

⑥ 《龙龛手镜》，辽圣宗统和十五年（997）僧行均撰，是一部佛经字典，收录隋唐以来大量手写的俗体字和异体字，是今研究敦煌写本的必备工具书。今天的高丽本为当时由辽传入高丽的版本。

馬，见《集韵》，颿：音梵，见《字汇补》[1]。历代未明其意，笔者考为天馬之意，详见第二十二象；第二十三象谶曰："乾沈坤黪"，黪，黑也，见《玉篇》[2]；第二十五象谶言："燕巢补熟"，熟：姓也，音熟，见《广韵》，笔者以为"熟"当通"熟"。

以上这些今字典、辞书不录之字，当为隋唐五代宋时之通俗通用之字，这些字的出现，亦可证民国四年版本去今之远也。

10. 从《推背图》第六十象萃卦卦象来论《推背图》的作者当为李淳风袁天纲。《宋史·艺文志》载《推背图》一卷，未著撰者，笔者以为传世《推背图》的书名和作者署名均为后人所为，当年李淳风袁天罡将著作名称和作者名称隐在卦象和图象之中但并未以文字彰显。笔者曾因第一象颂曰："自从盘古迄希夷"之"希夷"两字怀疑《推背图》是否与陈抟有关。《宋史·列传第二一六·隐逸上》记载：陈抟字图南，亳州真源人。好读易，手不释卷。太平兴国中、太平九年均受到宋太宗之接见，当时已年迈百岁。宋太宗下诏赐号希夷先生。近世以为两宋图书易学从陈抟开始，较之后世学者，陈抟更有能力作《推背图》，但太平兴国时期（976—984）《推背图》则已经运行至第十六象了，若以陈抟所作，当如何解释前十五象之存在呢?！遂否定了陈抟作《推背图》的可能。

笔者经过多年反复思索，以为按国人著述之习惯，如果要隐作者之名的话也当在最后一象。既然最后一象两人推背明确了李淳风袁天罡的著作名称，那么著作者的名字很可能也在其中。而民国四年本将第六十象之咸卦与第五十九象之萃卦互调，则似乎是为了更为准确地用卦象表示著作和著作者的名称。第六十象调整为萃卦后：萃䷬通大畜䷙，萃䷬下卦坤☷为淳，互巽☴为风，通震☳为李，岂非李淳风?！萃䷬上兑☱居西，《参同契》曰"天罡据西"，又互艮☶为星，二至上䷬岂非天罡?！萃䷬，上兑☱通艮☶为前为

---

① 《字汇》为明梅膺祚撰，清吴任臣作《字汇补》对其增补，多收俗字。《字汇》按偏旁分部检索法编排，此方法一直为后世《正字通》、《康熙字典》所循。

② 《玉篇》，南朝梁大同九年（543）黄门侍郎兼太学博士顾野王撰，与《说文》不同的是，《说文》以说明字形为主，《玉篇》以说明字义为主。

天罡，下坤☷为后为淳风，岂非天罡在前，淳风在后?！又艮☶为推为背为画，岂非《推背图》乎?！

《推背图》无一字一图不源于易，既然李袁二人能将唐以后两千年的波澜壮阔的中国与世界大历史隐于象数易学和图书易学之中，那么其将著作之名称和尊姓大名隐于其中又为何不可能呢?！在漫漫千载的专制主义时代岂不更为妥当?！

至此，《推背图》之所以命名为《推背图》，其著作者之所以是李淳风袁天罡则大白于天下也！

第五章　金圣叹评注的根本缺失和对《推背图》研究史的影响

一、关于金圣叹批注本

笔者所阅有关《推背图》的七个版本中，影响最大的当属金圣叹批注本。金圣叹批注本最早公开刊行于民国四年（1915）。（一说初版于民国二年）

金圣叹（1608—1661），原名采，字若采。自名喟，字圣叹，又名人瑞，另号唱经子、大易学人、涅槃学人等。室名沉吟楼，堂号唱经堂，苏州府长洲县人。圣叹生不逢时、恃才傲物、狂放不羁、特立独行，一生酷嗜批书，曾定《离骚》、《庄子》、《史记》、《杜诗》、《水浒传》、《西厢记》为天下六才子书。他批点、刊刻的《第五才子书》、《第六才子书》在近三百年中畅销不衰，成为当时中国人的主要文学读本，他在小说理论和文学批评领域的成就，古代文学史上无人比肩。1661 年四月，圣叹因策划、参与组织反暴政的“哭庙案”被判斩刑，七月十三日罹难于南京。绝笔诗云：“只惜胸前几本书。”

民国四年本《推背图》录有金圣叹序（见附录二）：

谓数可知乎，可知而不可知也，谓数不可知乎，不可知而可知也。可知者数，不可知者亦数。可知其所不可知者数，不可知其所可知者亦数也。吾尝仰观于天，日月星辰犹是也；俯察于地，山川草木犹是也。我所亲见之天地，非犹是我所未亲见之天地耶。然不得谓我所未亲见之天地，即为我所亲见之天地。天地自天地，而我异矣。我自我，而天地异矣。我生以前之天地可知也，可知者数也。我生以后之天地不可知也，不可知者亦数也。有我生以前之天地，然后有我生以后之天地，此可知其所不可知者数也。我生以后之天地，究不同于我生以前之天地，此不可知其所可知者亦数也。数之时义大矣哉。唐臣袁天罡李淳风著有《推背图》，父老相传，迄未寓目。壬戌之夏，得一抄本，展而读之，其经过之事若合符节，其数耶，其数之可知者耶，其数之可知而不可知，不可知而可知者耶。玩其词，参其意，胡运不长，可立而待，毋以天之骄子自处也！

这一序引出四个疑点：1. 金圣叹时期还有没有《推背图》传世？2. 作序时间癸亥人日，人日即正月初七，圣叹一生五十四年中只有一个癸亥年，即1623年。这时圣叹十六岁，一个十六岁的少年有无能力批注《推背图》？3. 序尾云：“玩其词，参其意，胡运不长，可立而待，毋以天之骄子自处也！”结合第三十二象圣叹曰：“崇祯投环梅山”，第三十三象圣叹曰：“此象乃满清入关之征”来看，序及批注时间当在崇祯十七年（1644）三月十九日崇祯殉国后至同年四月己卯日吴三桂迎清入关之前，这一时间岂不与癸亥年（1623）大相矛盾?! 4. 序署名金喟识，今人陈洪先生等以为“金喟”称谓“不早于晚清”[①]，也就是说民国四年本这个序当为晚清以后所作。难道民国四年本所谓金序及其批注当为伪作?!

对于第一个疑点，这很重要，宋以后历朝禁《推背图》，到了晚明金圣叹时期究竟社会上还有没有《推背图》在流传？答案是肯定的，顾炎武（1613—1682）在他的《日知录》卷三十中认为《孔子闭房记》之类“乃似今人所云《推背图》者，今则托之李淳风而不言孔子”。此段言论虽说不是专门谈论《推背图》的，但至少说明顾炎武时期还是有不少人知道《推背图》之存在的，且以为是托之李淳风所著。顾炎武晚金圣叹六岁，顾炎武能看到《推背图》，金圣叹当然更有可能看到。

对于第二个疑点，金圣叹十五岁见《推背图》，十六岁为其序

① 《金圣叹传论》，陈洪著，天津人民出版社1996年版，第62页。

和批注是完全可能的。根据陆林在《金圣叹年谱简编》① 中记载，金圣叹十岁起读《大学》、《中庸》、《论语》、《孟子》、《诗经》等书，十一岁熟读韩愈苏轼之文，并因病告假休学杂阅《妙法莲华经》、《离骚》、《史记》各书，尤喜《水浒传》。十二岁批《水浒》。十三、十四、十五岁这三年年谱未有详记，但圣叹既已读过《左传》、《战国策》、《史记》、《汉书》、《后汉书》则不可能不读《唐书》、《五代史》、《宋史》、《元史》，笔者以为圣叹很可能是在这三年中旁及了这些史书的，他十三岁读欧阳修文章，岂能不读欧阳修主编之《唐书》？既然金圣叹十二岁能批《水浒》且风行三百年，那么十六岁批《推背图》又为何不可能?！圣叹少年天才、风华绝代，只稍及史书，拿出今天我们看到的《推背图》批注则当毫不费心。

对于第三个疑点，笔者以为序尾最后一句和第三十二象、第三十三象的批注，当是癸亥年（1623）之后圣叹所加，时间当在崇祯罹难日十七年三月十九日至十七年四月己卯日清兵入关之间。

圣叹为文大而化之，虚夸而不严谨。他在《第五才子书》序三云："吾既喜读水浒，十二岁便得贯华堂所藏古本，吾日夜手钞，谬自评释，历四、五、六、七、八月，而其事方竣，即今此本是已。"② 对此，陆林在《金圣叹年谱简编》中指出："所谓十二岁时批《水浒》，'历四五六七八月'而毕其功之说，不可尽信其事，故徐朔方先生《金圣叹年谱》认为'圣叹每喜大言欺世，不足一辩'。不说其批评的具体思想、感情、口吻、文笔多非少年所能有，且有数处必然出自成年人之手。""故可认为，金氏自十二岁已开始评点《水浒传》，至崇祯十三年左右三十三时方最后完稿。"③圣叹以十二岁完成批注《水浒传》有美化其少年神童之嫌。

有这个案例，我们就很好理解金圣叹在《推背图》序注上的时间矛盾了。金圣叹为《推背图》的序注当从癸亥年十六岁起初笔至崇祯十七年四月三十七岁时方定稿。或者序末一句和第三十二、三

①③ 《金圣叹全集》第六册附录，陆林辑校整理，凤凰出版社 2008 年版。
② 《金圣叹全集一》，江苏古籍出版社 1985 年版，第 10 页。

十三象评注为癸亥年十六岁初稿之后时隔二十一年后所加。事实上，在这二十一年间，圣叹可能从未停止过对《推背图》之考察。陆林在圣叹年谱中记有1645年“叶绍袁忆及金圣叹于崇祯八年对时局的预判：叶绍袁《天蓼年谱别记·乙酉》：‘余病中，因思乙亥年泐公曾有言，流贼必不渡江，苏州兵火，十年之后必不能免。今乙酉，正十一年也。’”① 这里的流贼当指李自成、张献忠等义军，苏州兵火当指乙酉年（1645）六月十三日起清军对苏州之屠城。那么金圣叹是凭什么在崇祯八年（1635）对此作出判断的呢？笔者以为其依据就是他批注的《推背图》第三十二象。第三十二象谶曰：“马跳北阙，犬嗷西方”很明显指闯王将占据北方，献忠将割据西方，其势力范围不在江南，故金圣叹在1635年高迎祥、张献忠、李自成率部攻下中都凤阳，掘了明室祖坟后，推断流贼必不渡江南下。苏州兵火必不能免当出自“太息金陵王气尽”，金陵是明之陪都南京，南京不保，苏州岂能幸免？事实是，清军1645年五月陷南京，六月屠苏州。圣叹所说的“十年”当是他揣测“日月无光”“八九数尽”的大概之数。至于金圣叹以《推背图》判断时势而《金圣叹全集》中却找不到一处他与《推背图》相关的记载，笔者以为完全可以理解，试问宋以后谁敢明目张胆的以《推背图》撰论国事?!如圣叹序中所言《推背图》只能在民间“父老相传”而已。

第四个疑点，关于金圣叹的称呼问题，今人陈洪认为“金喟”的说法为后人“转造”，他在《金圣叹传论》中有较详细的记述，此说似影响到2008年版《金圣叹全集》的辑校整理者陆林，他在年谱中未有叙及“金喟”一说。但1985年版的《金圣叹全集》前言作者赵景深先生仍沿用“金圣叹自名喟，字圣叹”② 一说。

笔者以为尤侗（1618—1704）《金圣叹传》、无名氏《辛丑纪闻》、蔡冠洛《清代七百名人传》等采“金喟”说一定有其原委，其来源可能不仅仅是廖燕（1644—1705）《金圣叹先生传》和清初

① 《金圣叹全集》第六册，陆林辑校整理，凤凰出版社2008年版，附录第46页。泐公为金圣叹扶乩降神活动中的称谓，圣叹以自己为天台宗祖师智𫖮弟子化身。

② 《金圣叹全集一》，江苏古籍出版社1985年版，第1页。

赵时揖《评选杜诗总识》中有关圣叹对自己名字的解释："《论语》有两喟然叹曰，在颜渊则为叹圣，在与点则为圣叹。"恐怕历史上金圣叹确用过"金喟"的称谓。否则很难解释在金圣叹生前使用了五花八门的名、字、号的基础上，后人缘何还要杜撰一个大名给他？陈洪先生指责尤侗《金圣叹传》不足据难以令人信服。

《推背图》金圣叹序主要阐述了数之可知与不可知，其中金圣叹文风是相当明显的，圣叹作序风格独特，喜用排比，反复辩证，故弄玄虚，笔者疑其深受名家思辨思想影响。

兹举例如下：

第五才子书施耐庵《水浒传》圣叹外书序一："心之所至，手亦至焉；心之所不至，手亦至焉；心之所不至，手亦不至焉。心之所至手亦至焉者，文章之圣境也；心之所不至手亦至焉者，文章之神境也；心之所不至手亦不至焉者，文章之化境也。"①

贯华堂第六才子书《西厢记》圣叹外书序一曰恸哭古人："……且未论我之果得为与不得为，亦未论为之果得成与不得成，就使为之而果得为，乃至为之而果得成，是其所为与所成……""我固非我也，未生之前，非我也；既去以后，又非我也。然则今虽犹尚暂存，实非我也。既已非我，我欲云何？抑既已非我，我何不云何？且我而犹望其是我也，我决不可以有少误；我而既已决非我矣，我如之何不听其或误，乃至或大误耶？误而欲以非我者为我，此固误也，然而非我者则自误也。非我之误也，又误而欲以此我，作诸郑重，极尽宝护，至于不免呻吟啼哭，此固大误也，然而非我者则自大误也，非我之大误也。""我自深悟夫误亦消遣法也，不误亦消遣法也，不误不妨仍误亦消遣法也，是以如是其刻苦也。刻苦也者，欲其精妙也；欲其精妙也者，我之孟浪也；我之孟浪也者，我既了悟也；我既了悟也者，我本无谓也；我本无谓也者，仍既我之消遣也。"②

---

① 《金圣叹全集》第三册，陆林辑校整理，凤凰出版社2008年版，第16页。

② 《金圣叹全集》第二册，陆林辑校整理，凤凰出版社2008年版，第847—850页。

圣叹序《童寿六书》:“夫天地造物而圣人造字，造字者，造天地所造之物之字也，造天地所以造物之字也。既而天地造物，物又能自造一切种种事，于是造字者，又造物所造一切种种事之字也。故夫造字而字多也，亦其法不得不多也。非作也，述也。不独述天地，亦述物。天地之所无，则无此字也，物之所无，则无此字也。”①

圣叹为文作序尤喜“不”“非”两字循环论辩，此是其序文最重要的特点，此文风与名家白马非马论相似:《公孙龙子·白马论》曰“马者，所以命形也；白者，所以命色也；命色者非命形也，故曰：白马非马。”“求马，黄黑马皆可致；求白马，黄黑马不可致。……故黄黑马一也，而可以应有马，而不可以应有白马，是白马之非马审矣。”“马者，无去取于色，故黄黑皆所以应；白马者，有去取于色，黄黑马皆所以色去，故惟白马独可以应耳。无去者，非有去也。故曰：白马非马。”“马固有色，故有白马。使马无色，有马如已耳，安取白马？故白者，非马也。白马者，马与白也，白与马也。故曰：白马非马也。”

圣叹为《推背图》所作之序其风格与其所作他序无二，就其论数之可知与不可知而言，为上乘之作，短短三四百字，恐怕他人难以代笔。金圣叹为《推背图》所作之序评，当为金圣叹的研究增加了重要的史料，今《金圣叹全集》未能收录是民国以来学术界不知《推背图》是易学著作从而否定其真实性的影响所致。

二、金圣叹评注对《推背图》研究的影响

尽管《推背图》一直未能受到易学界和金圣叹研究领域的学者们的重视，但金圣叹的评注却严重地影响了《推背图》自民国四年公开刊行以来的研究者。近百年来，海内外有关《推背图》的研究著述大约不超过二十种，无一例外深受金圣叹的影响。

① 《金圣叹全集》第六册，陆林辑校整理，凤凰出版社2008年版，第892页。

金圣叹评注《推背图》的主要特点首先表现在，他从每一象之谶颂文辞中寻绎与历史对应的关系。以第十四象为例：谶曰“李树得根芽，石榴漫放花。枯木逢春只一瞬，让他天下竞荣华。”颂曰“金木水火土已终，十三童子五王公。英明重见太平日，五十三参运不通。”圣叹曰：“此象主周世宗承郭威受命为五代之终，世宗姓柴名荣，英明武断，勤于为治，惜功业未竟而殂。五代共五十三年，凡八姓十三主，颂意显然。”“金、木、水、火、土”为五行，五行圆满为终，故圣叹以此象主五代，世宗承郭威受命为五代之终。“枯木”为柴，“荣华”有荣，惜“逢春”“一瞬”，故圣叹以此象主世宗柴荣勤政有为而英年早逝、功业未竟。“十三童子五王公”、“五十三参运不通”故圣叹以此象意味着五代凡五十三年，八姓十三主。

其次，圣叹从谶颂文字并依汉字的构造寻绎与历史对应之关系。以第二十二象为例：颂曰“一木会支二八月”，圣叹曰“木茾康王名構，一木会支二八月者指秦桧也。木会为桧，春半秋半却成一秦字”，圣叹以汉字之构造而释秦桧的确有创意。“一木会支”中“木会”构成“桧”字，二月为春季之一半，春字一半为“耒”，八月为秋季之一半，秋字一半为“禾”，“耒”“禾”构成“秦”字。如果没有金圣叹，也许此句至今难有如此之精妙而富有创造力的诠释。

再次，圣叹从图象之表象寻绎与历史对应之关系。以第二十五象为例：图中一斧十节，圣叹曰“太祖名铁木真，元代凡十主。斧铁也，柄木也，斧柄十段即隐十主之意”。圣叹从图中斧之表象能断出“铁木”和“十主”实在是高明，圣叹以为斧头为铁所制故为铁，斧柄为木所制故为木，故为“铁木”，象征太祖铁木真。斧柄有十节象征大元一朝历十帝。圣叹之说是对《推背图》创造性地发挥。

另外，圣叹亦从图谶颂之意义诠释中国与世界之未来。以第五十六象为例：谶曰“飞者非鸟，潜者非鱼。战不在兵，造化游戏”。颂曰“海疆万里尽云烟，上迄云霄下及泉。金母木公工幻弄，干戈未接祸连天”。图中两武士手执长矛、口吐烈火，水中四鱼，空中两鸟。圣叹曰“此象行军用火，即战不在兵之意。颂云，海疆万里，则战争之烈，不仅在于中国也”。《推背图》图、谶、颂表述之直白，稍有理解力的人都知道这是一场战争。圣叹能理解这是一场世界性的大战，但在他那个时代，却难于想象战争之形式，就是军事科技已如此发达之今日，我们也难于作出准确之描述，它可能是一场海、陆、空（太空）、核、网络（类似游戏）等构成的多维空间性的战争。

民国四年本刊行以来，在《推背图》研究领域没有人能在方法论上超越金圣叹之窠臼。把金圣叹在《推背图》的研究方法运用得最好的当属中国台湾张英基和董林两位学者，他们在金圣叹评注的基础上把《推背图》作了通俗而有趣味的白话演绎，其书风行海内外，一版再版。1991 年，大陆中国城市经济出版社所出版的署名为紫虚生的《《推背图》与烧饼歌释疑》就是盗版了张董的著作。这是 1949 年以后，大陆第一次公开出版有关《推背图》方面的书籍，遗憾的是这是一部盗版书籍，内容全部抄袭张董 1974 年之著作。

民国四年本刊行至今近百年来，有关《推背图》的研究著述不足二十种，从学术意义而言，竟找不到一本严肃的著作，笔者羞于启齿，恕不兹录。除张董本外，其余多出于江湖术士之手，皆随性发挥，任意推测，粗陋不堪。大陆自 1991 年张董本被盗出版以来，也有好奇者撰著，但皆脱不了金圣叹之模式，且多在没有深入研究的情况下，以固有之意识形态随意指责与否定。谢贵安博士认为“今本《推背图》（圣叹本）是民国时人伪造的”①，是为了鼓舞抗战爱国人士之心。事实上他所依据的版本是 1946 年朱肖琴本《中国预言八种》，他不知道《中国预言八种》是在民国四年即 1915 年《中国预言七种》基础上增加了《金陵塔藏碑》而成。也就是说金圣叹本《推背图》在民国四年即 1915 年就公开刊行了，1915 年的民国人为了鼓舞二十多年以后的抗战爱国人士而伪造《推背图》那也太抬举始作俑者了！我想我们还是找不到民国时谁有造诣竟然能推断出二十多年以后能发生五千年史上最伟大的一场卫国战争，显

① 《中国谶谣文化——古代预言全书》，谢贵安著，时代文艺出版社 1999 年版，第 124 页。

然谢说乃无稽之说。何新先生更是以其贯有之傲慢与偏见指责“俗传之《推背图》、《烧饼歌》一类皆语词俚俗，格调低劣，出三家村夫子之手，虽假托名士，附会高人，不能掩其仄陋也”①。有意思的是何新却极力推崇邵雍的《梅花诗》，其实《梅花诗》在同类文献中只属小作品，无论在规模、体系还是理论建构上均难望《推背图》之项背，历史上宋之后《推背图》屡为各王朝所禁，但谁又会在意《梅花诗》呢?！何新先生云“余治邵氏易学积年”②，但从其对邵氏《梅花诗》的臆解来看，实在看不出他对邵氏易学知之甚多，从其《易经新解》亦看不出他对汉易知之多少，其偏执之意识形态大概是他热捧《梅花诗》中的“火龙”而极力贬低他根本没搞清楚的《推背图》的重要原因。陈曦、文征的《〈《推背图》〉归序全解》（上、下）③，其上卷基本沿袭金圣叹和张董本之陈说，下卷则因不知《推背图》乃象数易学和图书易学之经典，不顾《推背图》乃以京房易之井然有序之卦序为宗，擅自排序，为自己的信仰寻找根据。信仰是自由的，但不惜以颠倒黑白而为自己的信仰寻找注脚的作法注定贻笑大方，莫须有的归序是没有说服力的。历史上同类的作法，最终都变成了笑谈。五代时期，“开口张弓之谶，吴越至以遍名其子，而不知兆昭武基命之烈也”④。“开口张弓之谶”在民国元年本第四十一象，诗曰：“此子生身在冀州，开口张弓立在畝，自然穆穆乾坤上，敢将火镜向心头。”“开口张弓”为“弘”字，就是说一个叫“弘”的人将有天命，为了让自己的子孙能应这一天命，南唐的李璟给儿子起名字叫“弘冀”，吴越王给孩子起名字也叫“弘”，但历史最后却应在宋太祖赵匡胤之父冀州人赵弘殷身上，宋太祖即位后，追封赵弘殷为宋宣祖，谥号武昭皇帝。陈曦和文征篡改《推背图》的意图与南唐李璟和吴越王为孩子起名的做法如出一辙，无疑是一场笑话。

如果我们把上一章关于《推背图》史的论述结合起来看的话，

①②《易经新解》，何新著，时事出版社 2007 年版，第 342 页。

③ 《〈《推背图》〉归序全解》（上、下），陈曦、文征撰，台湾博大国际文化有限公司 2008 年版。

④ 《程史》，宋岳珂撰，中华书局 1981 年版，第 2 页。

我们会发现《推背图》自问世以来，闻者甚众，研究者甚少，其研究史大致可分为三个阶段。第一阶段是649年《推背图》问世至960年赵匡胤称帝后严禁《推背图》。这一时期的五代，《推背图》研究最为兴盛。五代“十三童子五王公”，朝代更迭无常、战乱频发，《推背图》被各路政治人物当成了政权更迭，承传皇位的宿命论依据，纷纷以《推背图》寻找其政治使命的合法性，这才有了南唐李璟和吴越王为其子孙起名的历史故事。《推背图》可谓一时兴盛。当然这也促使宋太祖当政以后明令禁谶，没有任何一个统治者希望看到这样一本超验的政治学著作在野心家手中大行其道。第二阶段是从960年赵匡胤禁谶到1915年金圣叹评注本公开刊行。这一近千年的历史时期，起初《推背图》在北宋还流传于朝野，且对政治生活仍有影响，但之后宋太祖禁《推背图》的效果愈来愈显现，在皇权和专制主义的高压之下除了金圣叹的批注之外，我们看不到有任何关于《推背图》研究的记载，《推背图》可谓千年冰封。第三个阶段是从1915年民国四年本公开刊行至今。民国以来，宪政民主渐行，《推背图》研究本无禁忌，但象数易学之继绝，学者找不到研究《推背图》之切入点，故多斥《推背图》为虚妄之作。近百年来，《推背图》研究只好囿于金圣叹之陈说，许多著述最多是将金圣叹评注用白话文演绎、补充、发挥了一番，而无任何之创见。大学易经研究领域竟无任何一学者以易学研究《推背图》，也没有任何一学者将《推背图》作为易学著作进行研究。《推背图》可谓百年冷落。

三、 金圣叹评注的根本缺失

金圣叹对《推背图》的研究及近百年来以金氏方法论为研究模式的《推背图》研究史其根本缺陷是什么呢？笔者以为，百年来《推背图》的研究均未能涉及《推背图》是如何创作出来的这一基本问题，均未能认识到《推背图》是一部易学文献，未能认识到《推背图》是象数易学的经典和图书易学的里程碑，因而未能将《推背图》作为易学著作进行研究，以致《推背图》之研究长期停滞在望文生义，按图索骥，附会史事的谶纬预测范围之内。

象数易学在两汉之后遭王弼扫象说之重创渐衰，到唐李鼎祚《周易集解》之后已成绝学，至金圣叹时已不知象数为何物也！圣叹喜乱力怪神，长期以扶乩降神为生，亦曾研易，号大易学人，著《唱经堂通宗易论》[1]，圣叹强调乾坤两卦，援佛入易，以十六卦为《法华》十六王子，以八小卦为《五灯会元》，看似牵强，毕竟为易理一说。至于象数图书一学，则只字未提，足见圣叹不懂象数，合乎逻辑的是圣叹难识《推背图》为易学著作。圣叹以文史评注《推背图》与以文史评注《水浒》一样，符合其知识背景。金圣叹及后人之这一缺陷从根本上影响了《推背图》之研究，致使《推背图》之研究百年来毫无进展。

把《推背图》作为象数易学和图书易学的著作来研究有助于我们彻底地揭开《推背图》创作原理这一千年迷雾，有助于我们进一步认识中国象数易学史和图书易学史上许多重大问题，也有助于我们廓清《推背图》研究中的诸多疑点，如服饰问题，如排序问题，如传世本的真伪问题。

民国四年本图中的清朝服饰问题，一直以来为许多研究者所诟病，且因此以为《推背图》为清人之伪作。民国四年本《推背图》第七象之吐蕃人、第十二象之契丹人、第十七象之契丹人、第二十一象之女真人图中皆着以满清服装。笔者以为这当是金圣叹或者传世过程中反清复明人士所改动，原作当为李淳风袁天纲所处之唐时的胡人服饰（详见笔者第七象之注）。但这一稍许之改动并不能说明《推背图》为清人所作。其原因在于这四象中卦象与图象之间的对应关系完全一致，第七象之胡人胡服源于无妄䷘之上乾☰通坤☷，第十二象源于屯䷂之互坤☷，第十七象源于师䷆之上坤☷，第二十一象源于损䷨之互坤☷。坤☷为胡，《说文》胡，頟垂也。坤☷为牛，故坤☷为胡。复䷗上六："以其国君凶。"虞翻注：坤为异邦。故坤☷为胡。《易林》大壮之需："君不明德，臣乱为惑。丞

① 《金圣叹全集》第六卷，陆林辑校整理，凤凰出版社2005年版，第793—812页。

相命马，胡亥所失。”尚秉和注：伏坤为胡。故坤☷为胡。

坤☷为人，师䷆象曰：“君子以容民畜众。”即以上坤☷为民。履䷉象曰：“君子以辩上下，定民志。”上乾☰通坤☷为民。泰䷊象曰：“以左右民。”上坤☷为民。《说卦》坤为众，坤为民、为民众，故坤☷为人也。

坤☷为服，坤䷁六五：“黄裳元吉。”故坤☷为裳。《系辞下传》：“黄帝、尧舜垂衣裳而天下治，盖取诸乾坤。”虞翻注：“坤下为裳。”裳，服也。故坤☷为服。

坤☷为胡为人为服，故坤☷为胡人，为胡服。这样我们就可以理解为什么第七象、第十二象、第十七象、第二十一象图中画有胡人并着胡服了。愤清人士改原作之胡服为满服，但不改原作之卦象与图象之对应关系。也就是说，只是改变了服装之形式，而没有改变原作之实质性的逻辑关系，当然，也就不能从这点上判断金圣叹评注本为清人所作。我们只要稍许将瓜皮帽，长辫加以改动，参考唐时吐蕃、契丹人服装即可还原原作面貌。

如果我们以象数易学考察《推背图》，如前章所述《推背图》之卦序是按京房八宫卦的排序进行的，八宫卦是按后天八卦进行的，其秩序井然，逻辑有序，不能随意变动。尽管历史上有赵匡胤紊乱《推背图》一说，但我们在还原其排序的过程中当按京房卦序和后天八卦排序进行，而不是以我们的各自偏好或意识形态而随意篡改。

如果我们以象数易学和图书易学考察《推背图》，我们就会发现民国四年本《推背图》无一字一画不源于易。只要精通象数易学和图书易学，只要通达古代哲学和历史，就能创作出《推背图》，而根本无需所谓以史实倒推伪造谶颂文字和图像。也就是说民国四年本《推背图》是李淳风袁天罡根据易学而著成，后人所谓以历史伪造《推背图》之说在一代易学宗师李淳风袁天罡面前根本不成立。伪造说可能更适合于那些因不懂象数易学和图书易学而得出《推背图》是以已发生的历史杜撰出来的作品的浅薄学者们。

第六章 《推背图》各种版本的比较研究

一、 关于 《推背图》 的版本

笔者所见《推背图》版本有七种。第一种是民国四年（1915）公开刊行的《中国预言七种》中所选用的本子，笔者称之为：民国四年本，这是目前所见《推背图》版本中最为重要的本子。[①] 第二种是民国三十五年（1946）朱肖琴在《中国预言七种》基础上所编的《中国预言八种》中所选用的本子，笔者称之为：朱肖琴本。[②] 第三种是中国台湾张英基、董林在1974年所撰《《推背图》与烧饼歌释疑》中所选用的本子，笔者称之为：张董本。[③] 这其中，朱肖琴本与张董本虽与民国四年本有所差异，但除个别字句外大体一致，当以民国四年本为宗。第四种是上海艺海书店在民国元

---

① 第一种版本见《中国预言七种》，民国四年刊行（一说民国二年初版）。录有《周吕望万年歌》、《蜀汉诸葛亮马前课》、《唐袁天纲李淳风《推背图》》、《唐李淳风藏头诗》、《宋邵康杰梅花诗》、《明刘伯温烧饼歌》、《黄蘖禅师诗》。本著所用版本以民国四年本为主。

② 第二种版本见《中国预言八种》。民国三十五年，朱肖琴在《中国预言七种》基础上增加明刘伯温《金陵塔藏碑》合为《中国预言八种》，于民国三十六年由广学书局发行。

③ 张董本是由中国台湾张英基、董林在1974年撰《《推背图》与烧饼歌释疑》中所选用的本子。其著一版再版，1991年大陆中国城市经济出版社所出版的由紫虚生著志高编译的《古今大预言：《推背图》与烧饼歌释疑》即全部盗用其作。张董本与民国四年本有众多不同之处，其中最显著之不同处是第五十四象，张董本为“ 息苟安”，民国四年本为“啄息苟安”，张董本衍脱“啄”字。

年（1912）公开刊行的本子，笔者称之为：民国元年本。[①] 第五种是坊间流传的油印本，分上中下三卷，上署康熙六十一年刊，笔者称之为：康熙六十一年本。[②] 第六种是民间传抄的共六十七象的彩绘本，大概是明清时期的本子，笔者称之为：六十七象本。这其中，康熙六十一年本与民国元年本大体一致，六十七象本则是在这两个版本的基础上多增加了七象的本子。因六十七数既不合干支六十数，也不合易经八卦六十四数，多出来的七象显然是好事者狗尾续貂，此本或可参考，但当以民国元年本为宗。[③] 第七种版本共有四十八解，其顺序是以“解”排列，而没有沿用上述六种以“卦”排序或以“象”排序的惯例。笔者称之为：四十八解本。这一版本有纪昀评注。此本残缺甚多，仅可参考。[④]

据说芝加哥大学藏有明代彩绘本《推背图》，惜笔者无缘谋面。

这七个版本中前三种版本以民国四年本为宗，皆以红白日月交叉图为开篇，此为一类，是民国以来流传最广、应验最神、影响最大的本子。本著即是以民国四年本为主并校以张董本而作。后三种版本以民国元年本为宗，皆以一黎人手托日月图开篇，此为一类，也很有影响。

二、 民国四年本与民国元年本之比较

民国四年本和民国元年本在谶颂图方面大多数相异，但也有相同之处，现略作比较如下：

1. 民国四年本和民国元年本皆以六十甲子和六十卦排序，唯最后两卦序相反，民国四年本为：第五十九象咸☱卦；第六十象萃

① 民国元年本《古代预言《推背图》说》，上海艺海书店出版，题有中华民国纪元刊印，附有：《刘伯温烧饼歌》、《黄蘗禅师诗》、《李淳风藏头诗》、《透天玄机》、《四川出土古碑图说》、《广东出土古碑图说》。

② 第五种版本是题为康熙六十一年的版本。分上中下三卷，上署大清康熙六十一年壬寅，坊间多有油印本。

③ 第六种版本是明清时期内含六十七象的彩绘本，传抄本甚多。

④ 第七种版本共有四十八解，其顺序舍卦象而以解排列，有纪昀评注。流传甚少。

䷖卦。民国元年本为：第五十九象为萃䷬卦；第六十象为咸䷞卦。

2. 民国四年本第一象颂与民国元年本第一象诗大体一致。

3. 民国四年本第十一象颂与民国元年本第十一象诗完全一致。

4. 民国四年本第十三象图谶颂与民国元年本第十七象图诗大体一致。

5. 民国四年本第十四象谶与民国元年本第十一象谶大体一致。

6. 民国四年本第十四象图与民国元年本第十八象图大体一致。

7. 民国四年本第十六象图谶颂与民国元年本第二十象图诗大体一致。

8. 民国四年本第二十三象图与民国元年本第二十八图大体一致。

9. 民国四年本第二十七象图颂与民国元年本第三十一象图诗大体一致。

10. 民国四年本第三十七象图与民国元年本第五十四象图大体一致。

11. 民国四年本第四十二象图颂与民国元年本第四十三象图诗大体一致。

12. 民国四年本第四十六象图颂与民国元年本第四十六象图诗大体一致。

13. 民国四年本第六十象图与民国元年本第六十象图大体一致，颂则完全一致。

民国四年本与民国元年本在以干支和卦为排序上的一致性，使我们完全有理由相信，《推背图》一定有一个原始本，而且是以六十甲子、京房八宫卦、后天八卦为排序原则的。

两个版本之间众多的异同也佐证了岳珂《桯史》中所载宋太祖严禁《推背图》且紊乱其秩序杂糅书之，当是可靠之记载。宋太祖当年可能是以李淳风袁天罡原创本《推背图》为基础，将部分图谶颂打乱，并且伪作了一些图谶颂诗，然后再作增删，最终出现了为数众多的本子流传于后世。赵匡胤完全不知道图谶颂皆以卦象而来，因此《推背图》在遭到破坏时其卦序可能未被颠覆错乱，这为我们研究《推背图》的原创本保留了关键性的线索。从《推背图》

的图谶颂与卦象之间的关系来看，民国四年本可能更接近于原创本。

民国元年本《推背图》未有署名作者，《宋史·艺文志》所载《推背图》一卷亦未注明作者，笔者以为《推背图》问世以后，李淳风袁天罡出于稳妥未作署名，而是将他们的名字以萃䷬卦卦象作了交代。民国四年本《推背图》题为：“唐司天监袁天罡李淳风撰。”明显是后人所加，前有所述，袁天罡做过火井县令且终老在这一职务上，所谓“司天监袁天罡”必为后人所误。另，新旧《唐书》皆载李淳风为太史令，并未有司天监一说。《新唐书》对这一职务的历史沿革有较详细的记载：“武德四年，改太史监曰太史局，隶秘书省。七年，废监候。龙朔二年，改太史局曰秘书阁，令曰秘书阁郎中。武后光宅元年，改太史局曰浑天监，不隶麟台；俄改曰浑仪监，置副监及丞、主簿，改司辰师曰司辰。长安二年，浑仪监复曰太史局，废副监及丞，隶麟台如故，改天文博士曰灵台郎，历博士曰保章正。景龙二年，改太史局曰太史监，不隶秘书省，复置丞。景云元年，又为局，隶秘书省，逾月为监，岁中复为局。二年，改曰浑仪监。开元二年，复曰太史监，改令为监，置少监。十四年，太史监复为局，以监为令，而废少监。天宝元年，太史局复为监，自是不隶秘书省。乾元元年，曰司天台。”① 肃宗乾元元年（758）才有司天台一说，司天台设司天监一人，正三品。此时李淳风已西去近九十年了，所谓“司天监李淳风”只是后人的一个近似说法而已，但肯定不是作者自署。

很多人曾以民国四年本中第三十七象图示了“黎元洪”的名字，以为如此之神奇当为黎元洪拥趸为其造势所伪作，但民国元年本却将此图放到了第五十四象上，说明《推背图》原创本中肯定有此图，巧的是民国四年本以时间推，此图恰应在黎元洪身上，呜呼！

民国元年本《推背图》第四十一象诗曰：“此子生身在冀州，开口张弓立在献，自然穆穆乾坤上，敢将火镜向心头。”这当是岳

① 《新唐书卷四七·志第三七·百官二》。

珂《桯史》所载“开口张弓之谶”[1]，此谶却不见于民国四年本《推背图》，难道民国元年本比四年本更接近于原创本《推背图》？或者说民国元年本有部分是原作，那是否意味着民国四年本中有部分赵匡胤时期的伪作呢？这些伪作又是哪几象呢？

笔者以为，民间肯定还有《推背图》的其他版本，对各种版本之间的比较研究应将有助于我们去伪存真，最终还原《推背图》的本来面目。

三、关于民国四年本的流传

关于《推背图》的来龙去脉，只有金圣叹评注本有提，其余诸本皆未有述。民国四年本《推背图》（金圣叹注本）开篇为曼根氏英文跋语（见附录一），并附有中文译文：

当1859年英法联军火烧圆明园，某军人得书一簏，皆大内珍藏本，以此书中有图画，举赠利比亚女士。余从女士乞得之，翻译一过，知为中国先哲之预言。兴亡治乱，微言示意，靡不明如烛照。历代君主恶其淆惑民心，觊觎非分，故止刊刻。兹何幸而流传我国，得饫眼福，因跋数语于后。1867年曼根氏识。

第二篇为“苕溪李中”的跋语，借张之洞语讲述了《推背图》何以落入圆明园之中：

余得此书后，曾介友人持以质张文襄。文襄云：此的是圣叹手批本，哭庙案发，金与诸人同遭藉没，当时抚幕为山阴陈季一，得此秘之。后嗣凌夷，书为山右郑氏所得。至乾隆时下征书之令，郑氏上之，遂入大内。文襄非诳人者，当非赝本可知。今辗转而入于余手，幸何如之。苕溪李中识。

第三篇为“清溪散人”的跋语，讲述了《推背图》是如何从曼根氏手上到李中手上刊印的：

苕溪李公是君述其尊人信卿先生商于伦敦，时与彼中人士往来素稔。一日于其友某英人处得观此书，惊为我国秘本。详询颠末，

---

① 岳珂《桯史》，中华书局1981年版，第2页。

知于圆明园灾后遗失者。此友人即曼根氏之孙，因以大珠十二易之。清禁特严，秘诸箧笥。兹届民国时代，例无忌讳，李君承其先志，嘱为刊行，以公诸世。一以矫正坊刻之多讹，一以警劝国民于将来，庶不负先哲指示之心云。清溪散人识。

流传过程大致为：父老相传——金圣叹——陈季——山右郑氏——乾隆大内——1859 年英法联军某军人——利比亚——曼根氏——李信卿——李中（曾持与张之洞识）——清溪散人刊行。以此而论，可谓流传有序，但除金圣叹外，其余诸人及其事迹语焉不详，难于考证。

笔者以为传世本的出版不足百年，或许有当年出版社编排出版的具体史料，相信随着推背学的深入研究，终有一天一些传世文献的出世会让我们厘清相关疑问的。

下篇

《推背图》象数易学、图书易学及历史宿命论构建

第一象 甲子 ☰ 乾下乾上 乾

谶曰：

茫茫天地，不知所止。

日月循环，周而复始。

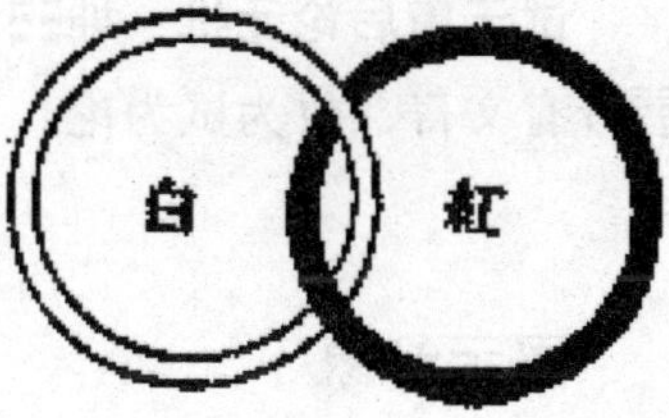

颂曰：

自从盘古迄希夷，

虎斗龙争事正奇。

悟得循环真谛在，

试于唐后论元机。

圣叹曰：“此象主古今治乱相因，如日月往来，阴阳递嬗，即孔子百世可知之意，红者为日，白者为月，有日月而后昼夜成，有昼夜而后寒暑判，有寒暑而后历数定，有历数而后统系分，有统系而后兴亡见矣。”

苗元一按

乾☰互乾☰通坤☷覆乾☰

茫茫天地：坤☷为茫，坤☷上下皆坤☷故为茫茫，乾☰为天，坤☷为地。

不知所止：乾☰为始，坤☷为终，坤☷伏，故名不知所止，不知所终也。

日月循环：乾☰为日，坤☷为月，乾日坤月为易，循环之道也。

周而复始：乾☰为周为始，乾九三象曰：终日乾乾，反复之道也。

自从盘古迄希夷：坤☷为自，乾☰为盘古，乾☰为希，坤☷为夷。坤䷁为三个半震☳，取半震☳象，震☳为从为迄。又《老子》第十四章曰：听之而弗闻名之曰希，搏之而弗得名之曰夷。

虎斗龙争事正奇：乾文言：云从龙，风从虎，故乾☰为龙坤☷为虎。履卦䷉：履虎尾；颐卦䷚六四：虎视眈眈，亦可证坤为虎。乾☰为刚为武为斗为争，乾☰为正，乾☰为奇。坤文言：或从王事，故坤☷为事。

悟得循环真谛在：坤䷁为悟，乾☰为得，乾☰坤☷为循环，乾☰为真谛，坤☷为在。

试于唐后论元机：坤☷为唐为后，乾☰为元，为元机，乾䷀坤䷁皆有文言，故为试为论。

图示卦象

图中左边的白圈代表阳，代表日，代表天，由本卦乾䷀出。右边的红圈代表阴，代表月，代表地，由旁通坤䷁出。此图左为白盖因乾☰为金为白，右为红盖因坤☷为血为红。圣叹以为月白日红盖因圣叹只识得常识而不懂象数。先后天八卦图左为离☲震☳皆日，右为坎☵兑☱皆月，《推背图》左为乾日右为坤月与先后天八卦图合。此图亦证得：乾☰为东，坤☷为西，此逸象也。图示如下：

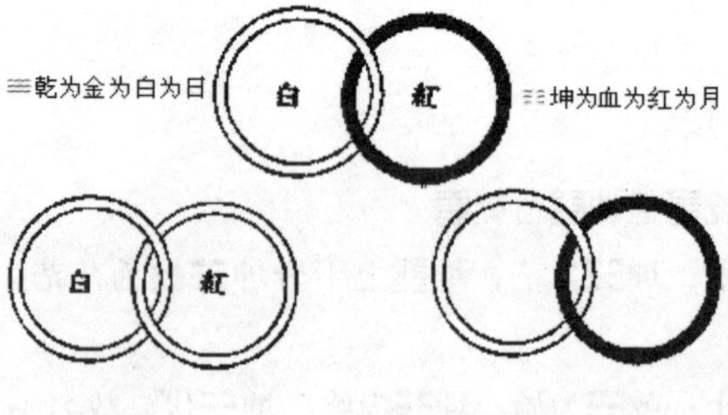

张董本　　　　民国四年本

此图右圈张董本为虚圈，民国四年本为实圈，今从民国四年本；张董本有“白”、“红”两字，民国四年本无。

《推背图》的作者以日月、天地、阴阳作为其阐述宇宙与历史的开端，显然来源于《易经》的基本理论。易由乾坤两卦而演变为六十四卦，象数、图书、易理皆以乾坤为始，乾坤乃易之根本，易之核心，易之本体。

《系辞》曰："在天成象，在地成形，变化见也。"

"易以天地准，故能弥纶天地之道，仰以观天文，俯以察地理，是故知幽明之故。原始反终，故知死生之说。"

"一阴一阳之谓道"。

"阴阳之义配日月"。

《九家易》云："阴阳交合物之始也，阴阳分离物之终也。合则生，离则死。"

《参同契》云："乾坤者，易之门户，众卦之父母，坎离匡廓，运毂正轴。"

《说文》云："易：蜥易，蝘蜓，守宫也，象形。《秘书》说：日月为易，象阴阳也。一曰从勿。"许慎罗列了三种易字解释，笔者以为蜥易之易应为易字后出，从勿说难解易字之理。《秘书》说当为正解。圣人仰以观天文，俯以察地理，很难想象不顾日月之明，天地之大而沉溺于蜥易小虫之变。是故《参同契》云："日月为易，刚柔相当"，"易者象也，悬象著明，莫大乎日月"。清姚配中亦曾辩曰："《说文》引秘书说：'日月为易，象阴阳也。一曰从勿。'据一曰从勿之言，则易字本象蜥易之形，下从勿，此蜥易字也；若《周易》字，则从日下月，与象形蜥易字不通，后人浑为一字，遂以象蜥易之易，假作《周易》之易，不知《周易》之易，其义自为日月，象阴阳无取蜥易。其云'一曰从勿'，则承上象形而言，谓象形易字，或以从勿，无关日月为易之义，其旨显然。若乃以蜥易训《周易》，是则象必训豕，走象必训南越大兽，三年一乳者也。后儒好为异说，往往字有本训，舍而之它，字系假借，则必求本训，以玄新奇。周流蜥易，固不可通，周家蜥易，复成何语?!"（《周易姚氏学》）

李淳风在其《乙巳占》序中曰："乾元资始，通变之理不穷；坤元资生，利用之途无尽。""天垂象，见吉凶，圣人则之；天生变化，圣人效之。法象莫大乎天地，变通莫大乎四时。悬象著明莫大乎日月，是知天地符观，日月耀明，圣人备法，致用远矣。”

《推背图》作者通过本卦乾☰旁通坤☷，绘制出日月相交图，在作者看来，日月运行、变化，生生不息、周而复始，人类历史的争斗、嬗变、更迭亦同样如此，天地日月、一阴一阳、一暗一明、一离一交对应的人类历史是一女一男、一乱一治、一衰一盛、一分一合。乾卦为天为人，故天道与人道合一，顺之者昌，逆之者亡。乾文言曰：“夫大人者，与天地合其德，与日月合其明，与四时合其序，与鬼神合其吉凶。先天下而天弗违，后天而奉天时。天且弗违，而况于人乎？况于鬼神乎？”历史人物要把握天时、地利、人和，要有天地的品德，要像日月一样光明，要合四时的消长，要有悲天悯人的宗教情怀，在《推背图》中作者正是以此为标准，臧否历史人物，推究朝代变迁的。作者以本象乾为始，以京房八宫为经，以后天八卦为纬，以六十花甲子为序，论述了中国历史和世界历史是按照帝制时代——共和时代——大同时代这一历史模型而运行的宏大历史观。其方法论是自然主义的，是历史主义的，也是理想主义的，道德主义的。

需要指出的是，第一象中图示有红白两字（张董本有红白两字，民国四年本无，今从张董本），说明《推背图》的原创本很可能是彩绘本（笔者藏有清彩绘本《推背图》即可见其端绪），现在的黑圈原创本中可能是红圈，现在的白圈原创本中可能涂有白色。很可能是在以黑白墨色为主的印刷传世过程中无法着色而被后人简略了。

历史年鉴（盘古开天）

《史记》以黄帝开述中国历史（《史记·本纪第一》），黄帝之前司马迁未敢下笔。

盘古开天辟地一说最早见于三国时吴人徐整所著《三五历记》：“天地混沌如鸡子，盘古生其中。万八千岁，开天辟地，阳清为天，阴浊为地，盘古在其中，一日九变。神于天，圣于地。天日高一丈，地日厚一丈，盘古日长一丈。如此万八千岁，天数极高，地数极深，盘古极长，后乃有三皇。”

宋罗汝所撰《绎史》卷一引徐整所著另一书《五运历年记》中关于盘古的记述："盘古之君，龙首蛇身，嘘为风雨，吹为雷电，开目为昼，闭目为夜。死后骨节为山林，体为江海，血为淮渎，毛发为草木。"

在《盘古图考》中，饶宗颐先生认为："盘古作图，汉末蜀中已流行之，则盘古之神化，最迟必产生于东汉。"（《中国社会科学院研究生院学报》1986 年第一期）

作为中国人的创世纪神话，盘古开天的创始意义与《系辞》"易有太极，是生两仪，两仪生四象"以至无穷之宇宙生成说，与作为六十四卦、八宫卦和《推背图》卦序之首的乾卦元亨利贞之创始意义完全一致。

盘古开天使中国历史有了叙述的开端，它将《推背图》所阐述的中国历史变成了一部完整的中国历史。李淳风将盘古到唐代的虎斗龙争史以乾䷀卦一象概之：

盘古——三皇——五帝

约前 21—前 16 世纪	夏王朝
约前 16—前 11 世纪	商王朝
前 11 世纪—770 年	西周
前 770—前 476 年	春秋
前 475—前 221 年	战国
前 221—前 207 年	秦
前 206—公元 8 年	西汉
8—25 年	王莽新朝
25—220 年	东汉
220—265 年	三国
265—316 年	西晋
317—420 年	东晋、十六国
420—589 年	南北朝
581—618 年	隋

602 年　壬戌　隋仁寿二年，本书作者李淳风出生。李淳风贞观初，授将仕郎，直太史局。贞观七年（633），造浑天仪，太宗称

善，加授承务郎。十五年（641），除太常博士，寻转太史丞。二十二年（648），迁太史令。显庆元年（656）以修国史功封昌乐县男。龙朔二年（662），改授秘阁郎中。是年，太史局改曰秘书阁局，令曰秘书阁郎中。咸亨初（670），官名复旧，还为太史令。

616 年　**丙子**　隋大业十二年，火井镇升为火井县。火井县作为县级行政单位一直持续到 1284 年，即元世祖至元二十一年。唐武德（618—626）初年，本书另一位作者袁天罡出任火井县令，直至去世。

天罡以相术名天下。新旧《唐书》均记载，武则天在襁褓时，袁天罡为其面相，惊曰："必若是女，实不可窥测，后当为天下之主也。"

618 年　**戊寅**　唐武德元年，唐开国。

648 年　**戊申**　唐贞观二十二年，七月，民间谶谣云："女主武王代有天下"（《资治通鉴卷一百九十九》），左武卫将军李君羡乳名"五娘"，又为武安人，李世民深恶之，诬以谋反，杀之。又欲尽杀疑似者，太史令李淳风谏，始止。以此为契机，李淳风开始《推背图》之创作。

649 年　**己酉**　唐贞观二十三年，五月己巳（二十六）日（649 年 7 月 10 日）太宗崩于含风殿，享年五十二岁。武则天与部分没有生育的嫔妃们一起入感业寺为尼。

李淳风与袁天罡的《推背图》完成，惜太宗未能看到。从二十二年七月至二十三年五月，《推背图》的创作大概用了十个月的时间。

670 年　**庚午**　唐咸亨元年，本书作者李淳风卒。

唐朝是中国历史最辉煌时期，唐之典章文物制度，如三省六部制，科举制度皆承传于隋，陈寅恪先生更是将其礼仪、职官、刑律、音乐、兵制、财政上溯至南北两朝（见陈寅恪《隋唐制度渊源略论稿》），正是由于魏晋南北朝三百余年之纷乱、融合、创新，才使唐朝成为中国历史上最伟大时代成为了可能。乾：元亨利贞，《子夏传》："元，始也；亨，通也；利，和也；贞，正也。"（《周易正义》，《周易集解》均取其说）乾卦是最能反映这一伟大朝代的卦象，李淳风能以乾宫卦释唐作为《推背图》的开端，可谓幸运，此亦数也？

第二象　乙丑䷫乾上巽下　姤

谶曰：

累累硕果，莫明其数。

一果一仁，即新即故。

颂曰：

万物土中生，二九先成实。

一统定中原，阴盛阳先竭。

圣叹曰："一盘果子即李实也，其数二十一，自唐高祖至昭宣凡二十一主。二九者指唐祚二百八十九年。阴盛者指武曌当国，淫昏乱政，几危唐代。厥后开元之治虽足媲贞观，而贵妃召祸，乘舆播迁，女宠代兴，良娣继之，亦未始非阴盛之象。"

苗元一按

姤䷫互乾䷀通复䷗覆夬䷪

累累硕果：姤䷫，下巽☴为累，姤䷫为大巽☴，故为累累，覆卦上卦兑☱旁通艮☶，虞翻易：艮☶为果为硕，故为硕果。另：《说卦》乾为木果，乾为大，故为硕果。

莫明其数：姤䷫，上通坤☷为暗，为夜，故莫明。另：覆夬䷪，兑☱为毁，乾☰为明，故莫明。兑☱为其，《大过》九五"老妇得其士夫"，《咸》九五"咸其脢"，《夬》九四"其行次且"，《中孚》九二"其子和之"，皆兑☱为其；坤☷为数，故莫明其数。另：互乾䷀，乾为阳九，为数极，为无穷数，故莫明其数。

一果一仁：乾䷀，上卦乾☰为果为一，下卦乾☰为仁为一，故一果一仁。虞翻易，乾为仁。

即新即故：乾䷀，下乾☰为始，故为新，上乾☰为老，为旧，故为故。乾䷀上下皆乾☰，故即新即故。

万物土中生：姤䷫旁通复䷗，坤☷为万物，坤☷为土为中，震☳为生，故万物土中生。

二九先成实：覆夬䷪，兑☱为二，乾☰为九，乾☰为先，乾☰亦为实；另，上卦兑☱下伏艮☶，艮☶为成为实，故二九先成实。

一统定中原：姤䷫，上乾☰为一，下巽☴为统，下通震☳为定，上通坤☷为中原。

阴盛阳先竭：姤䷫，一阴御五阳之象，姤卦卦辞言女壮，即阴盛之意，此为消息卦。姤初六源于乾卦初九，初九为阳，故阴盛阳先竭。另，旁通复䷗卦，二至上皆阴，故阴盛，初阳伏，故阳先竭。

图示卦象

此图盘中盛有二十一果，取旁通复䷗卦之象，下卦震☳为盆为盘。覆卦夬䷪，上卦兑☱为二数十，下卦乾☰为一，故二十一数，乾又为木果，故二十一果。

十二消息卦依此变化为：乾䷀、姤䷫、遁䷠、否䷋、观䷓、剥䷖、坤䷁、复䷗、临䷒、泰䷊、大壮䷡、夬䷪，故夬䷪为消息变化之终，李淳风此图取夬䷪卦之数，是为了描绘李唐王朝之终数。唐最终以二十一帝而终，真乃数也?! 图示如下：

历史年鉴（唐朝气数）

618 年　戊寅　唐武德元年，李渊废隋恭帝杨侑，自称为帝，是为高祖，国号唐。通卦复䷗，下震☳为木为子故为李，上坤☷为渊，故为李渊。

626 年　丙戌　唐武德九年，秦王李世民诬太子李建成齐王李元吉淫乱后宫，伏兵玄武门，请二人入朝，击斩之，史称玄武门之变。高祖李渊遂传位于李世民，是为太宗，自称太上皇。

唐贞观四年（630），唐大举进攻突厥，兵部尚书李靖出马邑，颉利可汗大败，为其下执送大唐，突厥亡。唐分其地为六州，置都督府以统其众。四夷君长尊唐太宗李世民为天可汗。是年，全国丰收，百姓流散者悉归田里，米每斗仅 34 钱，一岁中死刑仅 29 人，州县村落，夜不闭户，行旅不再带粮，取给于道，史称“贞观之治”。649 年，贞观二十三年，太宗崩。

649—683 年　唐高宗李治在位。

683—684 年　唐中宗李哲在位（698 年改名李显）。

684—690 年　唐睿宗李旦在位。

690—705 年　武曌称帝，国号周，史称南周。

705—710 年　唐中宗李显复辟。

710—712 年　唐睿宗李旦复辟。

712—756 年　唐玄宗李隆基在位，713 年开元元年—741 年开元二十九年为唐鼎盛时期，史称开元之治。756—762 年为太上皇。

756—762 年　唐肃宗李亨在位。

762—779 年　唐代宗李豫在位。

779—805 年　唐德宗李适在位。

805—805 年　唐顺宗李诵在位（8 个月）。

805—820 年　唐宪宗李纯在位。

820—824 年　唐穆宗李恒在位。

824—826 年　唐敬宗李湛在位。

826—840 年　唐文宗李昂在位。

840—846 年　唐武宗李炎在位。

846—859 年　唐宣宗李忱在位。

859—873 年　唐懿宗李漼在位。

873—888 年　唐僖宗李儇在位。

888—904 年　唐昭宗李晔在位。

904—907 年　唐哀帝李柷在位。

“一果”为木，“一仁”为子，故为李，应了唐朝国姓。李渊称帝在戊寅年，地支寅为木在春，象征万物生发，年干戊为土，是故“万物土中生”。

李唐王朝共二十帝，加南周武曌共二十一帝，应了盘中二十一果，武周废其子睿宗李旦应了“阴盛阳先竭”。唐国祚从 618 年至 907 年共二百九十年，应了“二九先成实”。《推背图》在其历史推衍中先有一王朝总象，如本象之唐代，第十六象之宋代，第二十五象之元代，第二十七象之明代，第三十三象之清代，概言一个王朝姓氏、享国时间和元首数目，余象分而论之所在朝代其余大事，直至王朝结束。

第三象　丙寅䷠乾上艮下　遁

谶曰：

日月当空，照临下土。

扑朔迷离，不文亦武。

颂曰：

参遍空王色相空，

一朝重入帝王宫。

遗枝拨尽根犹在，

喔喔晨鸡孰是雄。

圣叹曰：“此象主武曌当国，废中宗于房州，杀唐宗室殆尽。先武氏削发为尼，故有参遍空王之句。高宗废后王氏而立之，故有喔喔晨鸡孰是雄之兆。”

苗元一按

遁䷠互姤䷫通临䷒覆大壮䷡

日月当空：遁䷠上卦乾☰为日，旁通坤☷为月，遁䷠为空，又旁通☷为空，故日月当空。

照临下土：遁䷠上卦乾☰为日为照，旁通䷒为临，艮☶在下为土，故照临下土。

《诗经·日月篇》曰：“日居月诸，照临下土。”

扑朔迷离：遁䷠下卦艮☶为扑，旁通坤☷为朔，为迷离。

不文亦武：遁䷠上卦乾☰旁通坤☷为文，☷伏故不文，上卦乾☰为武，故不文亦武。

参遍空王色相空：遁䷠下通兑☱为参遍，上通坤☷为空，遁䷠上乾☰为王，中通震☳亦为王，下卦艮☶为色相，本卦遁䷠亦为空，故参遍空王色相空。

一朝重入帝王宫：本卦遁䷠上乾☰为一为朝，旁通坤☷为重，互卦巽☴为入，乾☰震☳为帝王，下卦艮☶为宫。

遗枝拔尽根犹在：遁䷠互卦巽☴为遗为枝，下卦艮☶为拨尽，艮☶又为根、为犹，巽☴为在。

喔喔晨鸡孰是雄：遁䷠旁通兑☱震☳皆为叫，故为喔喔；互卦姤䷫，上卦乾☰为晨，下卦巽☴为鸡（旁通兑☱居酉地，兑☱亦为鸡）；旁通临䷒，上卦坤☷为老妇，下卦为兑☱为少女，皆雌，故孰是雄？此句用旁通飞伏之象。

《尚书·牧誓》：“牝鸡司晨，惟家之索”，喻妇人知外事，雌代雄鸣则家尽，妇夺夫政则国亡。

图示卦象

本图用遁䷠旁通临䷒卦，坤☷为妇，艮☶为手持，兑☱为刀，刀首向下，皆因兑☱伏。图示如下：

历史年鉴（武曌称帝）

624 年　甲申　唐武德七年，武曌生。《旧唐书·本纪第六》：“则天皇后武氏讳曌并州文水人也。”曌字是武氏临朝以后自取的名字，正应了“日月当空，照临下土”。

637年　丁酉　唐贞观十一年，武氏年十四，“太宗闻其美容，召入宫，立为才人”。（《旧唐书·本纪第六》）

648年　戊申　唐贞观二十二年，太宗得秘谶，言“唐中弱，有女武代王”。太史占：“女主昌”。七月壬辰日，太宗疑左武卫将军李君羡有“女武”之嫌而杀之。（《资治通鉴卷一百九十九》）太宗寻问淳风，对曰：“其兆既成，已在宫中。又四十年而王，王而夷唐子孙且尽。”帝曰：“我求而杀之，奈何？”对曰：“天之所命，不可去也，而王者果不死，徒使疑似之戮淫及无辜。且陛下所亲爱，四十年而老，老则仁，虽受终易姓，而不能绝唐。若杀之，复生壮者，多杀而逞，则陛下子孙无遗种矣！”帝采其言，止。（《新唐书卷二〇四》）

649年　己酉　唐贞观二十三年，太宗卒，高宗李治继位。才人武曌随众妃嫔入感业寺为尼。正应了“参遍空王色相空”。

650年　庚戌　唐永徽元年，高宗赴感业寺进香，见武曌。二年（651），王皇后无子，而萧淑妃有子贿宠，思以间之，遂引武曌入宫，封昭仪。又应了“一朝重入帝王宫”。

655年　乙卯　唐永徽六年，武曌诬王皇后及萧淑妃谋逆，囚之，先各杖一百，断去手足，投酒缸中，数日而死。高宗立武曌为皇后。

657年　丁巳　唐显庆二年，中书侍郎李义甫与礼部尚书许敬宗，迎合武曌意，诬侍中韩瑗、中书令来济、桂州都督褚遂良谋反，皆贬之。

659年　己未　唐显庆四年，武曌诬太尉长孙无忌，其弟长孙铨、长孙恩，凉州刺史赵持满，及王皇后舅柳奭等谋反，悉杀之。褚遂良已死，杀其子。韩瑗死后被剖棺。自是武曌大权独揽。

660年　庚申　唐显庆五年，高宗“多苦风疾，百司表奏，皆委天后详决”（《旧唐书卷六·本纪第六·则天皇后》）。

664年　甲子　唐麟德元年，高宗每临朝视事，武曌即垂帘于后，威势与帝无异，时称“二圣”。武曌诬西台侍郎上官仪谋反，杀之。

670年　庚午　唐总章三年，咸亨元年，一代杰出的天文学家、星象学家、数学家、易学家《推背图》作者李淳风去世，年六十九。

674 年　甲戌　唐咸亨五年，上元元年，高宗称天皇，武曌称天后。

675 年　乙亥　唐上元二年，武曌怒杀其长子太子李弘，立李弘弟李贤为太子。

680 年　庚辰　唐永隆元年，太子李贤，武曌信谗言，废之为平民，立三子李哲为太子。

683 年　癸未　唐永淳二年，弘道元年，高宗卒，中宗李哲继位，武曌为皇太后。

684 年　甲申　唐嗣圣元年，文明元年，光宅元年，武曌集百官废李哲为庐陵王，立四子李旦为帝，是为睿宗。

骆宾王兵讨武曌被斩。杀裴炎，杀程务挺，杀王方翼。

685 年　乙酉　唐垂拱元年，武曌宠幸卖药人冯小宝，削发为僧，改名怀义，出任白马寺主持。

686 年　丙戌　唐垂拱二年，武曌大肆诛戮立威，重用酷吏来俊臣。

687 年　丁亥　唐垂拱三年，杀凤阁侍郎刘祎之，诬施州刺史李孝逸谋反，贬死。

688 年　戊子　唐垂拱四年，武曌诬太子通事舍人郝象贤、韩王李嘉、鲁王李灵夔、黄公李諲、常乐公主、东莞公李融、霍王李元轨、江都王李绪谋反，悉杀之。琅邪王李冲、越王李贞，先后起兵讨武，皆被杀。

689 年　己丑　唐垂拱五年，永昌元年，武曌杀汝南王李炜、鄱阳公李諲等皇族 12 人。又杀纪王李慎、东王李续，又杀嗣郑王李敬。

690 年　庚寅　周天授元年，武曌废其子唐睿宗李旦为皇嗣，唐亡。“九月九日壬午，革唐命，改国号为周”（《旧唐书·本纪第六》），史称武周。杀豫章王李亶、泽王李上金、南安王李颖等十三人。鞭死其孙、故太子李贤之子二人。

自是李唐王室“遗枝拔尽”。

691 年　辛卯　周天授二年，武曌杀尚衣奉御刘行感、右金吾大将军丘神勣、纳言史务滋、玉钤卫大将军张虔勗、岐州刺史云弘嗣、地官尚书格辅元、文昌右相岑长倩、司礼卿欧阳通、鸾台侍郎乐思晦、右卫将军李安静。武曌权倾天下，可谓“喔喔晨鸡孰是雄”。

693 年　癸巳　周长寿二年，武曌加尊号，称金轮圣神皇帝。杀皇嗣李旦妻刘妃、窦妃，又杀冬官尚书苏干。

694 年　甲午　周长寿三年，武曌加尊号，称越古金轮圣神皇帝。

695 年　乙未　周天册万岁元年，武曌加尊号，称慈氏越古金轮圣神皇帝，杀白马寺主持怀义。

697 年　丁酉　周神功元年，武曌宠幸张易之、张昌宗兄弟，遂使其权倾朝野。

698 年　戊戌　周圣历元年，武曌召其子庐陵王李哲返洛阳，命皇嗣李旦逊位，立李哲为太子，改名李显。武曌遍杀朝野，但终未立武氏为太子，李氏王朝可谓“遗枝拨尽根犹在”。

705 年　乙巳　周神龙元年，同平章事张柬之等人率羽林军入东宫迎太子李显，废武曌。李显复辟，恢复国号为唐，唐复国。是年冬，武曌卒，武周亡，立国十六年。谥大圣则天皇后，后世遂称武则天。

武曌从 655 年起至 705 年死为止五十年中，心狠手辣、杀人如麻，正应了图中“女武”持刀。武则天是中国历史上唯一的女皇帝，后世史家褒贬不一、毁誉参半。《旧唐书》史臣曰：观夫武氏称制之年，英才接轸，靡不痛心于家索，扼腕于朝危，竟不能报先帝之恩，卫吾君之子。俄至无辜被陷，引颈就诛，天地为笼，去将安所？悲夫！昔掩鼻之谗，古称其毒；人彘之酷，世以为冤。武后夺嫡之谋也，振喉绝襁褓之儿，俎醢碎椒涂之骨，其不道也甚矣，亦奸人妒妇之恒态也。然犹泛延谠议，时礼正人。初虽牝鸡司晨，终能复子明辟，飞语辩元忠之罪，善言慰仁杰之心，尊时宪而抑幸臣，听忠言而诛酷吏。有旨哉，有旨哉！

武则天死后，立有无字碑，任后人评说。

第四象　丁卯 ䷋ 乾上坤下　否

谶曰：

飞者不飞，走者不走。

振羽高冈，乃克有后。

颂曰：

威行青女实权奇，

极目萧条十八枝。

赖有猴儿齐着力，

已倾大树仗扶持。

圣叹曰：“此象主狄仁杰反周为唐。武后尝梦鹦鹉两翼俱折，狄仁杰曰：武者陛下之姓也，起二子则两翼折矣。五猴指张柬之等五人。”

苗元一按

否䷋互渐䷴通泰䷊覆泰䷊

飞者不飞：否䷋下互艮☶为鸿，为鹦鹉，为飞者。震☳为飞，震☳覆，故不飞，此用互卦渐䷴。

走者不走：泰䷊，互震☳为走，为走者，上卦坤☷为非为不。

张董本作“走者自走”，民国四年本作“走者不走”。“自”当为“不”之讹。武则天不传位便不走，神龙元年正月甲辰日张柬之等人逼宫之意。

振羽高冈：泰䷊，震☳为振羽，否䷋下互艮☶为高岗。

《诗·豳风》：“六月莎鸡振羽。”互卦渐䷴上九：“鸿渐于陆，其羽可用为仪，吉”，陆当为高冈。

乃克有后：否䷋，互巽☴为若故为乃，互艮☶为克，《说文》：克，肩也。互艮☶又为有，互巽☴下坤☷为后。

威行青女实权奇：泰䷊，下卦乾☰为威为行，互震☳为行，为青，互兑☱为女，互艮☶为实，互巽☴为命令，为木，故为权，乾☰为奇。另，互巽☴为实为权，故为实权。

极目萧条十八枝：否䷋，上乾☰为阳极，下坤☷为阴极，故极；下互艮☶为观为目，上互巽☴为萧条，下卦坤☷为十为八，巽☴又为枝。

赖有猴儿齐着力：否䷋，互艮☶为赖，互巽☴为有，《涣·六四》“涣有丘”，《家人·九五》“王假有庙”皆上巽☴为“有”（坤☷亦为有）。互艮☶为猴为儿，互巽☴为齐，通震☳为力，为着力。

张董本作“著力”，民国四年本作“着力”，“著”当“着”之误。

已倾大树仗扶持：否䷋，震☳为大树，互艮☶为震☳覆，故已倾大树。又：艮☶为扶持。

图示卦象

此图取互象渐䷴，上卦巽☴为鹦鹉，下卦艮☶为猴，上巽☴数为五，互坎☵数一，故一只鹦鹉，五只猴子。“鹦”左下为“女”，“鹉”左部为“武”，取唐初秘记“女武代王”之意，直指武则天。本象以艮☶象猴，艮☶又为臣，故以猴象征大臣，又巽☴数五，故以五猴象征五臣。《蹇》六二：“王臣蹇蹇”，即以下艮☶为臣。

否䷋下伏泰䷊，上坤☷为五互震☳为王为五王，此五王伏在否䷋下，象征五臣可封为五王，但难得善果，终不能显。图示如下：

历史年鉴（反周为唐）

705 年　乙巳　周神龙元年，正月，癸卯，张柬之、崔玄暐及左羽林卫将军敬晖、检校左羽林卫将军桓彦范、司刑少卿袁恕己、左羽林卫将军李湛、薛思行、赵承恩、右羽林卫将军杨元琰、左羽林卫大将军李多祚、职方郎中崔泰之、库部员外郎朱敬则、司刑评事冀仲甫、检校司农少卿兼知总监翟世言、内直郎王同皎率左右羽林兵以讨乱，麟台监张易之、春官侍郎张昌宗、汴州刺史张昌期、司礼少卿张同休、通事舍人张景雄伏诛。

丙午，皇帝复于位。

丁未，徙后于上阳宫。

戊申，上后号曰则天大圣皇帝。

十一月，崩，谥曰大圣则天皇后。（《新唐书·本纪第四》）

这便是历史上著名的反周为唐。

李显复辟，韦皇后亦复立，与李显同出朝听政，如武曌当年，并与梁王武三思私通，诸武权威复振。乃封张柬之为汉阳王，崔玄暐为博陵王，桓彦范为扶阳王，袁恕己为南阳王，敬晖为平阳王，时称五王，悉罢政事，夺其权，朝政尽归武三思。

张柬之、崔玄暐、桓彦范、袁恕己、敬晖五王在反周复唐中起到了决定性的作用，应了图中五猴威逼鹦鹉之象。颂曰："威行青女实权奇，极目萧条十八枝，赖有猴儿齐着力，已倾大树仗扶持。"威行青女实权奇，说明武周皇帝专权跋扈，极目萧条十八枝，十八枝为李，李氏宗室被杀殆尽，树为木，“大树”象征李唐王朝，幸有张柬之、崔玄時、桓彦范等中兴名臣扶大厦于既倒，挽狂澜于将倾。

图中以“五猴”象征五大臣。盖取否☰☷之互艮☶之象，艮☶既为猴也为臣。

图中鹦鹉，当出秘谶：“唐中弱，有女武代王。”（《新唐书卷二〇四》）李淳风是在贞观二十二年时与太宗讨论这一谶言的。“鹦”字中有女，“鹉”字中有武，故鹦鹉实象征“女武”两字。

金圣叹评注这一现象是说：“武后尝梦鹦鹉两翼俱折，狄仁杰曰：武者陛下之姓也，起二子则两翼折矣。”笔者遍阅新旧《唐书》，未发现此梦出处，倒是《新唐书·列传第四十·狄仁杰》中有这样一段记述：武曌召见狄仁杰问道：“朕数梦双陆不胜，何也?”于是，狄仁杰与王方庆俱在，二人同辞对曰：双陆不胜，无子也。天其意者以儆陛下乎！且太子，天下本，本一摇，天下危矣。文皇帝身蹈锋镝，勤劳而有天下，传之子孙。先帝寝疾，诏陛下监国。陛下掩神器而取之，十有余年，又欲以三思为后。且姑侄与母子孰亲？陛下立庐陵王，则千秋万岁后常享宗庙；三思立，庙不袝姑。后感悟，即日遣徐彦伯迎庐陵王于房州。

“双陆”是古代博戏，“不胜”即是子被对方吃掉，故无子也。这两个故事意思都差不多，就是狄仁杰通过解梦让武曌放弃立武三思为太子，而应立自己亲生的儿子。估计金圣叹所记之梦多半为《新唐书》所记之梦后出，当为乡间野史。

但金圣叹在评注此象时强调狄仁杰，却显示其对历史相当熟悉。狄仁杰（630—700）是武周时期名臣，狄仁杰任内心系民生、司法公正，对武曌弊政多所匡正，他在上承贞观之治下启开元盛世的武周时代政绩卓著。他举荐张柬之为相，举荐桓彦范、敬晖、窦怀贞、姚崇等数十位能力超群、忠贞廉洁的官员，“天下桃李，悉在公门也”。这些人当中的张柬之、桓彦范、敬晖等趁武曌病重，拥戴唐中宗复位，皆为中兴名臣。（《新唐书·狄仁杰列传》）

狄仁杰在迎回庐陵王一事上本人亦是费尽心机，《新唐书·列传第四十·狄仁杰》记道：“王至，后匿王帐中，召见仁杰语庐陵事。仁杰敷请切至，涕下不能止。后乃使王出，曰：‘还尔太子!’仁杰降拜顿首，曰：‘太子归，未有知者，人言纷纷，何所信?’后然之。更令太子舍龙门。具礼迎还，中外大悦。初，吉顼、李昭德数请还太子，而后意不回，唯仁杰每以母子天性为言，后虽忮忍，不能无感，故卒复唐嗣。”

换而言之，没有狄仁杰就不会有庐陵王立为太子，不会有张柬之为相，更不会有张柬之等五王反周为唐。后世史家评狄仁杰为唐室砥柱，是中肯之评。

第五象　戊辰䷓巽上坤下　观

谶曰：

杨花飞，蜀道难。
截断竹箫方见日，
更无一吏乃平安。

颂曰：

渔阳击鼓过潼关，
此日君王幸剑山。
木易若逢山下鬼，
定于此处葬金环。

圣叹曰：“一马鞍指安禄山，一史书指史思明。一妇人死卧地上，乃贵妃死于马嵬驿。截断竹箫者肃宗即位，而安史之乱平。”

苗元一按

观䷓互剥䷖通大壮䷡覆临䷒

杨花飞：本卦观䷓，上卦巽☴为杨，震☳为花，上互艮☶为震☳覆，为花落之象，故花飞。另，上卦巽☴为陨为落，旁通震☳为花，亦为飞，互卦剥䷖亦有剥落之象。

蜀道难：互卦剥䷖，下卦坤☷为西南为蜀，上卦艮☶为道路，互卦剥䷖，剥难之象。

截断竹箫方见日：互卦剥䷖，坤☷为虚为竹箫，剥䷖上九有一阳截断竹箫之象，坤☷为方，上九一阳为乾为日，故截断竹箫方见日。另，上卦艮☶为日。

更无一吏乃平安：互卦剥䷖，上艮☶为更，《说文》：更，改也。下卦坤☷为无，上九乾为一，上艮☶为官吏，艮☶坤☷皆为安。

张董本作“一史”，民国四年本作“一吏”，当为“一吏”，“史”为“吏”之误。

渔阳击鼓过潼关：本象观䷓，上卦巽☴下卦坤☷皆渔，旁通大壮䷡，上卦震☳下卦乾☰皆阳，故渔阳；互卦艮☶为击，旁通震☳为鼓为鼙鼓为过，下卦坤☷为潼，互艮☶为关。

张董本作“渔阳击鼓”，民国四年本作“渔阳鼙鼓”，均可。“鼙”、“擊”（击）字形相近，疑为讹舛。

此日君王幸剑山：观䷓，上互艮☶为此日，君王取观之九五，互艮☶为剑为山在下，故为临幸。

木易若逢山下鬼：观䷓，上卦巽☴为杨，“杨”左为木右为易，旁通震☳为若为逢，互艮☶为山，下卦坤☷为下为鬼。

定于此处蕐金环：互剥䷖，上卦艮☶为定为于为此处，下卦坤☷为葬，伏兑☱乾☰为金环。另，兑☱乾☰为金环，伏，故为葬金环。张董本作“葬金环”，民国四年本作“蕐金环”，“蕐”为“葬”之俗字，原本当作“蕐”。“蕐”字见《敦煌俗字谱》（潘重规主编，台湾石门图书公司1978年版）、《敦煌俗字典》（黄征著，上海教育出版社2005年版），隋唐时期将“葬”作“蕐”，在民间可能很普遍。这是民国四年本为唐时期所作的线索之一。

后人在谈到此象时以李白作过《蜀道难》和白居易在《长恨歌》中也用过“渔阳鼙鼓”一句便以为《推背图》著作年代当在诗人李白和白居易之后，这是一种误解。《蜀道难》是古乐曲名，属《相和歌·瑟调曲》，唐以前诗人常用来描写蜀地道路的艰难。非李白所独有。《乐府诗集卷四十》就收录了梁简文帝（503—551）、刘孝感、陈阴铿、唐张文琮、李白五人关于《蜀道难》的同名之作。“渔阳击鼓”更是出自有关东汉祢衡（173—198）的典故，祢衡为东汉末年文学家，西晋人张骘在《文士传》称：“衡击鼓作渔阳参挝”，白居易在《长恨歌》中只是借用而已。《文士传》在隋时保留完整，有五十卷，至北宋仅残留十卷。

图示卦象

观䷓，上卦巽☴为女为伏为卧，下卦坤☷为旧为文，故为史书。互艮☶为鞍，艮☶为革为安故为鞍。大壮䷡，互兑☱为二，下乾☰为金环，故为一对金环。且伏在䷓之巽☴艮☶下面，是故巽女边一环，艮鞍边一环。图示如下：

历史年鉴（安史之乱）

712 年　**壬子**　唐景云三年，太极元年，延和元年，先天元年，唐睿宗李旦传位于子李隆基，是为玄宗，自称太上皇。

713 年　**癸丑**　唐开元元年，玄宗大捕太平公主党，尽斩之，太平公主自杀，政归玄宗。

725 年　**乙丑**　唐开元十三年，玄宗封禅泰山。

736 年　**丙子**　唐开元二十四年，安禄山击奚契丹，大败，于法当斩，幽州节度使张守珪惜其骁勇，更送长安，玄宗赦之。

741 年　**辛巳**　唐开元二十九年，至明年天宝元年唐王朝直辖州三百二十一，边疆羁縻州八百，海内晏安富庶，行者万里，不恃兵器，为唐王朝鼎盛时期。史称开元盛世。

744 年　**甲申**　唐天宝三载，平卢节度使安禄山入朝，命兼范阳节度使。是年，玄宗悦其子寿王李瑁妻杨玉环，令其先出家为女道士，号太真。再潜迎入宫，宫中称娘子。另为李瑁娶左卫将军韦昭训女。

是年，诗人李白、杜甫、高适识游于东都洛阳。这是李白与杜甫终生唯一的相会。唐朝是中国诗歌史上最伟大的时期，可谓群星灿烂，辉煌无比。代表人物初唐有王勃、杨炯、卢照邻、骆宾王等。盛唐有李白、杜甫、高适、岑参、王昌龄等，中晚唐有白居易、李商隐、杜牧等。

745 年　**乙酉**　唐天宝四载，李隆基封杨玉环为贵妃，三姊皆于长安赐第，宠贵无比。

747 年　**丁亥**　唐天宝六载，范阳节度使安禄山入朝，出入禁中，玄宗使其认杨贵妃为母，并与贵妃三姊及族兄叙为兄弟。

753 年　**癸巳**　唐天宝十二载，大唐益盛，自长安西行 12000 里始至国境。桑麻掩野，天下富庶。贵妃兄右相杨国忠与安禄山有隙。

754 年　**甲午**　唐天宝十三载，安禄山入朝，太子及杨国忠皆言禄山必反，帝不听。

755 年　**乙未**　唐天宝十四载，杨国忠命京兆尹围安禄山长安赐第，捕其宾客，尽杀之。安禄山大惧，遂于范阳发汉蕃军马 15 万，起兵讨杨国忠。兵锋南下，势如破竹，洛阳陷。

756 年　**丙申**　唐天宝十五载，至德元载，正月，安禄山在洛阳称帝，国号燕。六月，玄宗命哥舒翰进兵，战于灵宝，大败，为其下所执降燕。潼关遂陷，关中守兵一时皆散。玄宗弃长安西奔，至马嵬驿，将士以祸由杨国忠出，杀之，尽屠杨氏，左右之意未快，上问之，当时敢言者，请以贵妃塞天下怨，上知不免，而不忍见其死，反袂掩面，使牵之而去，仓皇展转，竟就绝于尺组之下。旋李隆基奔蜀，是为“杨花飞，蜀道难”。颂曰：“渔阳击鼓过潼关，此日君王幸剑山，木易若逢山下鬼，定于此处葬金环。”木易为杨，山下鬼为马嵬坡，呜呼，数也，命也？众拥皇太子李亨于灵武称帝，为肃宗，遥尊李隆基为太上皇。是为“截断竹箫方见日”，“箫”字去竹为肃，即肃宗。

757 年　**丁酉**　唐至德二载，燕帝安禄山被长子晋王安庆绪杀之。天下兵马元帅李俶、副元帅郭子仪，率蕃汉军 15 万攻长安，燕军大败。燕范阳节度使史思明降唐。

758 年　**戊戌**　唐至德三载，乾元元年，范阳节度使史思明叛，中书令郭子仪、司空李光弼等九节度使，合兵 20 万攻。是为

“更无一吏乃平安”，“吏”字无一便是“史”。

759 年　己亥　唐乾元二年，史思明杀燕帝安庆绪，继位。

761 年　辛丑　唐上元二年，李光弼战史思明于邙山，大败。史思明子史朝义部将杀史思明，史朝义继位。

762 年　壬寅　唐肃宗元年，宝应元年，玄宗卒，肃宗卒，代宗李豫（俶）继位，代宗任长子雍王李适为元帅攻洛阳，燕军大败。

763 年　癸卯　唐宝应二年，广德元年，燕帝史朝义自缢死。

图中，马鞍象征安禄山，史书象征史思明，两人乱唐，史称安史之乱。横卧一女为杨贵妃，安史之乱与杨贵妃及其家族息息相关。半个世纪以后（元和元年），诗人白居易写下千古绝唱《长恨歌》：“回眸一笑百媚生，六宫粉黛无颜色。”“春宵苦短日高起，从此君王不早朝。”“后宫佳丽三千人，三千宠爱在一身。”“六军不发无奈何，宛转蛾眉马前死。”“君王掩面救不得，回看血泪相和流。”“马嵬坡下泥土中，不见玉颜空死处。”“在天愿作比翼鸟，在地愿为连理枝。”“天长地久有时尽，此恨绵绵无绝期。”

司马光在《资治通鉴卷第二百一十六》中评说：“禄山出入宫掖不禁，或与贵妃对食，或通宵不出，颇有丑声闻于外。”此说取之五代王仁裕《开元天宝遗事》，《四库全书总目》指出此书：“盖委巷相传，语多失实，仁裕采摭遗民之口，不能证以国史。”是故司马光评说可能有误。以宫中禁忌之严，以玄宗对贵妃用情之深，卧榻之下禄山难为！

但《推背图》中，象征安禄山的马鞍边和象征杨贵妃的卧女裙边，各有一个像手镯的金环相连，似有难言之隐。

第六象　己巳 ䷖ 艮上坤下　剥

谶曰：

非都是都，非皇是皇。

阴霾既去，日月复光。

颂曰：

大帜巍巍树两京，

辇舆今日又东行。

乾坤再造人民乐，

一二年来见太平。

圣叹曰："此象主明皇还西京，至德二载九月，广平王俶郭子仪收复西京，十月收复东京，安史之乱尽弭，十二月迎上皇还西京，故云再造。"

苗元一按

剥䷖互坤䷁通夬䷪覆复䷗

非都是都：取互卦坤䷁，上卦坤☷为非为都，下卦坤☷为都，是故非都是都。另，剥䷖旁通夬䷪，乾为京都，伏而不显且处下位不能正统，故非都是都。

非皇是皇：取旁通夬䷪，䷪者决也，非也，上互乾☰为皇，下互乾☰亦为皇，是故非皇是皇。另，本卦剥䷖，五爻皇位，本为九五居之，今六五阴爻窃之，不正也，故非皇是皇。

阴霾既去：本象剥䷖，下卦坤☷为阴为霾，上卦艮☶为去，故阴云既去。又剥䷖通夬䷪，乾为阳，阴云去也！

张董本作“雲”，民国四年本作“霾”，“雲”当“霾”之误，两字形相近。

日月复光：剥䷖，上卦艮☶为日，下卦坤☷为月，艮☶又为光，剥䷖覆为复䷗，䷗者复也，䷗为大震☳，震☳者日也光也，是故日月复光。

大帜巍巍树两京：取覆卦复䷗，下卦震☳为大帜，互坤䷁上下皆土，故巍巍，下震☳为树，坤☷为京师，互坤䷁上下两坤☷，故两京。另，剥䷖，上卦艮☶为山，下卦坤☷为地，巍巍之象。

辇舆今日又东行：取覆卦复䷗，上卦坤☷为辇舆，下卦震☳为今日，坤☷为又，震☳为东为行。

乾坤再造人民乐：取覆卦复䷗，伏☰为乾，上卦☷为坤，下卦震☳为造，上卦坤☷为人民，下卦震☳为乐，本卦剥䷖上卦艮☶为再。

一二年来见太平：剥䷖通夬䷪，䷪下卦乾☰为一，上卦兑☱为二，剥䷖下卦坤☷为年，上艮☶为来，上艮☶又为见，因坤☷艮☶皆安，故为太平。

图示卦象

取剥䷖通夬䷪，下坤☷为车，坤又为里，坤☷中伏乾☰，乾☰为皇上，故车里所坐当为皇上。上卦艮☶为推为夫，伏兑☱为两，故两大相推。剥䷖，上卦艮☶为城郭，按颂曰：“辇舆今日又东行”，与本图类比，我们将发现此图的方位为：左为东，右为西，上为天，下为地，换之以八卦图示如下：

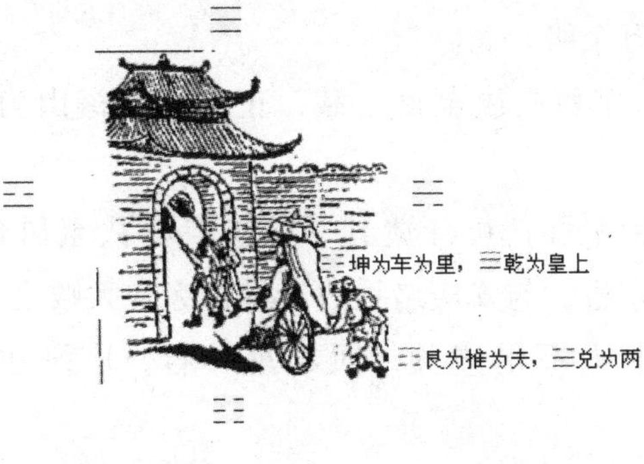

这与世传先天八卦图一致。

前人皆以为宋以前无先天八卦图，先天八卦图为邵子所造，就此图而论《推背图》早已用之！

历史年鉴（肃宗中兴）

756 年　丙申　唐天宝十五载，至德元载，正月，安禄山称帝，国号燕，建元圣武。

二月，李光弼屡败安禄山将史思明于饶阳，颜真卿拔魏郡。

四月，郭子仪援李光弼，大败史思明。

五月，安禄山遣将攻南阳，郭子仪、李光弼大败史思明于嘉山。

六月，哥舒翰与安禄山将崔乾佑战于灵宝，大败，死者十八九。崔乾佑陷潼关，哥舒翰为部下迫降于安禄山。帝闻潼关失，仓皇西走，至马嵬驿，军士杀杨国忠等，帝被迫缢杀杨贵妃，百姓请留太子，许之；遂至成都，太子北赴灵武。安禄山闻帝出走，遣将入长安。

七月，众将拥太子李亨即位于灵武，遥尊玄宗为上皇天帝，改元至德，是为肃宗，正应了“非都是都，非皇是皇”。

九月，以广平王李俶为天下兵马大元帅。

十月，以宰相房琯为持节招讨西京兼防御蒲、潼两关兵马节度使，击安禄山，大败于陈涛斜。

十一月，史思明陷河间等郡，颜真卿败走，河北诸郡多陷。

十二月，张巡弃雍丘守宁陵，与睢阳太守许远会，大破安禄山之兵，斩首万余级。

757 年　丁酉　唐至德二载，正月，安禄山为其子安庆绪杀，安庆绪即位。

九月，回纥怀仁可汗遣其子叶护等将兵至凤翔，随广平王李俶、郭子仪东进，与安庆绪兵战于香积寺，大败之，遂复长安。

十月，唐大军出潼关，回纥军外合，广平王李俶遂复东京洛阳。

九、十两月先后收复西京长安、东京洛阳，正应了“大帜巍巍树两京”。

十二月，上皇玄宗从西返长安。正是“辇舆今日又东行”。

自肃宗李亨在756年即位以来，用了一二年即收复了长安、洛阳西东两京，并迎上皇还京。古人以收复京都为乾坤再造，故云：“乾坤再造人民乐，一二年来见太平。”

第七象　庚午 ䷘ 乾上震下　无妄

谶曰：

旌节满我目，山川局我足。

破关客乍来，陡令中原哭。

颂曰：

蝼蚁从来足溃堤，

六宫深锁梦全非。

重门金鼓含兵气，

小草滋生土口啼。

圣叹曰：“此象主藩镇跋扈及吐蕃入寇中原。”

苗元一按

无妄䷘互渐䷴通升䷭覆大畜䷙

旌节满我目：取旁通升䷭，下巽☴为旌，互震☳为节，上坤☷为满为我，互兑☱为目。

山川局我足：无妄䷘，互艮☶为山，旁通坤☷为川，下震☳为局；《说文》：局，促也，迫也。互艮☶为我，旁通坤☷为我，下震☳为足。

破关客乍来：渐䷴，互坎☵为破，下艮☶为关。无妄䷘，下震☳为客为来为乍来。

陡令中原哭：取通卦升䷭，互震☳为陡，下巽☴为令，上坤☷为中原，互兑☱为哭。

蝼蚁从来足溃堤：无妄䷘，互巽☴为蝼蚁，下震☳为从来，互艮☶为堤。下震☳为足，初至四为☲，堤☶正覆，足☳正覆，故足溃堤。另，互渐䷴，下艮☶为堤，互坎☵为溃。

张董本作“堤足溃”，民国四年本作“足溃堤”，当为“足溃堤”，张董本舛误。

六宫深锁梦全非：渐䷴，互坎☵数六，下艮☶为宫，坎☵又为深，互坎☵为桎梏故为锁，无妄卦通坤☷为梦为全为非。

重门金鼓含兵气：无妄䷘，上乾☰为门，互艮☶为门，故重门，上乾☰为金，下震☳为鼓。互渐䷴，下艮☶为刀为兵，上巽☴为气，故含兵气。

小草滋生土口啼：取旁通升䷭卦，上卦坤☷为小，互震☳下巽☴皆为草，互兑☱为滋，互震☳为生，上坤☷为土，互震☳互兑☱皆口皆啼。另，兑☱为笑，初至四☵兑口相背，故啼。

图示卦象

取旁通升䷭象，上卦坤☷为胡为人，故以胡人为图。坤☷为服，故坤☷亦为胡服。图示如下：

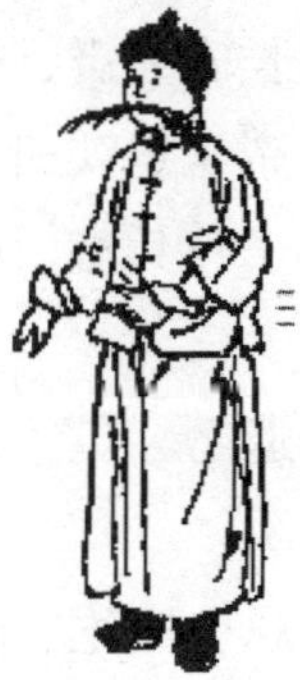

☷坤为胡为人为胡服

历史上吐蕃人像：吐蕃丞相禄东赞。此图取自阎立本《步辇图》

厘清卦象与图象之间的关系，我们就能还原当年李淳风、袁天罡所创图象之原型。本图的主人公为胡人，当着装当时的胡服，那么本图以及其他图中所有胡人着装为什么是满人的服饰呢？笔者以为《推背图》在民间从唐代传抄到清朝以后，汉人传抄者或反清复明人士因不满清人之治，而故意将当年作者所创之胡服改为满服，借以丑化之。古代有夏夷之辩，《推背图》当受其影响，以外族入侵者为野蛮落后非文明者，在心理上排斥，在道德上贬低，在文字与图中讥讽。但即使更改后的图饰亦不影响创作者的整体逻辑，亦即：无改卦象与图象之间的对应关系，只不过反映了传抄者的仇满情绪而已。换而言之，把《推背图》放在抗战时期，假定只能以手抄本暗中流传的话，即使把图中的胡服全部改为许多人所仇视的日本人的服装也无改卦象与图象之间的一致性，更不能得出《推背图》为抗战时人所作之结论。易曰：象者像也！是大致相像，而不是完全一样。海内外研究《推背图》者都以《推背图》中的胡人服饰为满人着装而不解，并进而认为《推背图》当为满清以后所作。这个推测显然是站不住脚的，概因研究者不通象数易学和图书易学之故耳。

历史年鉴（吐蕃扰乱）

763 年　癸卯　唐宝应二年，广德元年，七月，吐蕃攻唐，入大震关，陷兰、廓等九州，尽取河西、陇右之地。边将屡告急，宦官飞龙厩副使程元振皆不奏闻，吐蕃遂深入。

十月，吐蕃掠泾州、攻邠州、武功、奉天，长安大震，代宗命雍王李适为关内元帅，郭子仪为副元帅以御之，帝东走陕州。吐蕃入长安，立邠王之孙李承宏为帝。越十二日，郭子仪兵至，吐蕃大掠遁去。

十一月，吐蕃攻凤翔，镇西节度兵经其地击退之。

十二月，帝还长安。

764 年　甲辰　唐广德二年，八月，仆固怀恩引回纥、吐蕃入犯，遣郭子仪镇奉天御之。

九月，剑南节度使严武破吐蕃。

十月，仆固怀恩引回纥、吐蕃兵逼奉天，以郭子仪有备而退，攻邠州不克，北归。

765 年　乙巳　唐永泰元年，三月，吐蕃请和。

九月，仆固怀恩引回纥、吐蕃、吐谷浑、党项、奴剌分三道入边。吐蕃攻醴泉、蒲，大掠男女数万而去。

十月，吐蕃退至邠州，复与回纥合兵至奉天，围泾阳。郭子仪单骑说回纥使击吐蕃，回纥从之，合兵大破吐蕃于灵台西原，斩杀万计。

767 年　丁未　唐大历二年，四月，命宰相及鱼朝恩盟吐蕃于兴唐寺。

九月，吐蕃扰灵州，旋败走。

768 年　戊申　唐大历三年，八月，吐蕃扰灵武，别将攻邠州，九月皆败走。

十一月，西川破吐蕃。

771 年　辛亥　唐大历六年，四月，吐蕃请和，遣使答之。

775 年　乙卯　唐大历十年，九月，吐蕃扰临泾、陇州，大掠而去。

776 年　丙辰　唐大历十一年，正月，西川破吐蕃及突厥、吐谷浑、氐、羌二十万。

778 年　戊午　唐大历十三年，二月，吐蕃扰灵州，毁三渠水口以弊屯田。

786 年　丙寅　唐贞元二年，八月，吐蕃大掠泾、陇、邠、宁。

787 年　丁卯　唐贞元三年，吐蕃请与唐盟于平凉，河中节度使浑瑊赴会，吐蕃背信劫盟。

八月，吐蕃遣使请和，拒之。

788、791、792、801 年吐蕃再扰大唐，数十年来吐蕃一直是大唐外患。直至公元 866 年，唐咸通七年十月，吐蕃论恐热被杀，其部众奔秦州，悉迁之于岭南，吐蕃自是大衰。

“小草滋生土口啼”，“土口”为吐，“小草滋生”为“蕃”，正是吐蕃。“蝼蚁从来足溃堤”，吐蕃人像蝼蚁溃堤一样侵蚀着大唐，时扰、时和、时犯。“旌节”此处是胡人使节用的有一节节羽毛的方旗。“旌节满我目”意为吐蕃满目皆是，挥之不去。

正是所谓“破关客乍来，陡令中原哭”，吐蕃所到之处，大肆烧杀抢掠、民不聊生、鸡犬不宁。

第八象　辛未 ䷢ 离上坤下　晋

谶曰：

欃枪血中土，破贼还为贼。

朵朵李花飞，帝曰迁大吉。

颂曰：

天子蒙尘马首东，

居然三杰踞关中。

孤军一驻安社稷，

内外能收手臂功。

圣叹曰：“此象主建中之乱，三人者李希烈、朱泚、李怀光也。李怀光以破朱泚功，为卢杞所忌，遂反，故曰破贼还为贼。三人先后犯阙，德宗乘舆播迁，赖李晟以孤军收复京城，而社稷重安矣。”

苗元一按

晋䷢互蹇䷦通需䷄覆明夷䷣

欃枪血中土：取互卦蹇䷦，下艮☶为星，为欃枪，欃枪为古代彗星别称。上坎☵为血为中，下艮☶为土。

破贼还为贼：晋䷢，互坎☵为破为贼，下卦坤☷亦为贼，故破贼还为贼。

朵朵李花飞：取覆卦明夷䷣，上互为震☳为朵为李为花，下卦离☲为飞，故朵朵李花飞。

帝曰迁大吉：晋䷢，伏乾☰为帝，伏兑☱（二至四）为曰，覆艮☶（二至四）为震☳为迁，伏乾☰为大吉。另：覆明夷䷣，下离

☲为帝，互震☳为曰为迁为大吉。

天子蒙尘马首东： 取本象晋卦䷢，下坤☷为尘，伏乾☰为天子，故天子蒙尘。互坎☵为马，坤☷亦马也，上离☲为首为东。

居然三杰踞关中： 晋䷢，互艮☶为居然，上离☲为三，下坤☷为人为杰，下互艮☶为踞为关，上互坎☵为中。

孤军一驻安社稷： 晋䷢，上互坎☵为孤，下坤☷为军，上互坎☵又为一，下互艮☶为驻为安，下坤☷为社稷。另：一至五为䷆，乃半个师卦，残师之象，岂非孤军？

张董本作“一驻”，民国四年本作“一注”，“注”当“驻”之讹。

内外能收手臂功： 晋䷢覆明夷䷣，晋䷢下互艮☶为能收为手臂，明夷䷣上互震☳为功，艮☶在内，震☳在外，故内外能收手臂功。

民国四年本作“杞”，“杞”当“杞”之讹。

图示卦象

本图取晋䷢象，上卦离☲为先天数三，下卦坤☷为军为人，故图示三个军人，颂曰“三杰”，当为三个军事将领。图示如下：

历史年鉴（建中之乱）

779 年　己未　唐大历十四年，淮西节度都虞候李希烈逐节度使李忠臣，旋为节度使。

五月，代宗死，太子李适即位，是为德宗。

783 年　癸亥　唐建中四年，淮西节度使李希烈叛，颜真卿奉旨宣慰希烈，被杀。

九月，禁军与李希烈战于沪涧，大败。

十月，泾原兵被命东征，过长安，军士冒雨，寒甚，多携子弟而来，冀得赏赐遗其家，既至，一无所赐。到浐水，仅有蔬食犒师，军遂叛。德宗急命出金帛二十车赐之，而变兵已入长安，德宗奔奉天。变兵立太尉朱泚为帝，国号秦，建元应天，杀唐宗室七十七人，围奉天。

十一月，各道兵讨朱泚，先后至长安，李怀光统兵星夜赴援亦至奉天，泚乃奔回。门下侍郎同平章事卢杞，虑李怀光图己，命李怀光不必入觐，径攻长安。李怀光千里赴救，为人所排，埋下叛心。

十二月，李怀光表言宰相卢杞等罪。朱滔结回纥为朱泚声援。李希烈陷汴州。

784 年　甲子　唐兴元元年，正月，诏除朱泚外，李希烈、田悦、王武俊、李纳、朱滔皆赦其罪。朱泚更国号曰汉，改元天皇，自号汉元天皇。王武俊、田悦、李纳皆去王号，谢罪。惟李希烈反称皇帝，国号大楚，建元武成，以汴州为大梁府，四处攻掠。

二月，李怀光与朱泚相结。德宗走梁州。

四月，泾原将杀节度使冯河清，以附朱泚。

五月，京畿节度使李晟入长安，朱泚逃至彭原，为其下所杀。

七月，德宗还京，李怀光谢罪。

十一月，宋亳节度使刘洽等攻汴州，李希烈奔蔡州。

785 年　乙丑　唐贞元元年，三月，李希烈陷邓州。

六月，朱滔病卒。

八月，李怀光自缢。

786 年　丙寅　唐贞元二年，四月，淮西将陈仙奇毒杀李希烈，楚帝李希烈亡。

安史之乱后，唐由盛转衰，藩镇割据愈演愈烈，中央政府无力节制，建中之乱即是其必然结果，自是唐帝国江河日下。

李怀光以破朱泚有功为卢杞所忌遂反，故曰："破贼还为贼"，金圣叹所言甚是。叛军中有李纳、李希烈、李怀光，李姓叛贼居多，故曰"朵朵李花飞"。德宗被迫奔奉天出走梁州，后平安还京，故曰"天子蒙尘"，故曰"迁大吉"。叛贼朱泚、李希烈先后称帝，加之李怀光先"破贼还为贼"，此"三杰"恐怕是要打上引号的三杰。

兴元元年（784）五月京畿节度使李晟攻入长安，朱泚远遁被杀，此为"孤军一驻安社稷"。

第九象　壬申 ䷍ 离上乾下　大有

谶曰：
非白非黑，草头人出。
借得一枝，满天飞血。
颂曰：
万人头上起英雄，
血染河山日色红。
一树李花都惨淡，
可怜巢覆亦成空。

圣叹曰："此象主黄巢作乱，唐祚至昭宗。朱温弑之以自立，改国号梁温，为黄巢旧党，故曰巢覆亦成空。"

苗元一按

大有䷍互夬䷪通比䷇覆同人䷌

非白非黑：大有䷍，互兑☱为白，伏坤☷为非，故非白，坎☵为黑，坎伏，故非黑。另，上卦离☲为赤，下卦乾☰为大赤，故非白非黑。

草头人出：大有䷍，互兑☱为草，下乾☰为头，坤☷伏为人，故草头人出。

借得一枝：大有䷍覆同人䷌，同人䷌上乾☰为一，互巽☴为枝，伏坎☵为得。说文：借，假也，伏坤☷为假，故坤☷为借。另，通比䷇，上坎☵为一，上互艮☶为枝。

满天飞血：通比䷇，下坤☷为满，上互艮☶为日为天，故为满天。上坎☵为血，坎☵出于离☲，离☲为飞，故为飞血。另，本象大有䷍，不仅有如日中天之象，亦有满天飞血之象，盖下乾☰为满天，上离☲为血飞之故。

万人头上起英雄：大有䷍，下乾☰为英雄，伏坤☷为万人，伏坎☵为首，故万人头上起英雄。另，通比䷇，下坤☷为万人，艮☶（三至五）为头，九五中正为英雄。

血染河山日色红：通比䷇，上坎☵为血为染，下坤☷为河为山，互艮☶亦为山，以此象表述血染河山极其生动、形象、准确，可谓经典。互艮☶为色为日为红。

张董本作“白色红”，民国四年本作“日色红”，“白”当“日”之笔误。

一树李花都惨淡：取覆卦同人䷌，上乾☰为一，互巽☴为树为李，下离☲为花，故为一树李花，可惜为覆卦，一树李花皆覆，且巽☴又为陨落之象，故都惨淡。另，通比䷇，上卦坎☵为一，互艮☶为木为树为李，艮☶又为花，下坤☷为都为惨为淡。

可怜巢覆亦成空：取通比䷇，上坎☵下坤☷皆可怜之象，互艮☶为巢，艮☶伏䷍之下，故巢覆，上坎☵下坤☷皆为亦，互艮☶为成，坎☵坤☷皆空也！经典描述，《易林》难比！

图示卦象

通行本图中一大树下横卧四尸。笔者以为原图应是“一树李花惨淡陨落之象”，在漫长的传抄过程中被简略为一颗模糊的大树。四尸横卧取通比䷇，震☳为四夫，震☳覆（三至五）故四夫覆，互艮☶为卧，上坎☵下坤☷皆死象。上坎☵互艮☶为木为树，互艮☶又为巢，艮☶在上坎☵之陷和下坤☷之死中间，巢危之象，故树上一覆巢。图示如下：

历史年鉴（黄巢之乱）

873 年　癸巳　唐咸通十四年，七月，懿宗卒，太子李俨继位，改名儇是为僖宗。

874 年　甲午　唐咸通十五年，僖宗乾符元年，濮州王仙芝聚众数千，起兵于长垣。

875 年　乙未　唐乾符二年，六月，王仙芝陷曹、濮，败天平兵。冤句人黄巢起兵应之。

“非白非黑”即黄，“万人头上起英雄”，“萬”字头上之草头与“英”字头上之草头一致。正是所谓“草头人出”。另，王仙芝之“芝”亦有草头。

876 年　丙申　唐乾符三年，王仙芝陷汝州、郢州、蕲州，与黄巢分军为二。

877 年　丁酉　唐乾符四年，三月，黄巢陷沂州。

七月，王仙芝、黄巢攻宋州，败。

八月，王仙芝陷安州、随州。

十一月，王仙芝遣尚君长请降。

十二月，尚君长被杀，黄巢陷匡城、濮州。

878 年　戊戌　唐乾符五年，二月，王仙芝死。尚让帅余部归黄巢，推巢为主，号冲天大将军，改元王霸。巢数败，请降，许之，令解甲，巢不从。

八月，黄巢攻宣州、浙东，入福建。

879 年　己亥　唐乾符六年，正月，黄巢屡败于高骈，部将多降，遂趋岭南。

六月，黄巢求为节度使，不许，命为府率。

九月，命至，巢怒，陷广州，杀节度使李迢。

十月，巢弃广州而北，陷潭州，逼荆南。

十一月，黄巢败于荆门，攻历鄂、饶等十五州。

880 年　庚子　唐广明元年，五月，黄巢大败高骈。

六月，黄巢陷睦、婺、宣等州。

七月，黄巢渡江，高骈不敢阻。

九月，黄巢渡淮。

十月，陷申州，至颍、宋、徐、兖之地。

十一月，黄巢至汝州，称天补大将军，连陷洛阳、潼关。

十二月，巢入潼关，长安大震，昑孜拥帝奔成都，巢入长安，称帝，国号齐，改元金统。

881 年　辛丑　唐广明二年，中和元年，黄巢加尊号为承天应运启圣睿文宣武皇帝。

882 年　壬寅　唐中和二年，正月，命门下侍郎同平章事王铎攻巢。

九月，朱温叛黄巢于王重荣，以为同华节度使，帝赐名全忠。

十一月，黄巢华州军乱，推王遇为主，举州降。

883 年　癸卯　唐中和三年，二月，沙陀人李克用大败黄巢于梁田陂。

三月，朱全忠为宣武节度使。

四月，克用攻入长安，大掠，黄巢东走。

七月，加朱全忠东北面都招讨使，攻巢，李克用为河东节度使。

884 年　甲辰　唐中和四年，黄巢攻陈州，几三百日不能克，河东节度使李克用击之，黄巢解围去，北攻汴州，宣武节度使朱全忠告急于李克用，李克用救之，黄巢大败。巢逃至泰山东南狼虎谷，势穷，命其甥斩己首出降，遇沙陀军，复斩其甥。正应了“可怜巢覆亦成空”。

黄巢之乱，所到之处烧杀抢掠、战事惨烈，可谓“满天飞血”、

“血染河山”。中唐以后，历经安史之乱、吐蕃外扰、建中之乱、黄巢之乱，遍地藩镇狼烟，李唐王朝已是奄奄一息，正所谓“一树李花都惨淡”。

正是那个黄巢叛将，看似帮了唐室的朱全忠，却最终革了大唐的命。呜呼！

第十象　癸酉 ䷜ 坎上坎下　坎

谶曰：

荡荡中原，莫御八牛。

泗水不涤，有血无头。

颂曰：

一后二主尽升遐，

四海茫茫总一家。

不但我生还杀我，

回头还有李儿花。

圣叹曰：“此象主朱温弑何皇后、昭宣、昭宗而自立，所谓一后二主也。未几为次子友珪所弑，是颂中第三句意。李克用之子存勖代父复仇，百战灭梁，改称后唐，是颂中第四句意。”

苗元一按

坎䷜互颐䷚通离䷝覆坎䷜

荡荡中原：坎䷜上下皆荡，故荡荡。互颐䷚，坤☷为中原。

莫御八牛：取互卦颐䷚，莫为日落，故坤☷为莫，上艮☶为御，互坤☷为八为牛。另，坎䷜亦为莫。

泗水不涤：本象坎䷜，上坎☵为泗，下坎☵为水，上坎☵为莫故为不，下坎☵为涤。

有血无头：坎䷜，上下皆坎☵，坎☵为血，故有血，互颐䷚，中坤☷为无，上艮☶为头，故无头。另，坎䷜，坎☵陷为无，坎☵首为头，故无头。

一后二主尽升遐：坎䷜互颐䷚，坎☵为一，颐䷚中坤☷为后，坤☷数二，下震☳为主，上艮☶为尽，下震☳为升为遐。

四海茫茫总一家：坎䷜，互震☳为四，上下皆坎☵为海，为茫茫，坎☵为总为一，互艮☶为家。

不但我生还杀我：取互卦颐䷚之象，互坤☷为不，下震☳为但，上艮☶为我，互坤☷亦我，下震☳为生，互坤☷亦生，故我生。互坤☷又为杀为我，故还杀我。

回头还有李儿花：颐䷚，上卦艮☶为头，下卦震☳为艮☶覆，故为回头，下震☳为还，上艮☶为有，下震☳又为李为儿为花。

图示卦象

图中两岸为山，中间川流不息。取互卦颐䷚象，上下艮☶正覆相对，艮☶为山，故两岸为山，颐䷚中为坤☷，帛《易》坤☷为川，故两岸之间大河奔腾。将颐卦䷚平放|¦¦¦¦|，即为此图。颐卦䷚能绘出此图，可谓精妙至极，两宋图书易学至今千年未之有也！图示如下：

历史年鉴（朱温篡唐）

852 年　**壬申**　唐大中六年，朱温生。

877 年　**丁酉**　唐乾符四年，朱温入黄巢军。

882 年　**壬寅**　唐中和二年，黄巢部下同州防御使朱温举州降于唐河中节度使王重荣，帝赐名全忠。次年改授宣武节度使。

884 年　**甲辰**　唐中和四年，与李克用合击黄巢，巢大败。巢遁走被杀。

888 年　**戊申**　唐光启四年，文德元年，正月，以朱全忠为蔡州四面行营都统，讨秦宗权。三月，唐僖宗李俨暴卒，寿王李晔为帝，是为昭宗。十二月，蔡州将申丛执秦宗权降于朱全忠，于是朱全忠兼有淮西。

889 年　**己酉**　唐龙纪元年，三月，封朱全忠为东平郡王。

900 年　**庚申**　唐光化三年，昭帝纵酒，喜怒无常，左右人人自危。宦官刘季述，矫诏令太子即位，以帝为太上皇。

901 年　**辛酉**　唐光化四年，天复元年，正月，帝复辟。封朱全忠东平王。二月朱全忠攻河中，护国军节度使王珂降，朱又并一镇。三月，全忠大举攻李克用连下数州。四月，改元天复。五月，朱全忠领宣武、宣义、天平、护国四镇节度使。十月，同平章事崔胤与全忠合谋诛宦官，全忠发兵西向，请帝奔东都洛阳。十一月，宦官大惧，劫昭帝赴凤翔。全忠遂入长安，围凤翔。

902 年　**壬戌**　唐天复二年，全忠围凤翔，半年，食尽，市中卖人肉每斤 100 钱，犬肉每斤 500 钱。凤翔节度使李茂贞请和，许之。

903 年　**癸亥**　唐天复三年，正月，全忠拥帝还长安，大杀宦官。二月加朱全忠号“回天再造竭忠守正功臣”，全忠以兵万人及党羽留长安。三月，全忠攻王师范，围青州。

封朱全忠为梁王。

904 年　**甲子**　唐天复四年，天祐元年，正月，朱全忠杀四度入相的“崔四人”崔胤，胁帝赴东都，驱徒士民，号泣满路，秦人大骂于路曰：“国贼崔胤，召朱温倾覆社稷，俾我及此，天乎！天乎！”（《旧唐书卷二〇上·本纪第二〇上·昭宗》）朱全忠命悉毁宫室、民宅，长安自此遂成废墟。四月，昭帝抵洛阳。八月，朱全忠遣人率兵入宫，杀昭帝，立辉王李祚为皇太子，更名李柷，寻即位，是为哀帝。

长安乃汉唐以来世界之中心，朱温毁城后，中国之中心逐渐东移，然宋元明清再未登上世界之巅。呜呼！

905 年　**乙丑**　唐天祐二年。朱全忠杀昭帝九子，悉投尸九曲池中。再杀裴枢、崔远等三十余大臣，投尸于黄河。再杀哀帝生母何太后。

907 年　丁卯　唐天祐四年，梁开平元年。四月，唐哀帝禅位于朱全忠，全忠即位，国号梁，建元开平，更名晃，是为太祖，改汴州曰开封府，为东都，以故东都洛阳为西都，废故西京。封哀帝为济阴王，幽于曹州，寻害死。

908 年　戊辰　梁开平二年，晋王李克用卒，子李存勖嗣位。

912 年　壬申　梁乾化二年，六月，梁帝朱全忠为其子友珪所杀，友珪称帝。

923 年　癸未　梁龙德三年，四月，晋王李存勖称帝，国号唐，改元天祐二十年为同光元年（此前李存勖一直尊唐，沿用哀帝年号），是为庄宗。十月，李存勖攻梁，梁亡。

谶曰“荡荡中原，莫御八牛”，“八牛”应了“朱”字，“泗水不涤，有血无头”正是“淵”字。朱全忠先杀昭帝，再杀何太后，再杀哀帝，是为“一后二主尽升遐”。朱全忠被其子友珪所杀正应了“不但我生还杀我”。晋王李存勖虽是沙陀人，但姓李且一直反梁尊唐，灭梁后，改国号为唐，称唐庄宗，是为“回头还有李儿花”。

第十一象　甲戌䷻坎上兑下　节

谶曰：

五人同卜，非禄非福。

兼而言之，喜怒哀乐。

颂曰：

龙蛇相斗三十年，

一日同光直上天。

上得天堂好游戏，

东兵百万入秦川。

圣叹曰："此象指伶人郭从谦作乱，唐主为流矢所中。"

苗元一按

节䷻互颐䷚通旅䷷覆涣䷺

五人同卜：取节之互卦颐䷚，互坤☷为五为人为同。坤☷为类故为同。上艮☶为卜。

非禄非福：颐䷚，互坤☷为非，坤☷又为财为富为裕，故为福禄。另，节䷻，节有节约、节制之义，故非禄非福。

兼而言之：节䷻，下兑☱为两为兼为言，互震☳为之。另，兑☱震☳皆言，故兼而言之。

喜怒哀乐：节䷻，由下至上：下兑☱为喜，下互震☳为怒，上坎☵为哀，循环往下，又至兑☱震☳，兑震皆乐也。

龙蛇相斗三十年：取互颐䷚，下震☳为龙，互坤☷为蛇，上艮☶为相，下震☳为斗。震☳后天数三，艮☶河图数十，坤☷数亦十，坤☷为年。

一日同光直上天：节䷻，上坎☵为一，下互震☳为日，故为一日。互颐䷚，上艮☶下震☳皆光故同光，坤☷为直，艮☶天在上，故直上天。

上得天堂好游戏：取互颐䷚之象，艮☶为天为堂在上，故上得天堂。节䷻下兑☱为好，颐䷚下震☳为游戏。《易林》震☳为游戏。

东兵百万入秦川：旁通旅䷷上离☲为东为兵戈，互颐䷚，中坤☷为百万为川，下震☳为东，中坤☷为军故为东兵。节䷻，下兑☱为西为秦，上坎☵为川，坎☵又为入。

图示卦象

取节䷻互颐䷚之象，下兑☱为二，互震☳为树，故两棵树。互上艮☶为山，故背景为山，下震☳为草，故杂草丛生。颐䷚，上艮☶为卧，中坤☷为死，下震☳为王为主，象征君主之死亡，妙在颐䷚为震之正覆，震为树，乃两树相对之象，而坤☷死在中间，故图示君主横尸于两树之间。

横尸身上有一箭乃中矢而亡。上坎☵为矢，互艮☶为身，故身中流矢。图示如下：

历史年鉴（后唐国运）

885 年　乙巳　唐光启元年，冬十月二十二日，李存勖生，父李克用时任河东节度使。

895 年　乙卯　唐乾宁二年，凤翔节度使李茂贞、静难节度使王行瑜、镇国节度使韩建，各率精兵数千人入长安，李克用大举南下讨三镇，王行瑜兵败，为部下所杀。李存勖随父从军，是年十一岁。随父觐见，唐昭宗骇之，曰："此儿有奇表。""儿将来国之栋也，勿忘忠孝于予家。"（《旧五代史卷二十七》）

908 年　戊辰　梁开平二年，晋王李克用卒，李存勖嗣位，大破梁军。

910 年　庚午　梁开平四年，李存勖援王镕，东出与梁军相峙于柏乡。

912 年　壬申　梁乾化二年，晋王李存勖自将救朱友谦，大破梁兵。

913 年　癸酉　梁乾化三年，李存勖破幽州。

914 年　甲戌　梁乾化四年，李存勖刺幽州刘仁恭心，血祭先王李克用墓，后斩之。

915 年　乙亥　梁乾化五年，李存勖入魏州，兼天雄节度使。

918 年　戊寅　梁贞明四年，李存勖直趋大梁，先败，后退屯土山，向晚，反攻，梁军溃，死三万军士。

922 年　壬午　梁龙德二年，存勖大破契丹。

923 年　癸未　梁龙德三年，唐庄宗李存勖同光元年，存勖于魏州称帝，改元天祐二十年为同光，是为庄宗，国号唐，史称存勖百战而称帝。十二月迁都洛阳，称洛都，废梁帝颁律令格式，仍依唐旧制。所谓"回头还有李儿花"，存勖未忘昭宗之嘱也。

925 年　乙酉　唐同光三年，存勖建国以来降岐并蜀，大河南北包括关中、西川均为其所有，南吴、楚、吴越皆来朝贡，一时威震寰宇。然其志得意满，尤喜伶人歌舞。命伶人陈俊任景州刺史、储德源任宪州刺史、郭从谦任从马直指挥使。

926 年　丙戌　唐同光四年，天雄兵变，存勖遣李嗣源讨之，李嗣源叛，存勖欲亲攻李嗣源，整军将发。四月丁丑朔，"从马直指挥使郭从谦自本营率所部抽戈露刃，至兴教门大呼，与黄甲两军引弓射兴教门。帝闻其变，自宫中率诸王近卫御之，逐乱兵出门。既而焚兴教门，缘城而入，登宫墙欢噪，帝御亲军格斗，杀乱兵数百。俄而帝为流矢所中，亭午，崩于绛霄殿之庑下，时年四十二"

(《旧五代史卷三十四》)。

936 **年　丙申**　唐清泰三年，河东节度使石敬瑭起兵称帝，国号晋，史称后晋。向契丹称臣并引契丹大军大败唐兵于晋阳，再攻洛阳，唐末帝李从珂自焚。后唐亡，立国十四年。

“五人同卜”即“從”字，“兼而言之”即“谦”字，是言郭从谦。“喜怒哀乐”为戏子之表演，应了郭从谦为伶人。唐庄宗李存勖从 895 年乾宁二年十一岁起从父征战，至 926 年同光四年四十二岁中矢而亡，可谓“龙蛇相斗三十年”，“一日同光直上天”，庄宗宠幸伶人戏子而亡，李淳风嘲讽为“上得天堂好游戏”。“东兵百万入秦川”，似指石敬瑭引契丹大军从西北而来，石敬瑭为河东节度使，其兵可谓“东兵”，秦在西北。

第十二象　乙亥 ䷂ 坎上震下　屯

谶曰：

块然一石，谓他人父。

统二八州，已非唐土。

颂曰：

反兆先多口，

出入皆无主。

系铃自解铃，

父亡子亦死。

圣叹曰："此象主石敬瑭求救于契丹。唐主遣张敬达讨石敬瑭，敬瑭不得已，求救于契丹，事之以父礼，贿之以幽蓟十六州。晋帝之立固契丹功也，然卒以契丹亡，故有系铃解铃之兆。"

苗元一按

屯䷂互剥䷖通鼎䷱覆蒙䷃

块然一石：屯䷂，下互坤☷为块然，上坎☵为一，上互艮☶为石。

谓他人父：屯䷂，下震☳为谓，为他人，亦为父。

统二八州：取屯䷂象，下震☳通巽☴为纪为统，互坤☷为二为八为州。

已非唐土：互剥䷖，上艮☶为已，已，止也。下坤☷为非为唐为土，唐为虚，坤为虚，故坤☷为唐。另，屯䷂下震☳亦可为唐，唐，菜也。

反兆先多口：取屯䷂象，初至五为䷚，震☳正覆之象，震☳为兆，故反兆。坎☵上下兑口，故多口，坎☵在上，故先多口。另，初至五为䷚，艮☶为先，上艮☶为多，下震☳为口，故先多口。

出入皆无主：屯䷂，下震☳为出，上坎☵为入。上坎☵互坤☷皆为无，下震☳为主。

系铃自解铃：屯䷂，上坎☵为系，下震☳为铃，互坤☷为自，下震☳为解为铃。

父亡子亦死：屯䷂，乾☰为父，乾伏坤☷（二至四）下，故父亡，下震☳为子，震覆（☶），坤☷死，故子亦死。

图示卦象

图中左石取屯䷂中互艮☶为石之象，右立一主子，取下震☳为主之象，着胡服取互坤☷为胡为服之象。此图原作当为唐时胡服而非满人着装，原因详见第七象之图释。图示如下：

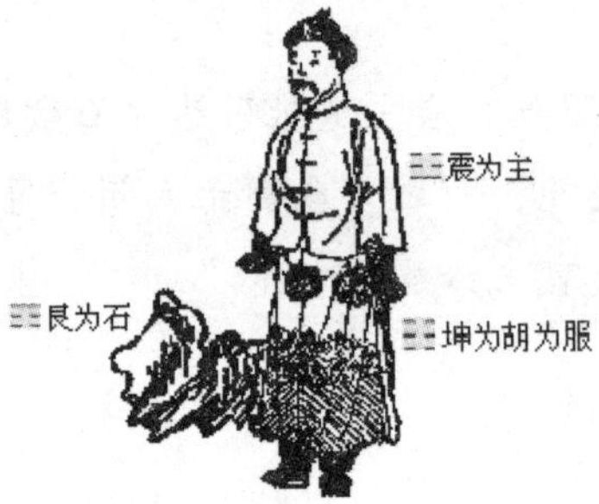

此图上半身与下半身服装相差甚远，明显为后人修改

历史上契丹人像（取自沈从文编著《中国古代服饰研究》，上海世纪出版集团 2005 年版，第 464 页。）

历史年鉴（后晋国运）

892 年　壬子　唐大顺三年，景福元年，石敬瑭生。青年入李克用义子李嗣源帐下，数次解救李嗣源于危急之中，遂成心腹，娶嗣源女永平公主。926 年，促拥嗣源称帝，即唐明宗，石敬瑭以驸马兼功臣历任侍马条军马步都指挥使、河东节度使。

936年　丙申　唐清泰三年，五月，唐末帝李从珂命河东节度使石敬瑭为天平节度使，石敬瑭拒命，遣张敬达等讨之，石敬瑭向契丹求救，并贿以燕、云诸州。

八月，契丹攻应州。

九月，契丹耶律德光援石敬瑭，大败唐军于晋阳。

十一月，契丹册石敬瑭为大晋皇帝，晋割幽、蓟、瀛、莫、涿、檀、顺、新、妫、儒、武、云、应、寰、朔、蔚十六州与契丹，岁贡帛三十万匹。

南攻洛阳，唐末帝李从珂举族自焚，后唐亡。

938年　戊戌　晋天福三年，晋上尊号于契丹主及太后，契丹主止晋主称臣，命称儿皇帝，是年，耶律德光三十七岁，石敬瑭四十七岁。

941年　辛丑　晋天福六年，成德节度使安重荣耻臣契丹，或杀其使，又掠幽州，表请攻契丹。

942年　壬寅　晋天福七年，正月，重荣败死。六月，晋高祖石敬瑭死，其兄之子石重贵嗣位，告哀契丹，称孙不称臣，契丹怒。

947年　丁未　晋开运四年，正月，契丹主耶律德光入大梁开封府，废晋帝石重贵为负义侯，举族迁至黄龙府。后晋亡。

石敬瑭认契丹为父灭唐，割十六州，正应了“块然一石，谓他人父，统二八州，已非唐土”。

“反兆”为凶，石重贵拒向契丹称臣，如不多此口实，也许晋祚能多苟延几年。是故“反兆先多口”。契丹人扶晋再灭晋，正应了“系铃自解铃”。石敬瑭生有六子，大多早夭，仅剩幼子石重睿年幼，只能由其兄之子石重贵继位，是所谓“父亡子亦死”。

第十三象　丙子 ䷾ 坎上离下　既济

谶曰：

汉水竭，雀高飞。

飞来飞去何所止，

高山不及城郭低。

颂曰：

百个雀儿水上飞，

九十九个过山西。

惟有一个踏破足，

高栖独自理毛衣。

圣叹曰：“此象主周主郭威夺汉自立。郭威少贱，世称之曰郭雀儿。”

苗元一按

既济䷾互未济䷿通未济䷿覆未济䷿。

汉水竭：既济䷾，上坎☵为汉，互坎☵为水，二至四两个半艮☶，艮☶为竭。

雀高飞：既济䷾互、通、覆皆未济䷿，离☲为雀，在上，故高飞。另，未济䷿三至上为两个半艮☶，艮☶为高，二至五为两个半震☳，震☳为飞。

飞来飞去何所止：既济䷾之未济䷿，半震☳为飞为去，半艮☶为来为止，本卦、互卦、通卦、覆卦皆有离☲象，离☲为雀，群雀飞翔，大有穿梭往来无所止象。

高山不及城郭低：本象既济䷾，半艮☶为高为山。上坎☵为不及，下离☲为城为墉，故为城郭，离☲在下，故高山不及城郭低。

百个雀儿水上飞：取未济䷿，半震☳为百，离☲为雀，震☳为儿为飞，下坎☵为水，离☲在上，坎☵在下，故百个雀儿水上飞。

九十九个过山西：既济䷾，初至三为离☲为九，三至五再为离☲为九，故九十九，初至上为三个半震☳为过，上坎☵纳戊为土为山，坎☵先天在西，故☵为山西。另，半震☳为过，半艮☶为山，半兑☱为西，故过山西。

惟有一个踏破足：既济䷾，上坎☵为惟为一个为破，半震☳为踏为足。

高栖独自理毛衣：取未济䷿，初至上三个半艮☶，艮☶为高为栖为独为自为理。本象既济䷾，初至上三个半震☳，震☳为毛为衣。

从《易经》到《易林》到《推背图》，许多卦都采用半象，尤以既济和未济两卦为甚！既济与未济是乾坤两卦演化之集大成者，前者为变化之最正结果，后者为变化之最不正结果，乾坤所生六子皆在其中，故在解释这两卦时，须兼采六子卦象。除坎离外，其余四子震☳、艮☶、巽☴、兑☱皆以半象交互其中。

图示卦象

此图取互卦未济䷿之象。如果将图与未济䷿卦从下往上比照就会发现，图中水、四只飞雀、城郭、一只雀，画面层级向上，与未济卦象从初到上如出一辙：水面波涛取下坎☵之象，水面上四只飞雀取二至五半震☳象，震☳为四为飞为雀，城郭取三至上半艮☶象，城郭上最后一只安静的雀儿取上卦离☲象。作者观象制图，画面参杂变化、错落有致、匠心独运，笔者叹为观止！图示如下：

历史年鉴（后汉后周）

895 年　乙卯　唐昭宗乾宁二年，刘知远生。

904 年　甲子　唐天复四年，天祐元年，郭威生。“少贱，黥其颈上为飞雀，世谓之郭雀儿。”（《新五代史·东汉世家·刘旻》）

947 年　丁未　晋开运四年，汉天福十二年，正月，契丹耶律德光入开封，废晋帝，后晋亡。

二月，耶律德光着汉衣冠，受百官贺，改国号辽，改元大同。

刘知远称皇帝于太原，称天福十二年，后改名暠，令所在诛契丹人。

六月，刘知远至汴州，定国号曰汉，是为后汉高祖。

948 年　戊申　汉天福十三年，汉乾祐元年，后汉高祖刘知远卒，次子隐帝刘承祐继位。赵思绾叛，李守贞叛，王景崇叛，帝命枢密使郭威任招慰安抚使，统诸道兵，总讨三叛。

949 年　己酉　汉乾祐二年，后汉赵思绾据长安，好食人肝，面剖人腹，取肝烹饪，食已尽而人尚未死。悉取妇女儿童为军粮，每犒军则屠杀数百人，如屠猪羊。被围，赵思绾降，并其父兄部属三百人尽屠于市。李守贞举家自焚，王景崇亦举家自焚。

950 年　庚戌　汉乾祐三年，汉隐帝刘承祐是年二十，血气方刚，不愿受制于人，欲密杀邺都留守郭威，威遂叛。威引兵趋东京，隐帝亲御之，为乱兵所杀。威入东京，立高祖侄武宁节度使刘赟为帝，旋杀之。

951 年　辛亥　周广顺元年，郭威入大梁，称帝，国号周，是为后周。

954 年　甲寅　周显德元年，周太祖郭威卒，年五十一，养子世宗郭荣（本姓柴氏）嗣位。

959 年　己未　周显德六年，周世宗郭荣大举攻辽，连陷莫、瀛、雄、霸诸州，欲攻幽州，卒，子恭帝郭宗训嗣位。

960 年　庚申　汉天会四年，周显德七年，宋建隆元年，后周太尉、殿前都点检赵匡胤陈桥兵变，黄袍加身，是为太祖，国号宋。周恭帝宗训让位，后周亡，立国十年。

此象应在五代中汉周两朝之传承。“汉水竭”指刘知远的后汉结束。“高山不及城郭低”，“百个雀儿水上飞”含有周太祖郭雀儿之姓名。“百个雀儿水上飞，九十九个过山西”郭雀儿之大军承汉辖山西大部。“惟有一个踏破足，高栖独自理毛衣”，此句颇值得推敲。此句承接上一句可以顺理成章的理解为：仅剩一个郭雀儿独自称帝。但细究可能还指另外一段历史：951 年，郭威在大梁称帝建周后，后汉河东节度使刘崇在太原称帝，亦称汉，是为北汉世祖，常与周所辖山西之晋州、隰州发生战争。除北汉外，周基本上继承了汉之全境。“惟有一个”似指北汉，“高栖”似指高高盘踞在周之北方，直至 960 年周亡北汉还在“独自理毛衣”。979 年，宋在建国二十年后才攻克太原灭了北汉。

第十四象　丁丑 ䷰ 兑上离下　革

谶曰：

李树得根芽，
石榴漫放花。
枯木逢春只一瞬，
让他天下竞荣华。

颂曰：

金木水火土已终，
十三童子五王公。
英明重见太平日，
五十三参运不通。

圣叹曰："此象主周世宗承郭威受命为五代之终，世宗姓柴名荣，英明武断，勤于为治，惜功业未竟而殂。五代共五十三年，凡八姓十三主，颂意显然。"

苗元一按

革䷰互姤䷫通蒙䷃覆鼎䷱

李树得根芽： 革䷰，互巽☴为李树，旁通艮☶为根，上兑☱为芽。下离☲为得，通坎☵亦为得。

石榴漫放花： 蒙䷃，上艮☶为石为木，故为石榴，下坎☵为漫，二至四为震☳，震☳为放为花。

枯木逢春只一瞬： 革䷰，互巽☴为枯为木，旁通震☳为逢为春，上伏艮☶为独故为只，互乾☰为一，下离☲为瞬。

让他天下竞荣华：革䷰，上兑☱为让，互乾☰为他为天下，伏震☳为竞为荣华。

金木水火土已终：革䷰，互乾☰为金，互巽☴为木，上兑☱为水，下离☲为火，独坤☷伏乾下而不见，坤☷为土为终。

张董本作“已终”，民国四年本作“巳终”，“巳”为“已”之误。

十三童子五王公：革䷰通蒙䷃，革上兑☱数十，下离☲为三，蒙上艮☶为童子，革互巽☴为五，旁通震☳为王为公。

英明重见太平日：蒙䷃，互震☳为英，上艮☶纳丙为明，互坤☷为重，互震☳为见，下坎☵为太平，互震☳为日。另，革䷰之覆为鼎䷱，革故鼎新，重见太平之象也。

张董本作“重现”，民国四年本作“重见”，见通现，均可。

五十三参运不通：蒙䷃，互坤☷为五为十，互震☳为三为参为运，下坎☵为陷，为不通。

图示卦象

取覆卦鼎䷱象，革故而鼎新也。图中一束捆绑在一起的枯木长出一枝新芽，鼎䷱，下巽☴为绳为绑为枯为木，互乾☰为一枝，上离☲为新，互兑☱为芽。只可惜荣华似烟云，逢春只一瞬！另：革䷰二至上为大过，鼎初至五亦为大过，《大过》九五象曰：枯木生华，何可久也?! 图示如下：

历史年鉴（五代气数）

907 **年　丁卯—**923 **年　癸未**，为梁祚。历太祖朱温，末帝朱友贞两帝。

923 **年　癸未—**936 **年　丙申**，为唐祚。历庄宗李存勖，明宗李嗣源，闵帝李从厚，废帝李从珂共四帝。

936 **年　丙申—**947 **年　丁未**，为晋祚。历高祖石敬瑭，出帝石重贵两帝。

947 **年　丁未—**951 **年　辛亥**，为汉祚。历高祖刘知远，隐帝刘承祐两帝。

951 **年　辛亥—**960 **年　庚申**，为周祚。历太祖郭威，世宗柴荣，恭帝柴宗训共三帝。

上述共五代、五位开国君主，十三位皇帝，历五十四年（实五十三年），连年战乱、国运不通，正应了“金木水火土已终，十三童子五王公，英明重见太平日，五十三参运不通”。

谶中“李树得根芽”言李存勖之后唐，与第十象颂曰“回头还有李儿花”相呼应。“石榴漫放花”之“石”当指石敬瑭。至于“枯木逢春只一瞬，让他天下竞荣华”则是一位这段历史上最值得大书的人物——柴荣。

周世宗柴荣是太祖郭威的内侄和养子。善骑射，略通书史黄老。周显德元年（954）继位，军事上，他严整军纪，赏罚分明，又检阅禁军，裁汰老弱，选留精锐，又募天下壮士，选取优异。政治上，他严禁贪污，惩治失职官吏，修订刑律和历法，考正雅乐，纠正科举弊端。经济上，停废敕额外的寺院，禁私度僧尼，收购民间铜器佛像铸钱，招民开拓逃户荒田，颁《均田图》，均定河南等地六十州租赋，废除曲阜孔氏的免税特权。扩建京城开封，恢复漕运，兴修水利。周显德二年起，伐后蜀，收秦、凤、成、阶四州，又三次亲征南唐，至显德五年，得南唐江北、淮南十四州。六年，北伐辽，收复瀛、莫、易三州及瓦桥、益津，淤口三关。六年五月，世宗正欲乘胜取幽州，卒，年三十八岁。

颂中“枯木”为柴，与“荣华”之“荣”应了柴荣。柴荣一生文治武功，国家繁荣昌盛，只可惜英年早逝，正所谓“枯木逢春只一瞬，让他天下竞荣华”。另，革䷰二至上䷛为大过，大过九五象曰：“枯木生华，何可久也!”“枯木生华”岂非“柴荣”之象?!数也？命也?

五代史上承晚唐藩镇割据之局面，节度使拥兵自重，军阀混战，各自为王，大小国家纷立。除梁唐晋汉周外，尚有：前蜀、后蜀、吴、南唐、吴越、闽、楚、南汉、南平（荆南）、北汉等十国，史称五代十国。事实上，割据政权不止十国，十国只是个概数。

第十五象　戊寅 ䷶ 震上离下　丰

谶曰：

天有日月，地有山川。

海内纷纷，父后子前。

颂曰：

战事中原迄未休，

几人高枕卧金戈。

寰中自有真天子，

扫尽群妖见日头。

圣叹曰："此象主五代末造，割据者星罗棋布，惟吴越钱氏（钱镠四世）稍图治安，南唐李氏（李昪三世）略知文物，余悉淫乱昏虐。太祖崛起，拯民水火。太祖小名香孩儿，手执帚者，扫除群雄也。"

苗元一按

丰䷶互大过䷛通涣䷺覆旅䷷

天有日月：取大过䷛，互乾☰为天，为日，上兑☱为月，下巽☴为有。

地有山川：取旁通涣䷺卦，互艮☶为地为有为山，下坎☵为川。

海内纷纷：取涣䷺，下坎☵为海在内，故海内，上巽☴为纷纷。

父后子前：取大过䷛之象，互乾☰为父在下，故父后，兑☱为子在上，故子前。另，丰䷶，上震☳为后，伏艮☶为前，上震☳为父为子，故父后子前。

战事中原迄未休：丰䷶，互兑☱下离☲皆为战，上震☳为迄。大过䷛，伏坤☷为事为中原，互乾☰为始为未休。

几人高枕卧金戈：取涣䷺卦之象，互艮☶为几人，为高为枕为卧为金戈。另，上巽☴为兑☱覆，兑☱为金戈，兑☱覆故为卧金戈。

寰中自有真天子：取涣䷺之象，下坎☵为寰中，互艮☶为自为有为真，互震☳为天子。另，大过䷛，乾☰为天子为真，䷛为大坎☵故为寰中。

扫尽群妖见日头：取涣䷺，互艮☶为扫为尽为群，上巽☴为妖，艮☶又为见，为日，为头。另，似以本卦之覆旅䷷象解释更为准确：下艮☶为扫为尽，互兑☱为群（《说文》：羊性好群，故兑☱为羊为群），互巽☴为妖，上离☲为见为日，在上为头。

图示卦象

图左一树，上有蜂巢，树下一孩童举着扫帚在追扫飞舞的群蜂。此图取丰䷶之覆旅䷷之象：互巽☴为树，上离☲为巢，象征树上有巢。下艮☶为童子，艮☶又为拿为扫，象征童子举帚追扫。巽☴为蜂，离☲为飞，互兑☱为群象征群蜂飞逃。

亦可取交象，丰䷶之交象为噬嗑䷔：下震☳为树，上离☲为巢，下震☳为蜂为飞；初至四䷚，上艮☶为童子为拿为扫，下震☳为草为立，故一童子站在草丛上举着扫帚追扫群蜂。图示如下：

历史年鉴（五代灭亡）

927 年　丁亥　后唐天成二年，赵匡胤“生于洛阳夹马营，赤光绕室，异香经宿不散。体有金色，三日不变”（《宋史卷一·太祖一》）。因得小名“香孩儿”，“香”中有“日”，“趙”，“胤”中有“月”，大约应了“天有日月”。

951 年　辛亥　后周广顺元年，郭威称帝，是为后周太祖，赵匡胤任禁军将领。显德元年，周世宗柴荣即位，世宗死前任赵匡胤为殿前都点检。

960 年　庚申　宋建隆元年，赵匡胤陈桥兵变，黄袍加身，国号宋，是为宋太祖。其时，南平、后蜀、南汉、南唐、吴越、北汉，割据者皆在，父子先后登基者比比皆是，正是“海内纷纷，父后子前”。

金圣叹解“天有日月，地有山川”为“五代末割据者星罗棋布”之象，甚是。赵匡胤称帝后，对割据者一方面军事进攻，武力威慑；一方面政治安抚，心理瓦解，迫使其先后投降。963 年南平亡；965 年后蜀亡；971 年南汉亡；975 年南唐亡；978 年吴越亡；979 年北汉亡，五代十一国终。尽管吴越、北汉是在 976 年赵匡胤死后灭亡的，但其是在太祖既定的战略方针下投降的。是故金圣叹曰“太祖小名香孩儿手执扫帚者扫除群雄也”。正应了“寰中自有真天子，扫尽群妖见日头”。

至于金圣叹将“几人高枕卧金戈”中“枕”理解为南唐李氏，“金戈”理解为吴越钱氏，也是能说得过去的。

需要说明的是，对于此象所处的位置，笔者从 1991 年起一直有所怀疑。五代史共五十四年，李淳风却用了第十、第十一、第十二、第十三、第十四，如果将第十五象加上共有六象言之，平均不到十年一象。五代乃乱世，群雄并起、人民涂炭，可谓毫无建树，六象占了全书的十分之一。李淳风惜墨如金，可以置康乾之治而不顾，为何对五代用墨如此奢侈？盖国不可无君，史不可断代耳！再弱再小的朝代也是中国历史的一个部分，是大历史的一个环节。

但即使如此，第十五象放在这里似都嫌多余，因为第十到第十四象五象已将五代历史交代清楚了；更何况第十四象“十三童子五王公”，“五十三参运不通”，可以说对五代史作了总结陈词。而第十六象则明显就是宋太祖开国的历史。怎么看夹在中间的第十五象都显重复。那么这种局面会不会是赵匡胤称帝后将《推背图》杂乱所致呢？

笔者曾试图将第十五象放在第三十八象与第三十九象之间来排序，第三十八象言第一次世界大战，第三十九象言第二次世界大战。其间，正是蒋介石崛起，军阀混战的历史时期，战争先后有1925年东征陈炯明，1926年北伐吴佩孚、孙传芳，1929年蒋桂战争、蒋冯阎战争、中原大战等等。“天有日月，地有山川”是否与青天白日满地红的国旗有关？“战事中原迄未休”是否与中原大战有关？“扫尽群妖见日头”的日是否与青天白日的日有关？至于“海内纷纷，父后子前”，是否与蒋氏父子后来逃至海峡对岸有关？从历史叙说来说似乎可以站得住脚，但笔者最终否定了这一设想。

这是因为：其一，《推背图》排序是以文王后天八卦顺序和京房八宫卦顺序为经纬的。其二，第十五象之丰卦为坎宫卦，坎宫卦排序为：坎、节、屯、既济、革、丰、明夷、师，而《推背图》第十象为坎，第十一象为节，第十二象为屯，第十三象为既济，第十四象为革，第十五象为丰，第十六象为明夷，第十七象为师，秩序井然。第十五象之丰无法从第十四象之革和第十六象之明夷之间割舍掉。其三，第十五象之丰䷶通涣䷺互大过䷛覆旅䷷与谶颂文辞完全对应。显然，第十五象谶颂文辞与卦象丰都不存在排序错乱的问题。

第十六象　己卯 ䷣ 坤上离下　明夷

谶曰：

天一生水，姿禀圣武。

顺天应人，无今无古。

颂曰：

纳土姓钱并姓李，

其余相次朝天子。

天将一统付真人，

不杀人民更全嗣。

圣叹曰："此象主宋太祖受禅汴都，天下大定，钱李二氏相率归化，此一治也。"

苗元一按

明夷䷣互解䷧通讼䷅覆晋䷢

天一生水：取讼䷅象，上乾☰为天为一，互巽☴为生，下坎☵为水，故天一生水。

姿禀圣武：讼䷅，上互巽☴为姿为禀，下坎☵为圣，上乾☰亦为圣，乾☰又为武。

顺天应人：明夷䷣，上坤☷为顺，互震☳为天，互坎☵为应，上坤☷为人。

无今无古：明夷䷣，日落大地之象，预示着一天的结束，是故无今。乾☰为始为古，伏，故无古。

纳土姓钱并姓李：取旁通讼䷅卦，下坎☵纳戊，故纳土，互巽

☴为姓为李，上乾☰为钱。巽☴乾☰都在坎☵上，故为并。

其余相次朝天子：取覆卦晋䷢，下坤☷为其余，互艮☶为相为次为朝为天子。晋䷢：康侯用锡马蕃庶，昼日三接。臣顺而君明之象。

天将一统付真人：取讼䷅象，上乾☰为天为将为一，互巽☴为统为付，上乾☰为真人。《庄子·天下》“关尹、老聃乎！古之博大真人哉！”

不杀人民更全嗣：明夷䷣，互坎☵为不，上坤☷为杀为人民为全，伏巽☴为嗣，坤☷为二故为更。

图示卦象

图中一天子居南而坐，前有五大臣相围，后有一仆手执长扇而立。此图正伏象杂用，取明夷䷣通讼䷅两卦之象。讼䷅上乾☰为天子为南，故天子居南而坐，下坎☵为下为人故为下人为仆，互巽☴为长扇。明夷䷣，上坤☷为五为臣为北，故五大臣居北朝见天子。图示如下：

中国绘图史上有以上南下北和上北下南两种为方位绘图方式，宋以后多流行上北下南之方位。

但《推背图》中图之方位是以先后天八卦图之方位定格的。如本图和第四十四图，今人以天子坐北朝南，便以为《推背图》中的方位是上北下南，这其实是错误的。本象和第四十四象，两位君主之位置皆以先天乾☰位和后天离☲位而定在图之上方的。

第十六象以先天方位绘

第四十四象以后天方位绘

历史年鉴（宋朝开国）

960年　庚申　宋建隆元年，辽军与北汉军南下，周殿前都点检赵匡胤率兵御之，进至陈桥，兵变，众将拥赵匡胤为帝，引军还大梁，周恭帝柴宗训废为郑王，国号宋，是为太祖。后世将赵宋王朝又称天水一朝，陈寅恪先生曾说“尚气节而羞势利，天水一朝之文化，竟为我民族永远之瑰宝”（陈寅恪《赠蒋炳南序》）。“华夏民族之文化历数千载之演进，造极于天水一朝。”（陈寅恪《邓广铭〈宋史职官志考证〉序》）“华夏民族文化历数千载之演进，而造极于赵宋之世，后渐衰微，终必复振。”（陈寅恪《金明馆丛稿二编》）陈寅恪先生是将赵宋之世看做天水一朝的。

此说《宋史》有其源头，《宋史卷六十五》记载有：“天水，国之姓望也”，即天水是宋朝国姓赵氏的郡望。正应了“天一生水”。

宋太祖三十三岁登基，以仁德治天下，在武力统一天下过程中，不杀前朝降君，不杀士大夫，不杀言论者，此精神贯穿天水一朝三百二十年历史，创造了中国文化、科技、经济登峰造极的历史。《推背图》赞其曰：“天一生水，姿禀圣武，顺天应人，无今无古。”

961年　辛酉　宋建隆二年，太祖召节度使石守信、高怀德等饮酒，曰：“人生如驹过隙尔，不如多积金、帛、田宅以遗子孙，歌儿舞女以终天年。君臣之间，无所猜嫌不亦善乎。”（《宋史卷二五〇·石守信》）明日，众皆称疾罢兵权。史称“杯酒释兵权”，自是武官练兵，文官带兵，两宋三百余年未有割据者。

963 年　癸亥　宋建隆四年，二月，高继冲降，南平亡，立国四十年。

965 年　乙丑　宋乾德三年，正月，孟昶降，后蜀亡，立国三十二年。

971 年　辛未　宋开宝四年，二月，刘继兴降，南汉亡，立国五十五年。

975 年　乙亥　宋开宝八年，十一月，南唐李煜与群臣于宫门拜迎乞降，南唐亡，立国三十九年。

976 年　丙子　宋开宝九年，二月，自 960 年起即向宋称臣的吴越国王钱俶朝于宋，“自宰相以下咸请留俶而取其地，帝不听，遣俶归国。及辞，取群臣留俶章疏数十轴，封识遗俶，戒以途中密观，俶届途启视，皆留己不遗之章也。俶自是感惧，江南平，遂乞纳土”（《宋史卷三·太祖三》）。

冬十月，癸丑夕，赵匡胤崩，年五十，弟晋王赵光义继位，是为太宗。

颂曰“纳土姓钱并姓李，其余相次朝天子”即是指上述吴越国王钱俶和南唐后主李煜纳土降宋，加之南平、后蜀、南汉归降，太祖时期恰好为五位国君臣服，正应了图中五位君主向太祖称臣。

“天将一统付真人，不杀人民更全嗣”，更是赞美了宋太祖不杀降君，不杀大臣，不杀士大夫，不杀人民的德政。史有宋太祖勒石三戒之说：一为柴氏柴荣子孙有罪不得加刑，纵犯谋逆，止于狱中赐尽，不得市曹行戮，亦不得连坐支属；二为不得杀士大夫，及上书言事人；三为子孙有渝此誓者，天必殛之。（宋叶梦得《避暑漫抄》）范仲淹曾由衷地说：“祖宗以来，未偿轻杀一臣下，此盛德之事。”（《范仲淹年谱·庆历三年》）

《庄子·天下》说：“关尹、老聃乎！古之博大真人哉！”“真人”是指有博大之心胸，仁德之爱的非凡者，太祖当之无愧。

第十七象　庚辰 ䷆ 坤上坎下　师

谶曰：

声赫赫，干戈息。

扫边氛，奠邦邑。

颂曰：

天子亲征乍渡河，

欢声百里起讴歌。

运筹幸有完全女，

奏得奇功在议和。

圣叹曰："此象主宋真宗澶渊之役。景德元年，契丹大众入寇，寇准劝帝亲征（完全女指准言），乃幸澶渊。既渡河，远近望见御盖皆踊跃呼万岁，声闻数十里，契丹夺气，遂议和。"

苗元一按

师䷆互复䷗通同人䷌覆比䷇

声赫赫：师䷆，互震☳为声，通离☲为赫，通乾☰为大赤，故为赫赫。

干戈息：师䷆，上坤☷为息。乾☰为武，离☲为干戈，皆伏，故干戈息。

扫边氛：取覆比䷇象，互艮☶为扫为边，下坤☷为虚，故为气为氛。

奠邦邑：取互复䷗象，下震☳为奠，上坤☷为邦邑。

天子亲征乍渡河：师䷆，互震☳为天子，上坤☷为亲，互震☳为征为乍。师䷆卦亦为征，下坎☵为渡为河。

欢声百里起讴歌：取互复䷗象，下震☳为欢为声，上坤☷为百为里，下震☳为起，为讴，为歌。

运筹幸有完全女：复䷗，下震☳为运为筹，上坤☷为幸有为完全为女。

奏得奇功在议和：师䷆，互震☳为奏，为议，下坎☵为得为在为和。震☳为功，互复䷗为大震☳，故为奇功。

图示卦象

此图大河两岸，一中原天子肃立，一胡人隔岸向其作揖。此图取师䷆旁通同人䷌之象。大河取坤☷坎☵之象。天子肃立取互震☳之象，震☳为天子为立，胡人取坤☷象，☷为胡为人。同人䷌上乾☰为天子，互巽☴为贼寇。

另，本象师䷆，下坎☵为河，上坤☷为黄，故图中河为黄河。师䷆通同人䷌，同人䷌上乾☰为君，象征真宗，互巽☴为伏为臣，双手有祷告求和之意，象征契丹。图示如下：

历史上契丹人像(《中国古代服饰研究》,沈从文编著，上海世纪出版集团，2005年，第465页。)

历史年鉴（澶渊之盟）

997年　丁酉　宋至道三年，契丹统和十五年，宋太宗赵光义死，太子赵恒嗣位，是为真宗。

1004年　甲辰　宋景德元年，契丹统和二十二年，二月，宋京师及冀、益、黎、雅等州地震。

四月，邢州又震。

六月，瀛州续震。

九月，契丹帝圣宗耶律隆绪与母萧太后，亲统帅大举攻宋，掠威虏、顺安等军。别将攻宋大败于草城川，死者万余。

十月，宋将又破契丹于朔州界。契丹太后亲攻瀛州不克，丧三万余。

十一月，契丹攻洺州，宋败。围澶州，宋大震，参知政事王钦若请迁都昇州，佥署枢密院事陈尧叟请迁都成都，三司使寇准力主亲征。宋真宗从寇准议，真宗抵达澶州。寇准力促真宗登上澶州北城门楼以示督战，诸军“远近望见御盖，踊跃欢呼，声闻数十里”(《宋史卷二八一·寇准》)。契丹军大惊，时威虏军头张环射杀辽军主帅萧挞凛，萧太后闻讯痛哭不已，为之“辍朝五日”（《辽史·萧挞凛列传》)，契丹有意和解。

十二月，议和成。辽宋为兄弟之国，辽圣宗年幼，称宋真宗为兄，辽归还宋遂城及瀛、莫二州；宋每年向辽提供“助军旅之费”银十万两，绢二十万匹，设榷场，互市贸易，史称“澶渊之盟”，自是两国一百一十四年间基本无战争。宋以甚小之代价，换取百年和平，致有经济、文化之高度发达，意义非凡。

1122 年　壬寅　宋宣和四年，辽保大二年，金天辅六年，西夏元德四年，金大举攻辽，陷中都，辽内外兼困。宋宦官童贯任河北宣抚使，统军十五万乘机攻辽燕京，大败，士卒蹂践死者百余里。金闻宋败，长驱直入，辽军溃，燕京乃入于金。宋先叛盟，自是“澶渊之盟”不复存在，离二帝被俘“靖康”之耻不远矣。

颂曰“运筹幸有完全女”，宰相寇准之“寇”很像“完”字多一“女”。寇准（961—1023）华州下邽人，年十九进士，太宗时擢尚虞部郎中、枢密院直学士，常犯颜直谏，太宗曰：“朕得寇准，犹文皇之得魏征也。”（《宋史卷二八一·列传第四十·寇准》）景德元年，与毕士安一同任命为同平章事。十一月，辽军犯宋，朝野震惊，王钦若、陈尧叟皆主张迁都，唯寇准力主真宗亲征，反对南迁。寇准请曰“陛下不过河，则人心益危，敌气未慑，非所以取威决胜也”。真宗渡河亲征，“诸军皆呼万岁，声闻数十里，气势百增”（《宋史卷二八一·列传第四十·寇准》）。辽遂议和，正所谓“天子亲征乍渡河，欢声百里起讴歌”，“声赫赫，干戈息，扫边氛，奠邦邑”。寇准在这次历史事件中力主真宗亲征，以打换来议和，可谓建有奇功，正应了“运筹幸有完全女，奏得奇功在议和”。

第十八象　辛巳 ䷳ 艮上艮下　艮

谶曰：

天下之母，金刀伏兔。

三八之年，治安巩固。

颂曰：

水旱频仍不是灾，

力扶幼主镇埏垓。

朝中又见钗光照，

宇内承平气象开。

圣叹曰：“此象主仁宗嗣立，刘太后垂帘听政。旁有一犬，其惟狄青乎。”

苗元一按

艮䷳互解䷧通兑䷹覆震䷲

天下之母：艮䷳，上艮☶为天，互坎☵为下，互震☳为之，伏兑☱为母。

金刀伏兔：艮䷳，旁通兑☱为金，上艮☶为刀，震☳为兔，震☳覆，故伏兔。

三八之年：艮䷳，互震☳后天数为三，艮☶后天数为八，互震☳又为之为年。

治安巩固：艮䷳，互震☳为治，上下皆艮☶为安，故治安，旁通兑☱为巩，上艮☶为坚为固。

张董本作“始安”，民国四年本作“治安”，“始”当为“治”

之笔误。

水旱频仍不是灾：艮䷳，互坎☵为水，互震☳为旱，伏兑䷹上下为水，艮☶为日为旱，艮䷳上下皆旱，故水旱频仍。解䷧，下坎☵为灾，震☳出为解为脱，故不是灾。另，艮☶为安，故不灾。

力扶幼主镇埏垓：艮䷳，互震☳为力，上下艮☶为扶，艮☶为小为幼，震☳为主，艮☶又为镇为埏为垓。另，艮☶为坐为台，互坎☵为灵。

张董本作“镇埏垓”，民国四年本作“坐灵台”，均通。

朝中又见钗光照：艮䷳，艮☶为朝，互坎☵为中。兑☱为见，旁通兑䷹上下皆兑，故又见。兑☱为钗，艮☶纳丙为光为照，互震☳亦为照。

宇内承平气象开：艮䷳，艮☶为宇内，互坎☵为承平，互震☳为气象为开。此句以覆卦震䷲解似更准确，下互艮☶为宇在内故宇内，上互坎☵为平，在上为承，故承平，下震☳为气象，上震☳为开。

图示卦象

此图“天下之母”端坐于宫室之中，足边旁伏一犬。取象于艮䷳：艮☶为石，为柱，为宫殿，故为宫室；艮☶为天，下伏兑☱为母，故为天下母，艮☶又为端为坐，故天下之母端坐；艮☶为犬为卧故为卧犬；三至上为☲，下震☳为足，上艮☶为卧犬，故足旁为卧犬。图示如下：

历史年鉴（刘后听政）

1010年　庚戌　宋大中祥符三年，四月十四日，真宗第六子赵受益生，母李宸妃。章献皇后刘氏无子，取为己子养之。天性仁孝宽裕，喜愠不形于色。

1022年　壬戌　宋乾兴元年，二月，宋真宗崩，年五十五，在位二十六年，遗诏皇太子赵受益于柩前即皇帝位。“尊皇后刘氏为皇太后，权处分军国事。”（《宋史卷八·真宗三》）

自此刘太后临朝。谶曰：“天下之母，金刀伏兔”，“金刀伏兔”正是“劉”字，劉字左上为“卯兔”，左下“金”加右“刂”为“金刀”。“天下之母”是太后，正应了刘太后临朝权处军国之事。

“初，仁宗即位尚少，太后称制，虽政出宫闱，而号令严明，恩威加天下。”（《宋史卷二四二·列传第一·后妃上》）

史载：“章献太后临朝，问宗道曰：‘唐武后何如主？’对曰：‘唐之罪人也，几危社稷。’后默然。时有请立刘氏七庙者，太后问辅臣，众不敢对，宗道不可，曰：‘若立刘氏七庙，如嗣君何？’帝、太后将同幸慈孝寺，欲以大安辇先帝行，宗道曰：‘夫死从子，妇人之道也。’太后遽命辇后乘舆。”（《宋史卷二八六·鲁宗道》）

又史载：“先是，小臣方仲弓上书，请依武后故事，立刘氏庙，而程琳亦献《武后临朝图》，后掷其书于地曰：‘吾不作此负祖宗事。’”（《宋史卷二四二·列传第一·后妃上》）

可见李淳风继武则天称帝（第三象）之后能将刘太后临朝（第十八象）作为一象乃冥冥之中有因缘。盖皆女中豪杰也！《推背图》从第三象至第十八象至第三十一象至第三十六象至第四十二象至第五十一象每隔一历史时期即有女性出，此所谓“一阴一阳谓之道也”，天道如此，人道如此，天人合一也！

1023年　癸亥　宋天圣元年，正月，东京、淮南水灾，遣使安抚。

1025年　乙丑　宋天圣三年，八月，蠲陕西州军旱灾租赋。

1026年　丙寅　宋天圣四年，六月，建、剑、邵武等州军大水，诏赐被灾家米二石。

1027年　丁卯　宋天圣五年，五月，京畿旱，磁州虫食桑。

七月，振秦州水灾，赐被溺家钱米。

十一月，以陕西旱、蝗，减其民租赋。

1028年　戊辰　宋天圣六年，七月，江宁府、扬、真、润州江水溢，坏官民庐舍，遣使安抚赈恤。

八月，诏免河北水灾州军秋税。

1029年　己巳　宋天圣七年，二月，乙酉，以河北水灾，委转运使察官吏，不任职者易之。癸巳，募民入粟以振河北。

1033年　癸酉　宋明道二年，刘太后卒，年六十五，谥曰章献明肃，仁宗亲政，始知生母为李宸妃。（恸惜宸妃已于明道元年卒）

1063年　癸卯　宋嘉祐八年，宋仁宗崩，年五十四，在位四十二年，无子，侄赵宗实继位，是为英宗。

“自仁宗初立，太后临朝十余年，天下晏然。”（《宋史卷三一一·吕夷简》）正所谓“水旱频仍不是灾，力扶幼主镇埏垓，朝中又见钗光照，宇内承平气象开。”

《宋史卷二四二·章献明肃刘皇后》有载：“后称制凡十一年”正应了“三八之年，治安巩固”。刘太后称制实在仁宗一朝，仁宗在位四十二年，是两宋享国最久的皇帝。《宋史·本纪第十二·仁宗四》评价其在位：“君臣上下恻怛之心，忠厚之政，有以培壅宋三百余年之基。子孙一矫其所为，驯致于乱。《传》曰：‘为人君，止于仁。’帝诚无愧焉！”史称仁宗盛治。两宋溢美仁宗盛治的有：欧阳修、司马光、王安石、苏轼、曾巩、邵伯温、胡安国、刘光祖、周必太、杨万里、王壁、陈俊卿、刘克庄、赵汝腾、叶适、王十朋、文天祥，有的甚至认为远过汉唐，几有三代之风。仁宗一朝是否像邵伯温所言比“周之成康，汉之文景有过之者”这并不重要，重要的是宋是中国文化自先秦诸子百家以来第二个伟大时期，而仁宗（1010年生—1022年即位—1063年崩）一朝几乎聚集了宋三百二十年间最重要的文化代表。

文有：欧阳修（1007—1072）、苏洵（1009—1066）、苏轼（1037—1101）、苏辙（1039—1112）、王安石（1021—1086）、曾巩（1019—1083）、蔡襄（1012—1067）、柳永（仁宗朝进士），唐宋八大家占了六家。史有：司马光（1019—1086）。哲有：周敦颐（1017—1073）、邵雍（1011—1077）、程颢（1032—1085）、程颐（1033—1107）、张载（1020—1077），北宋五子皆在此朝。科学有：沈括（1031—1095）、毕昇（？—1051）。还有名臣范仲淹（989—1052）、包拯（999—1062）、狄青（1008—1057），这批人极大地影响了后辈李清照、陆游、朱熹、陆九渊、辛弃疾、文天祥。

倘使宋仁宗在西去前（1063）聚诸家一叙，其时欧阳修五十七岁，苏洵六十五岁，苏轼二十七岁，苏辙二十五岁，王安石四十三岁，曾巩四十五岁，蔡襄五十二岁，司马光四十五岁，周敦颐四十七岁，邵雍五十三岁，程颢三十二岁，程颐三十一岁，张载四十四岁，沈括三十三岁，可谓群贤毕至，老少咸集，众星闪耀，即使将其置于五千年文化史上看，这又是何等的规模！何等的气派！何等的辉煌！何等的灿烂！

宋仁宗生于庚戌，即位于壬戌，皆犬年，图中刘太后足下一卧犬，其惟仁宗乎？

第十九象　壬午 ䷕ 艮上离下　贲

谶曰：

众人嚚嚚，尽入其室。

百万雄师，头上一石。

颂曰：

朝用奇谋夕丧师，

人民西北尽流离。

韶华虽好春光老，

悔不深居坐殿墀。

圣叹曰："此象主神宗误用安石，引用群邪，致启边衅，用兵西北，丧帅百万。熙宁初，王韶上平戎三策，安石惊为奇谋，力荐于神宗，致肇此祸。"

苗元一按

贲䷕互解䷧通困䷮覆噬嗑䷔

众人嚚嚚：困䷮，下☵为坎，三至上☱亦为坎，初至上亦有大坎☵之象。坎☵为众人。嚚：同嚚，见《集韵》。音银，愚蠢之意，如《书·尧典》："父玩母嚚。"也有奸诈之意，《左传·僖公二十四年》："口不道忠信之言为嚚。"坎☵形为上下兑☱口相对，口不道忠言也！故坎☵为嚚，又困䷮中坎☵多，故为嚚嚚。

张董本作"寅寅"，民国四年本作"嚚嚚"，张董本讹谬甚也。

尽入其室：贲䷕，上艮☶为尽，互坎☵为入，艮☶为其室，坎☵亦为室。

百万雄师： 贲䷕，上互为震☳为百万，为雄，下离☲为兵戈，为师。

头上一石： 贲䷕，下互坎☵为头为一，艮☶为石在上，故头上一石。另，艮☶亦为头。

朝用奇谋夕丧师： 解䷧，上震☳为朝，上互为坎☵为奇谋，故朝用奇谋。下坎☵为夕为丧，上震☳为师，下互离☲亦师，故夕丧师。

人民西北尽流离： 困䷮，下坎☵为众为人民，上兑☱为西，下坎☵为北，故人民西北。贲䷕，上艮☶为尽，互坎☵为流，下卦☲为离。

韶华虽好春光老： 贲䷕，上互为震☳为韶华，上艮☶通兑☱为好，故韶华虽好。互震☳为春，下离☲为光，震☳为长故为老，故春光老。

悔不深居坐殿墀： 贲䷕，互坎☵为悔为不为深，上艮☶为居为坐，为殿墀。

图示卦象

取贲䷕之象，上艮☶为盖为石为亭。互震☳为四，互坎☵为柱，故四柱。下离☲为网，故亭基遭网栅所围。一方面寓意“众人曐曐，尽入其室”，另一方面可能暗示王安石一生困境重重。另，互震☳为王，上艮☶为安为石。图示如下：

历史年鉴（安石变法）

1021年 辛酉 宋天禧五年，王安石生，字介甫，号半山，抚州临川人。安石少好读书，过目不忘，议论高奇，能以辨博济其说，果于自用，慨然有矫世变俗之志。（《宋史卷三二七·列传第八六·王安石》）

1042年 壬午 宋庆历二年，及第进士第四名。

1058年 戊戌 宋嘉祐三年，任三司度支判官。其间写下了著名的万言书，进献仁宗皇帝，以为："今天下之财力日以困穷，风俗日以衰坏，患在不知法度，不法先王之政故也。法先王之政者，法其意而已。法其意，则吾所改易更革，不至乎倾骇天下之耳目，嚣天下之口，而固已合先王之政矣。因天下之力以生天下之财，收天下之财以供天下之费，自古治世，未尝以财不足为公患也，患在治财无其道尔，在位之人才既不足，而闾巷草野之间亦少可用之才，社稷之托，封疆之守，陛下其能久以天幸为常，而无一旦之忧乎？愿监苟且因循之弊，明诏大臣，为之以渐，期合于当世之变。臣之所称，流俗之所不讲，而议者以为迂阔而熟烂者也。"后安石当国，其所注措，大抵皆祖此书。（《宋史卷三二七·列传第八六·王安石》）

1067年 丁未 宋治平四年，宋英宗卒，子神宗赵顼嗣位。

1068年 戊申 宋熙宁元年，王韶上书《平戎策》，提出收复河湟等地，招抚沿边羌族孤立西夏的方略，为宋神宗所采纳。安石甚赞同，全力支持韶对西蕃诸部的招讨。

1069年 己酉 宋熙宁二年，二月，宋神宗任翰林学士王安石为参知政事，变法，置三司条例司，命与知枢密院事陈升之同领之。安石令其党吕惠卿任其事。而农田水利、青苗、均输、保甲、免役、市易、保马、方田诸役相继并兴，号为新法，遣提举官四十余辈，颁行天下。

御史中丞吕诲上书劾安石，贬。知谏院范纯仁，侍御史刘述、刘琦、钱顗，条例司检祥文字苏辙，上书劾安石，贬。

1070年 **庚戌** 宋熙宁三年，知通进银台司范镇、河北安抚使韩琦、判尚书省张方平、御史中丞吕公著、翰林学士司马光、监察御史程颢、张戬、参知政事赵抃等上书攻新法，均贬。

十二月，安石拜同中书门下平章事。

1071年 **辛亥** 宋熙宁四年，监官告院苏轼、开封知府韩维、御史中丞杨绘等上书攻新法，均贬。

1072年 **壬子** 宋熙宁五年，司天监灵台郎尤瑛、判汝州富弼、监察御史张商英上书攻新法，均贬。

1073年 **癸丑** 宋熙宁六年，洮河路按抚使王韶击吐蕃，筑武胜城，定名熙州。九月取宕、岷、叠、洮四州，招抚羌民三十余万，辟地二千余里，皆二百年来沦丧之地。《平戎策》初见成效。

1074年 **甲寅** 宋熙宁七年，安石新法颁布，官吏误用，百姓误解，遂成毒民政策，四月安石罢相，贬江宁知府。

1075年 **乙卯** 宋熙宁八年，二月，王安石复相。撰《三经新义》颁于学官。

1076年 **丙辰** 宋熙宁九年，王安石疾重引退，出任判江宁府。

1080年 **庚申** 宋元丰三年，封王安石为荆国公。

1081年 **辛酉** 宋元丰四年，宋五路并进，攻西夏，宋军大溃，死二十余万人，举国震动。

1082年 **壬戌** 宋元丰五年，宋筑永乐城，西夏军至，城陷，宋士卒役夫二十余万全没。

1085年 **乙丑** 宋元丰八年，三月宋神宗卒，子赵煦嗣位，是为哲宗，祖母高太皇太后临朝，遂废熙宁新法。

1086年 **丙寅** 宋元祐元年，闰二月，司马光为相。四月，王安石卒，九月司马光卒。

谶曰："头上一石"，即指王安石，"众人矗矗，尽入其室"，"矗"为奸诈愚蠢之意，指安石变法，打击异己，招揽矗矗同党入室。所谓"百万雄师"是个虚数，号称而已，事实上，宋当时对西北用兵的兵力在五十万左右。

“韶华虽好春光老”，此“韶”指王安石力挺之王韶，王韶上平戎三策，王安石全力支持，神宗用此策，初成功，后大败。正应了“朝用奇谋夕丧师，人民西北尽流离”。

王安石变法图强，以“恢复汉唐旧境”为己任（《续资治通鉴长编》卷二三〇，熙宁五年二月己卯记事）。时人称其“天变不足畏，祖宗不足法，人言不足恤”（《宋史卷三二七·列传第八六·王安石》）。为相前后六年，后世褒贬不一。朱熹、吕祖谦、黄宗羲、王夫之等人皆以为王安石的新法新学为北宋灭亡的祸端。近代梁启超写《中国六大政治家》为王荆公作正面评述，及至当代邓广铭先生历四十余年三易其稿撰《北宋政治改革家王安石》为王临川正名。

第二十象 癸未☶ 艮上乾下 大畜

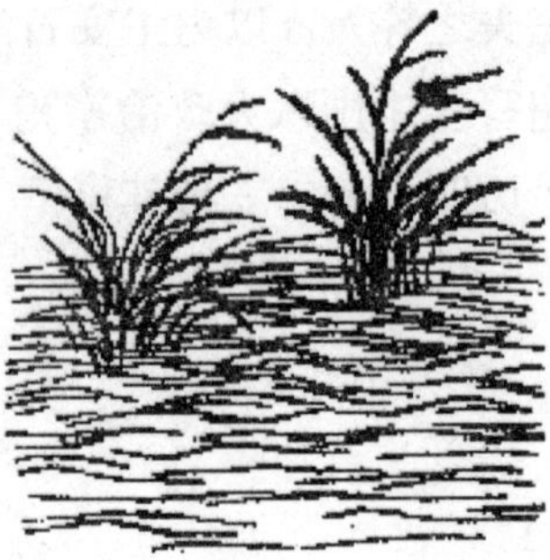

谶曰：
朝无光，日月盲。
莫与京，终旁皇。
颂曰：
父子同心并同道，
中天日月手中物。
奇云翻过北海头，
凤阙龙廷生怛恻。

圣叹曰："此象主司马光卒，蔡京父子弄权，群小朋兴，贤良受锢，有日月晦盲之象。"

苗元一按

此象卦序张董本和民国四年本皆作同人☰，但笔者以为当作大畜☶。原因在于：一，第二十象处在艮宫卦中，艮宫卦的排序为：艮、贲、大畜、损、睽、履、中孚、渐。这两个版本的排序为：十八象艮、十九象贲、二十象同人、二十一象损、二十二象睽、二十三象履、二十四象中孚、二十五象渐，独二十象卦象与艮宫卦序不符。这一差错有可能是传抄所误，或当年赵匡胤杂乱《推背图》所致。当然后者可能性更大，因为大畜与同人卦象差异较大，不易混淆。二，民国元年版卦序只有三处与这两个版本不同，其中之一就是本象，即第二十象。民国元年版作大畜☶，与艮宫卦排序相合。在排序上民国元年版更符合八宫卦惯例。三，以大畜☶诠释第二十象之谶颂图较之同人䷌更为精当和准确。当年研究者把错乱本恢复为原创本过程中，可能看到颂中“父子同心并同道”大概觉得“同道”与《同人》意近，故而为之。《系辞上》：“二人同心，其利断金；同心之言，其臭如兰。”问题是同人䷌解其他句则相当牵强。

以上之故，笔者将第二十象同人䷌更正为大畜䷙。

大畜䷙互归妹䷵通萃䷬覆无妄䷘

朝无光：大畜䷙，下乾☰互震☳皆为朝，上艮☶为尽故无，艮☶纳丙故光。另，归妹䷵，上震☳为朝，互坎☵为无，互离☲为光。

日月盲：归妹䷵，上震☳为日，下兑☱为月，互坎☵为夜为盲。

莫与京：萃䷬，互艮☶为日，下坤☷为冥，故莫也。《说文》：莫，日且冥也。三至上为䷛为坎亦为莫。上兑☱互艮☶皆为拘系，故为与。大畜䷙上艮☶下乾☰皆为京。《说文》：京，人所为绝高丘也。

终旁皇：萃䷬，二至四为艮☶为终，下坤☷亦为终。坤☷为旁皇。

张董本作“终彷徨”，民国四年本作“终旁皇”，“旁皇”当通“彷徨”。

父子同心并同道：归妹䷵，上震☳为父为子，皆出于坎☵（三至五），坎☵为心，故父子同心。大畜䷙，下乾☰为父，上艮☶为子，互震☳为道，三至上䷚为震正覆并道之象，故父子同道。

中天日月手中物：大畜䷙，下乾☰为天，互震☳为日，互兑☱为月，震☳兑☱皆在乾☰上，故日月在天之象，故中天日月。萃䷬互艮☶为手，下坤☷为中为物。

奇云翻过北海头：大畜䷙，下乾☰通坤☷为奇云，互震☳为翻过，坤☷为北为海，上艮☶为头。

凤阙龙廷生怛恻：大畜䷙，伏坤☷为凤，下乾☰为龙，上艮☶为阙为廷，互震☳为生，坤☷为怛恻。

图示卦象

图中一片汪洋两丛杂草，取旁通萃䷬卦之象，下坤☷为洪涛为汪洋为祸水，上兑☱为两，互巽☴为草。《说文》：蔡，草也。象征蔡氏父子。以草喻蔡，匪夷所思！图示如下：

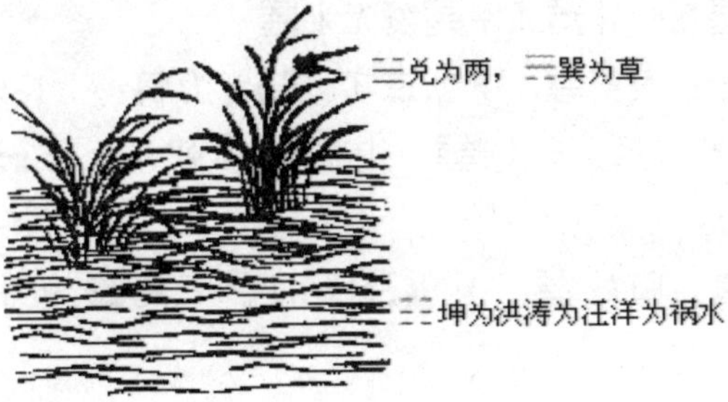

历史年鉴（蔡京弄权）

1019年　己未　宋天禧三年，司马光生，陕州夏县人。宝元元年，进士。皇祐六年，并州通判，嘉祐六年，迁起居舍人知谏院。

1066年　丙午　宋治平三年，司马光撰战国迄秦《通志》上英宗，英宗命设局续修。

1067年　丁未　宋治平四年，英宗卒，神宗赵顼继位。是年十月九日，神宗以司马光所撰“有益于往事，以资于治道”，赐书名《资治通鉴》并亲为之序。后神宗启王安石变法，司马光坚决反对，神宗命枢密副使，坚辞不就。

1084年　甲子　宋元丰七年，端明殿学士司马光编撰《资治通鉴》成，历时十九年。通鉴上起周威烈王二十三年（前403）下迄五代后周世宗显德六年（959）共记载了十六个朝代一千三百六十二年的历史，是中国历史上第一部编年体通史，对后世影响巨大。

1085年　乙丑　宋元丰八年，神宗卒，哲宗赵煦继位，年十岁，祖母高太皇太后听政，反对新法，拜司马光为相，旧党悉进，遂废新法。

1086 年　丙寅　宋元祐元年，司马光凡新法悉行废除。九月，司马光卒。旧党一分为三：洛党以程颐为首，蜀党以苏轼为首，朔党以刘挚为首。自是旧党内部、旧党与新党之间长期争斗，互相倾轧，直至北宋崩溃。正应了《推背图》“朝无光，日月盲”，司马光在当时影响极大，《宋史卷三三六·列传第九五·司马光》记载道：“辽、夏使至，必问光起居，敕其边吏曰：中国相司马矣，毋轻生事，开边隙。”司马光卒，太皇太后闻之恸，与帝即临其丧，京师罢市往吊，鬻衣以致奠，巷哭以过车。及葬，哭者如哭其私亲。都中及四方家家挂其像，饮食必祝。

司马光一死，党争纷乱，遂有蔡京、蔡攸父子专权，最终将北宋引向灭亡。蔡京（1047—1126），兴化军仙游人，熙宁三年进士。1094 年哲宗时蔡京任户部尚书，力助宰相章重行新法。徽宗即位，夺职，闲居杭州，宦官童贯为徽宗搜寻书画，与之结，重新启用，1102 年任右相，自是先后四次任相，历时十七年。他与宦官童贯、杨戬、梁师成、李颜，权臣王黼、高俅等把持朝政，向徽宗进“丰亨豫大”之言，竭全国财力供其挥霍，设应奉局和造作局，大兴花石纲，建延福宫、艮岳，耗资巨万，设西城括田所，大肆搜刮民田，为补财政亏空，尽改盐法和茶法，币制混乱，民怨沸腾，给人民带来极大灾难。1126 年，钦宗即位，贬岭南，途中死于潭州。蔡京以书法名世，后人恶其名，故传世甚少。蔡攸（1077—1126），为蔡京长子，1123—1126 年拜枢密院事，任内不理政务，唯知在帝侧论道家神变之事，演市井淫秽之戏以邀宠，为争权不惜与其父蔡京反目倾轧。1126 年诛死。（《宋史卷四七二·列传第二三一·奸臣二》）

谶曰：“莫与京，终旁皇”，京即“蔡京”，“旁皇”通彷徨，亦即不应反复启用蔡京，颂曰“父子同心并同道，中天日月手中物”指蔡京、蔡攸父子狼狈为奸，视天朝为手中之物，覆手为云、翻手为雨，致使朝纲大乱。图中有两丛草，象征蔡氏父子，《说文》：“蔡：草也。”草下有水，此水当为祸水，萃䷬，三至上为☵

为祸为水，下坤☷亦为祸为水，上兑☱为两，互巽☴为草为蔡，故草在祸水之中。大畜䷙，下乾☰为父，上艮☶为子。事实上蔡京还有个儿子蔡翛也上了奸臣传。

“奇云翻过北海头，凤阙龙廷生怛恻”大概指完颜阿骨打的金国，1125年灭了北边的辽国，而直逼惶恐不安的大宋王朝了。

“北海”一词在历史上所指因时而异。初为北方远僻泛称；春秋战国时又或指今渤海。《左传》僖公四年（前656），齐侯伐楚，楚子使与师言曰：“君处北海。”《孟子·梁惠王》：“挟太山以超北海。”秦汉后凡塞北大泽，往往被称为北海。《史记·大宛列传》：奄蔡“临大泽无涯，盖乃北海云”，指今里海。《汉书·苏武传》：“乃徙武北海无人处。”指今贝加尔湖。《通典》引《经行记》：“岭北流者尽经胡境而入北海”，指今巴尔喀什湖。贝加尔湖辽时属斡朗改，辽曾设斡朗改国王府，是辽五十九个属国之一。金时期，贝加尔湖和巴尔喀什湖皆不在其境内，更遑论里海（《简明中国历史地图集》谭其骧主编，中国地图出版社出版，1991年）。显然《推背图》的“北海”泛指北宋以北的湖泽，而无实指，其意在于引申出北部之敌即将大军压境。

第二十一象　甲申 ䷨ 艮上兑下　损

谶曰：

空厥宫中，雪深三尺。

吁嗟元黼，南辕北辙。

颂曰：

妖氛未靖不康宁，

北扫烽烟望帝京。

异姓立朝终国位，

卜世三六又南行。

圣叹曰："此象主金兵南下，徽宗禅位。靖康元年十一月，京师陷，明年四月，金以二帝及宗室妃嫔北去，立张邦昌为帝。卜世三六者，宋自太祖至徽钦，凡九世，然则南渡以后又一世矣。"

苗元一按

损䷨互复䷗通咸䷞覆益䷩

空厥宫中：损䷨，互坤☷为空为中，下兑☱为厥，上艮☶为宫，故空厥宫中。

雪深三尺：损䷨，互坤☷为雪，下兑☱为深，互震☳为三，震☳通巽☴为尺。

吁嗟元黼：损䷨，下兑☱为吁，互震☳为嗟，上艮☶为元首。另，咸䷞，上兑☱为吁为嗟，互乾☰为元，下艮☶为首。

张董本作"元首"，民国四年本作"元黼"。

高丽本《龙龛手镜》：黼，同顮。顮《玉篇》作"人初生子"，

《集韵》作顺产。《五音篇海》：䭫，同首。

但依损䷨卦象而论，上艮☶为首，下兑☱为数二，故当为“䭫”字。此处“元首”当为“元䭫”之讹传。

南辕北辙：损䷨，上艮☶为南，互震☳为辕，互坤☷为北，互震☳为车为迹，故为辙。

妖氛未靖不康宁：取覆卦益䷩象，上巽☴为妖气为妖氛。震☳为靖，艮☶为康宁，初至五䷚震正覆，故为未靖，为不康宁。

张董本作“妖气”，民国四年本做“妖氛”，意思相近，当讹舛，今取“妖氛”。

北扫烽烟望帝京：损䷨，互坤☷为北，上艮☶为扫，艮☶纳丙为烽烟，下兑☱为目为望，互震☳为帝，上艮☶为京。

异姓立朝终国位：损䷨，巽☴为姓，下兑☱为巽☴覆，故为异姓，互震☳为立，艮☶震☳皆朝，上艮☶互坤☷皆终皆国，上艮☶为位。另，坤☷为异为姓，故坤☷为异姓。

卜世三六又南行：损䷨，上艮☶为卜，互坤☷为世，互震☳后天数为三，坤☷旁通乾☰后天数为六，上艮☶为南，互震☳为行。上艮☶为又，下兑☱为二为兼故亦为又。

图示卦象

此图二帝在前胡人在后。取本象损䷨卦之象，下兑☱为二，互震☳为帝为行，上艮☶为背，故二帝背对前行。互坤☷为胡为人，在艮☶背之下，故胡人亦背对向前。坤☷又为后，故胡人在后。二至上为䷚，乃两震☳正覆相对、共肩而行，二帝并覆之象，比之图示，卦象更为精妙！图示如下：

历史上契丹人像（《中国古代服饰研究》，沈从文编著，上海世纪出版集团，2005 年，第 465 页。）沈从文认为："契丹男子髡顶而两旁垂散发，女真男子两旁垂辫发，形式各异均成制度。"

历史年鉴（靖康之乱）

1082 年　**壬戌**　宋元丰五年，十月丁巳，赵佶生。

1100 年　**庚辰**　宋元符三年，哲宗赵煦崩，无子，向太皇太后欲立赵煦弟端王赵佶，章惇以端王轻佻，不可以君天下曰："以礼律言之，母弟简王当立。""以长则申王当立。"（宋史·列传第二三〇·奸臣一·章惇）太后不听，立赵佶为帝，是为徽宗。

1105 年　**乙酉**　宋崇宁四年，徽宗喜花石，宦官童贯荐朱勔领苏州应奉局，总花石纲事。此事致民怨沸腾，1120 年，方腊起兵。

1111 年　**辛卯**　宋政和元年，宋以宦官童贯为副使入辽，挟燕人马植易名李良嗣者来，李献图辽之策，徽宗大喜，赐姓赵。

1115 年　**乙未**　宋政和五年，女真酋长完颜阿骨打称帝，是为太祖，国号金。辽天祚帝耶律延禧自率军七十万攻金，大败。宋童贯率军攻西夏，大败。

1120 年　**庚子**　宋宣和二年，宋赵良嗣出使金国，欲联金灭辽。约定灭辽后以燕京等十七州归宋，不出兵则地不可得，然后由宋将致辽岁币给金。

1122 年　**壬寅**　宋宣和四年，金大举攻辽，陷中京。宋河北宣抚使童贯统军十五万攻辽燕京，初胜，后大败，士卒蹂践死者百余里。金闻宋败，长驱直入，辽军溃，燕京归金。金以宋夹攻失期，拒履原约。

1125 年　**乙巳**　宋宣和七年，金大举攻宋，河北宣抚使童贯镇守太原，十二月乙巳童贯自太原逃回京师。金兵抵黄河，徽宗大恐，传位于其子赵桓，是为钦宗。

1126 年　丙午　宋靖康元年，正月，太学生陈东请诛蔡京、王黼、童贯、梁师成、李彦、朱勔六贼。十一月，金兵渡黄河。闰十一月，“自乙卯雪不止”（《宋史卷二三·本纪第二十三·钦宗》）汴京陷，宋钦宗乞降，尊金帝为皇伯，自称侄。正应了谶曰：“空厥宫中，雪深三尺。”

1127 年　丁未　宋靖康二年，正月，宋钦宗赴青城金营，被扣为人质。

二月，金废宋钦宗及太上皇宋徽宗为庶人。

三月，金立张邦昌为帝，国号楚，都金陵。正应了“异姓立国终国位”。

四月，金退兵，张邦昌退位，请哲宗妻孟皇后垂帘听政。

金俘钦宗、徽宗及六宫皇族三千人北去。其中的皇妃、公主、王妃、女眷如后来的高宗赵构生母韦妃、夫人邢妃、两个女儿等三百多人被编入“洗衣院”，名为洗衣，惨比妓院，供金军发泄凌辱，大多致死。史称“靖康之耻”。正应了“吁嗟元首，南辕北辙”，“妖氛未靖不康宁，北扫烽烟望帝京”。

五月，宋康王赵构即位于南京，改元建炎，是为宋高宗。以李纲为相，贬主和诸大臣，张邦昌亦被贬。

八月，李纲罢相，陈东、欧阳澈以直言被杀。

十二月，金兵以擅废张邦昌为借口分三路南下攻宋。

是年北宋亡，南宋立。北宋历太祖赵匡胤、太宗赵光义、真宗赵恒、仁宗赵祯、英宗赵曙、神宗赵顼、哲宗赵煦、徽宗赵佶、钦宗赵桓共九帝，“卜世三六又南行”即是北宋历九帝后又开启了偏安一隅的南宋王朝。徽宗以书画名世，其工笔花鸟画在中国画史上影响深远，其“瘦金体”在书法史上亦自成一家，就艺术而言，可谓北宋文化大国的终结者。惜皇太后未听章惇之言，误了徽宗，害了北宋。徽宗之命也数也?！北宋之命也数也?！

第二十二象　乙酉 ䷥ 离上兑下　睽

谶曰：

天影当空，否极见泰。

䭰䭰森森，木蕣大赖。

颂曰：

神京王气满东南，

祸水汪洋把策干。

一木会支二八月，

临行马色半平安。

圣叹曰："此象康王南渡，建都临安，秦桧专权，遂成偏安之局。木蕣康王名構，一木会支二八月者指秦桧也。木会为桧，春半秋半却成一秦字。"

苗元一按

睽䷥互既济䷾通蹇䷦覆家人䷤

天影当空： 睽䷥，上离☲为日为天，互坎☵为影为空，故天影当空。

张董本作"天馬"，民国四年本作"天影"。《集韵》：影同馬。影，象马头毛尾四足之形。"影"为古字，当在"馬"字产生之前，疑"馬"之本字。

否极见泰： 取既济䷾象，互卦既济䷾由泰䷊卦变来，虞翻注既济䷾曰："泰五之二"即既济源于泰六五与九二互动。既济䷾，上坎☵互坎☵皆否，故为否极，若二五还原，即为泰䷊也，故否极见泰。此象谶颂文辞多取泰䷊象。

凮凮淼淼： 取泰卦䷊卦象，下乾☰为凮，互震☳亦为凮，上坤☷为淼，互兑☱亦为淼，故凮凮淼淼。

张董本作“闯闯水水”，民国四年本作“凮凮淼淼”，“闯闯水水”当“凮凮淼淼”之讹谬。“凮”音梵，字见《字汇补》。历代字典未明其意，笔者以为“凮凮淼淼”与本象之图相对应。“凮”即图中“天影”，“淼”即图中大水。“凮”，从馬，从几。“几”《龙龛手镜》作“明”，明乃日月在天上，本象图中馬上方为天，谶又曰“天影（馬）”，故以图、谶和《龙龛手镜》考“凮”当天馬之意。“淼”，大水也，应在1126年丙午之天河水和1162年壬午之壬大河水，“水水”岂能担当“淼淼”大水之责?!

木冓大赖： 取泰卦䷊卦象，互震☳为木，上坤☷为冓，下乾☰为大赖。

张董本作“木篝”，民国四年本作“木冓”，冓，《说文》，交积才也，象对交之形。“篝”当“冓”之误。

神京王气满东南： 取泰卦䷊卦象，互震☳为神，上坤☷为京，互震☳为王通巽☴为气故王气。上坤☷为满，互兑☱先天方位在东南。

祸水汪洋把策干： 取泰卦䷊卦象，上坤☷为祸水，上坤☷互兑☱皆水为汪洋，伏艮☶为把，上坤☷为策，下乾☰为干。

张董本作“褐水”，民国四年本作“祸水”。“褐”、“祸”字形相近，“褐”当“祸”之误。

一木会支二八月： 取泰卦䷊卦象，下乾☰为一，互震☳为木伏巽☴为支，震☳巽☴互通兼爱故为会，互兑☱为二为月，上坤☷为八为月，故一木会支二八月。另：乾象盈甲，乾纳甲为一，甲为木，故乾☰为一木。《说文》：支，去竹之枝也，故震☳为支。上坤☷为积为聚故为会。

临行马色半平安： 取泰卦䷊卦象，下兑☱为临，互震☳为行，下乾☰为马，旁通艮☶为色，故临行马色。互兑☱上断为半通艮☶为安，故半平安。

图示卦象

此图一马渡江，取睽䷥象，互坎☵为马为渡，下兑☱为水。否䷋卦象亦可释：否䷋上乾☰为一为马，下坤☷为水，互巽☴为舟在坤☷水之上故为渡。此图一马一水精妙之处在于应了高宗历史上两个重要的年份，一是 1126 年丙午，地支为午马，纳音为天河水，二是 1162 年壬午，地支亦为午马，天干为大江大海之壬水。图示如下：

第二十二象极其值得研究，谶颂文字及图像多取泰卦卦象。泰卦䷊本于既济䷾，既济䷾源于睽䷥卦之互。作者在此运用了两汉易学中的卦变说。清易学家惠栋在总结卦变说时认为：“卦变之说本于《彖传》，荀慈明、虞仲翔、姚元直及蜀才、卢氏、侯果等之注详矣，而仲翔之说尤备。”（惠栋《易汉学》卷八）此说甚是，惠栋清晰地指出了卦变说的来龙去脉及其代表人物。

卦变说以乾坤阴阳消息为逻辑对八卦进行变化和归纳，包括：一阳五阴者来自复，共六卦；一阴五阳者来自姤，共六卦；二阳四阴来自临、观，共十五卦；二阴四阳者来自遁、大壮，共十五卦；三阴三阳者来自泰、否，共二十卦；纯阳纯阴两卦为乾坤，共六十四卦。卦变说在易学史上有着深刻的意义，它不仅揭示了六十四卦之间除了正覆、互通关系外，还有着相消相息、相生相依内在变化的关系，此谓易生生不息的内在逻辑。《推背图》作者在此象中运用卦变说，很大程度上可能是因为作者认为仅仅依靠正象、覆象、互象、通象是不足以完全表达他想表达的信息。

另外，此象亦极可能运用了卦气说。颂曰“一木会支二八月”，按卦变说，睽䷥为二阴四阳卦，二阴四阳卦源于遁䷠大壮䷡两卦，蹇䷦为二阳四阴卦源于临䷒观䷓两卦。大壮䷡为二月卦，观䷓为八月卦，大壮䷡上震☳为木，观䷓上巽☴为支，故“一木会支二八月”。卦气说始于孟喜，后学京房、《易纬》、荀爽、虞翻无不用之。卦气说最大贡献就是将天文历法与易经联系了起来。卦气说主要包括坎离震兑四正卦说，六日七分说和十二辟卦说，其中十二辟卦说即十二消息卦说，对后世象数易学产生了深远的影响。孟喜从六十四卦中选取十二卦，配以十二月，象征一年四季十二月阴阳消长的变化特征，十二卦依次为：复䷗十一月（子）冬、临䷒十二月（丑）冬、泰䷊正月（寅）春、大壮䷡二月（卯）春、夬䷪三月（辰）春、乾䷀四月（巳）夏、姤䷫五月（午）夏、遁䷠六月（未）夏、否䷋七月（申）秋、观䷓八月（酉）秋、剥䷖九月（戌）秋、坤䷁十月（亥）冬。复至乾是阳长阴消的过程，故此六卦称为息卦，姤至坤是阴长阳消的过程，故此六卦称为消卦。

历史年鉴（宋室南迁）

1126年　丙午　宋靖康元年，正月，康王赵构、张邦昌作人质往金营议和。

二月，金得三镇，遣康王赵构等回，另以肃王赵枢为质，遂退兵。

十一月，钦宗遣康王至金营议和，由滑、浚至磁州，守臣宗泽曰：“肃王去不返，金军已迫，复去何益？请留磁。”（《宋史卷二四·高宗纪一》）在宗泽的陪同下，赵构前往磁州城北的崔府君庙应王祠拜谒，众多百姓担心康王取道于此继续北上而聚集在庙宇周围，呼号劝谏。在庙中，康王求得吉签，庙吏抬应王轿舆、拥庙中神马，请康王乘归馆舍。纷乱中，力主使金的王云被杀，康王则留了下来，并于次日返回相州。康王得以免遭金兵俘虏，成为其政治生涯的转折点。此事件后来成为南宋官私记载中极力渲染的“崔府君显圣”，“泥马渡康王”的缘起。

闰月，康王赵构受命为河北兵马大元帅。

1127年　丁未　宋建炎元年，正月，宋钦宗赴青城金营，被扣为人质。

五月，康王赵构称帝于南京，是为高宗，史称南宋。

十一月，高宗仓皇至扬州。

1128年　戊申　宋建炎二年，七月，东都留守宗泽屡请高宗还京，不听，忧愤死。宗泽死前连咏杜甫诗“出师未捷身先死，长使英雄泪满襟”，连呼“渡河”再三。金闻之，遂谋大举南侵。（《宋史卷三六〇·列传第一一九·宗泽》）

十一月，金破宋延安府。

十二月，金破宋东平、北京，知济南府刘豫降，金兵遂逼至扬州。

1129年　己酉　宋建炎三年，二月，金军至扬州，焚。高宗仓皇而逃，至杭州，金追至瓜洲渡，民未及渡者尚有十余万，相抱沉江底，余均为金所掳。

五月，高宗仓皇至江宁，改为建康府。

十月，金军大举南侵，高宗仓皇逃至杭州临安府，再逃越州。

十一月，金兵渡长江，速破抚州、建康。

十二月，金兵破临安府、越州，高宗乘舟泛海仓皇奔定海。

1130年　庚戌　宋建炎四年，正月，金乘胜破定海、明州，高宗乘舟仓皇逃至温州。

二月，金屠潭州。焚明州、杭州，大掠而北，又焚平江。

四月，高宗仓皇至越州，韩世忠败于江上。

八月，金破承州，攻楚州。

十月，宋御史中丞秦桧，携妻王氏自金营逃归。秦桧于1127为金所掳。

十一月，金破泰、通等州。

1131年　辛亥　宋绍兴元年，高宗以秦桧为相，倡以金和议。

1134年　甲寅　宋绍兴四年，岳飞复取郢州、随州、襄阳。

1135年　乙卯　宋绍兴五年，二月，高宗返回临安。

四月，宋徽宗死于金五国城。

六月，岳飞破洞庭水寨，杨幺被牛皋擒斩。

1137 年　丁巳　宋绍兴七年，岳飞入朝，高宗召至寝阁曰："中兴之事，一以委卿。"（《宋史卷三六五·列传第一二四·岳飞》）

1138 年　戊午　宋绍兴八年，秦桧力主议和，会金扬言立钦宗，高宗大惧，遂亦力主议和，自是秦桧专权。

1140 年　庚申　宋绍兴十年，六月，金兵攻顺昌，为刘锜军所败；攻石壁寨，为吴璘军所败；攻京西，为岳飞军所败；攻淮东，为韩世忠军所败。

闰六月，岳飞破金兵于颍昌府，克淮宁府。

七月，岳飞克西京，又屡败金兵于郾城、小商桥、朱仙镇。岳飞谓其下曰："直抵黄龙府，与诸军痛饮尔！"高宗听秦桧议，一日下十二金字牌，诏岳飞班师，岳飞悲愤曰："十年之力，废于一旦。"于是收复诸城皆失。

1141 年　辛酉　宋绍兴十一年，四月，高宗与秦桧密谋罢韩世忠、张俊、岳飞兵权，以为枢密副使。

七月，秦桧以岳飞不死必害己，时益传金将使前皇钦宗复位，高宗甚惧，决心杀岳飞。

八月，罢岳飞枢密副使，飞部将张宪下狱。

十月，张俊诬岳飞谋反。秦桧复诬"莫须有"（《宋史卷三六五·列传第一二四·岳飞》）。岳飞下狱。

十一月，宋、金和议成，宋向金称臣。

十二月，岳飞绞死于大理寺狱中风波亭。年仅四十。可怜了岳飞"待从头收拾旧河山"！

1155 年　乙亥　宋绍兴二十五年，秦桧死。至宁宗开禧二年，被追夺王爵，改谥缪丑。秦桧至相位凡十九年，包藏祸心、陷害忠良、倡和误国。

1162 年　壬午　宋绍兴三十二年，高宗禅位于族侄孝宗赵伯琮。

1175 年　乙未　宋淳熙二年，理学家朱熹与心学家陆九渊会于江西上饶鹅湖山，首开中国哲学之大辩论，为中国文化之盛举，史称“鹅湖之会”。是年，诗人陆游五十一岁，范成大五十岁，尤袤、杨万里四十九岁；词人辛弃疾三十六岁，史上最伟大的女词人李清照已故去二十一年。

1187 年　丁未　宋淳熙十四年，宋太上皇高宗卒。年八十一岁。

此象反复出现“马”与“水”，谶颂中“天影”、“鳳鳳”、“马色”共四马，“淼淼”、“祸水汪洋”共四水，图中亦有一马一水。如此多的“马”与“水”当有所指。历史上高宗赵构与马和水渊源深刻。

高宗颇为识马，史载一：“张浚曰：‘臣闻陛下闻马足声而能知其良否。’帝曰：‘然，闻步骤之声，虽隔墙垣可辨也。’”史载二：“上与辅臣论兵器，因曰：前日岳飞入对，朕问有良马否，飞奏‘旧有良马，已而亡之，今所乘，不过驰百余里，力便乏。’此乃未识马故也。大抵驯而易乘者，乃驽马，故不耐骑而易乏，若就鞍之初，不可制御，此乃马之逸群者，驰骤既远，则马力始生。”（南宋李心传《建炎以来系年要录》卷一〇八）

高宗能闻声辨驽骀，隔墙识骐骥，就鞍知马力，足见对马之研究、驾驭能力。后来金兵南下，高宗骑马一路南逃，历扬州、江宁、临安、越州、定海、明州、温州，马在其逃亡过程中应该说立了大功。这才有了“泥马渡康王”的故事，并在南宋广为流传。《推背图》的“天影”、“鳳”为天马，有将马神化之意，大约应了这一历史。

更为巧合的是，“泥马渡康王”缘起于 1126 年，是年干支为丙午，为马年，丙午纳音为天河水，天河水上之马当为天马。是故“天影当空”及图中马行在天河水上当应了 1126 年丙午这一年。这一年是整个大宋由北宋到南宋的转折之年，是赵构免遭金兵俘虏且受命为兵马大元帅的“否极见泰”之年。

1162 年，高宗以“倦勤”让位于孝宗，是年壬午，也是马年。

至于水，高宗先渡黄河使金营作人质，再渡长江瓜洲渡逃亡，最后渡海逃往温州。黄河、长江、大海成了这位君主的仓皇历程。

此象有这么多水大致与此有关。

谶中“木冓大赖”正是高宗赵構的“構”字，颂中“神京王气满东南”，“临行马色半平安”点出都城临安两字。指出南宋东南一隅，半壁江山。

“一木会支二八月”，金圣叹解释的最为精妙：一木会支即桧，秦字上半部分为春头，下半部分为秋分，二月为春季的一半，八月为秋季的一半，故“二八月”即“秦”字。秦桧专权，投敌卖国害死岳飞，是所谓“祸水汪洋把策干”。

今人邓小南教授在《关于“泥马渡康王”》（《北京大学学报》一九九五年第六期）中对“泥马渡康王”的来龙去脉及其政治背景有详尽的论述，以为宋高宗为稳定政权而编制的故事。大肆渲染将其神话，服务于政权是事实，但说其完全虚构则未必，它的原型当是“马渡康王”，高宗骑着马一路逃亡，而这又缘于高宗爱马、识马、骑马这一事实。

第二十三象　丙戌 ䷉ 乾上兑下　履

谶曰：

似道非道，乾沈坤黔。

祥光宇内，一江断楫。

颂曰：

胡儿大张挞伐威，

两柱擎天力不支。

如何兵火连天夜，

犹自张灯作水嬉。

圣叹曰：“此象主贾似道当权，汪立信、文天祥辈不能以独力支持宋室。襄樊围急，西子湖边似道犹张灯夜宴，宋室之亡其宜也。”

苗元一按

履䷉互家人䷤通谦䷎覆小畜䷈

似道非道：谦䷎，下艮☶为似，互震☳为道，上坤☷为非，故似道非道。另：初至五䷎为震☳正覆，震☳为道，正为似道，覆为非道。

乾沈坤黔：履䷉，上☰为乾，下兑☱为沈；谦䷎，上☷为坤为黔。

张董本作“坤验”，民国四年本作“坤黔”，“验”当“黔”之讹。黔，音检，《玉篇》：黑也。此字不同于今人常用的“黯”字，黯，《说文》：深黑也。

祥光宇内：履䷉，上乾☰为祥为宇，互离☲为光，居中，故祥光宇内。

一江断楫：谦䷎，互坎☵为一，坎☵与上坤☷皆江，故一江；坎☵陷为断。坎☵又为楫，《系辞》曰：刳木为舟，剡木为楫，盖取诸涣。涣䷺，上巽☴为舟，下坎☵为楫。

胡儿大张挞伐威：谦䷎，上坤☷为胡，互震☳为儿，为大张，下艮☶为挞伐，互震☳为威。

两柱擎天力不支：履䷉，下兑☱为两，互巽☴为柱，故两柱。谦䷎，艮☶为擎为天，上互震☳为力，下互坎☵为陷为不支，故擎天力不支。

如何兵火连天夜：履䷉，下兑☱为兵，互离☲为火，上连乾☰为天，旁通坤☷为夜。兑☱离☲乾☰相接，故为连。互巽☴为疑为如何。另：下兑☱为如何，兑☱为女为口为问，故为如何。

犹自张灯作水嬉：谦䷎，下艮☶为犹为自，互震☳为张，下艮☶为灯为作，互坎☵为水，上坤☷为嬉。

张董本作“永嬉”，民国四年本作“水嬉”，“永”当“水”之误。水嬉是古代水上一种娱乐活动，兴盛于宋代。

图示卦象

大殿门内，一人双手擎柱，作“强支”状。取谦䷎卦之象，下艮☶为殿，为门。互震☳为张为力，下艮☶为手为擎，初至五䷎为艮☶正覆，故为双手，又为震☳正覆，故为双臂向外力撑，无奈互坎☵为破为陷，大局不撑大厦难支啊！图示如下：

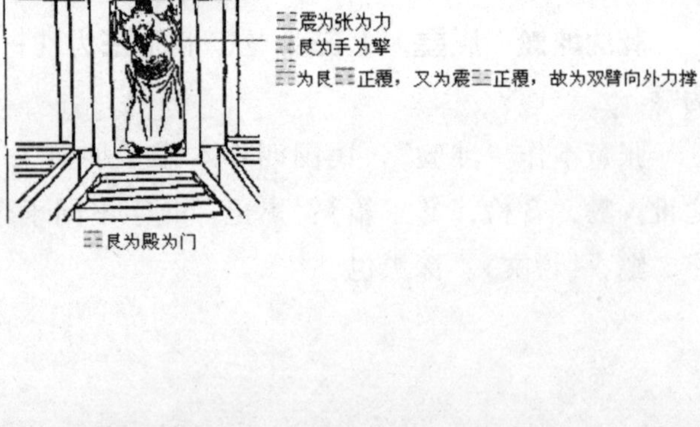

历史年鉴（似道专权）

1232年 **壬辰** 宋绍定五年，蒙古与宋预定对金夹攻，许以灭金之后，黄河以南归宋。

1234年 **甲午** 宋端平元年，宋蒙合围蔡州，宋军陷南城，金帝自缢，金亡。宋欲收复东京汴京、西京洛阳、南京商丘，并连克汴京、洛阳，宋率先叛盟，自是宋无宁日。

1235年 **乙未** 宋端平二年，蒙古分三路大军攻宋，西路攻蜀，中路攻襄阳，东路攻长江下游。

1236年 **丙申** 宋端平三年，蒙古军入蜀，襄阳陷，宋理宗赵贵诚追悔叛盟，下诏罪己。六月六日，文天祥生。

1256年 **丙辰** 宋宝祐四年，贾似道任参知政事，时年四十四岁。文天祥进士及第，殿试宋理宗拔为第一，年仅二十一岁。

1258年 **戊午** 宋宝祐六年，蒙古大举攻宋四川、鄂州、长沙。贾似道任枢密使、两淮制置使。

1259年 **己未** 宋开庆元年，十月，贾似道任丞相。十一月，贾似道遣使宋京赴蒙古营乞和，请称臣，划长江为界，每岁贡银二十万两，绢二十万匹。

1260年 **庚申** 宋景定元年，二月，蒙古军队至鄂州北还，贾似道杀其殿后散卒七百余人，匿议和称臣岁币之事，上奏言诸道大捷。宋理宗以贾似道有再造国家之功，召还朝，命百官郊迎，加太子太师。举国皆不知所谓和议。

1261年 **辛酉** 宋景定二年，贾似道行打算法于诸路以核军费，大将获罪者不少，泸州将刘整举所属十五县降蒙古。湖南制置副使向士璧、宁远节度使王坚、江东西宣抚使赵葵、沿江制置副使史岩之、两淮制置使杜庶，皆受贾似道诬陷打击。

1264年 **甲子** 宋景定五年，宋临安府学生叶李、萧规，上书斥贾似道误国专权，似道大怒，黥二人面。十月理宗死，侄赵孟启继位，是为度宗。

1265年 **乙丑** 宋咸淳元年，宋度宗加贾似道太师，封魏国公，称之为“师臣”。

1270 年　庚午　宋咸淳六年，蒙古围宋襄阳，度宗问贾似道襄阳之事，贾似道曰：“蒙古兵已退，何有此言?”度宗曰：“适有女嫔言之。”贾似道借罪杀女嫔，自是无人再敢言边事。时“似道起楼阁亭榭，取宫人娼尼有美色者为妾，日淫乐其中”。“尝与群妾踞地斗蟋蟀，所押客入，戏之曰：‘此军国重事耶！’”（《宋史卷四七四·列传第二三三·奸臣四》）

1273 年　癸酉　宋咸淳九年，襄阳被围五年，久困无援，太师贾似道屡上书请亲自赴前线援助，暗中又使台谏上章留己。

1274 年　甲戌　宋咸淳十年，度宗卒孝恭帝继位，年四岁，谢太皇太后临朝。元世祖忽必烈大举攻宋，渡长江，京师学生上疏，以为非“师相”贾似道亲出不可，贾似道不得已，设都督府于临安，任孙虎臣为诸军总统。

1275 年　乙亥　宋德祐元年，二月，贾似道故伎重演，遣使赴元营乞和，称臣纳币。元右丞相伯颜以宋人无信不许。攻，宋大溃。四月，赣州知州文天祥起兵勤王。七月，宋京湖都统制张世杰攻元兵，大溃。十二月，宋遣右丞相陈宜中，复遣宗正少卿陆秀夫前往元营乞和，不许。是年，江淮招讨使汪立信，募兵抗元，见时局已非，扼喉而卒。

1276 年　丙子　宋德祐二年，正月，元军兵至临安城下，宋谢太皇太后奉传国玺，上表乞降。命文天祥为右丞相，往元营议和，元伯颜留之不遣。

三月，伯颜入临安，挟宋孝恭帝赵显、生母全太后，俱北行。

四月，文天祥由元营逃归。

五月，宋益王赵昰称帝于福州，是为端宗，年九岁。陈宜中、文天祥任左右丞相。文天祥与陈宜中不和，降为枢密使，赴外募兵。

十一月，元兵攻，端宗泛海奔泉州，再奔潮州。

1277 年　丁丑　宋景炎二年，宋枢密使文天祥率军挺进江西。在雩都大胜元军，攻取兴国，收复赣州十县，吉州四十县，人心大振，江西各地回应，全国抗元纷起。元江西行署参政李恒救赣州，文天祥兵溃。

十月，元屠兴化，血流有声，宋枢密副使张世杰携端宗赴广东秀山。

1278 年　戊寅　宋景炎三年，正月，元陷重庆。

二月，陷潮州，屠城。

四月，端宗卒，左丞相陆秀夫议立端宗弟赵昺为帝，年八岁，杨太后仍临朝。封张世杰越国公，文天祥信国公，加少保。十一月至十二月，文天祥屯兵潮阳，元兵骤至，文天祥走海丰，至五坡岭，元军追至，被俘。

押解途经广东伶仃洋，天祥写下千古绝唱《过零仃洋》："辛苦遭逢起一经，干戈寥落四周星。山河破碎风飘絮，身世浮沉雨打萍。惶恐滩头说惶恐，零仃洋里叹零丁。人生自古谁无死，留取丹青照汗青！"

1282 年　壬午　元至元十九年，文天祥囚禁于元大都，拒忽必烈之威逼利诱，决心成仁。元世祖召之曰："汝何愿？"天祥对曰："天祥受宋恩，为宰相，安事二姓？愿赐之一死足矣。"天祥死，面如生，年四十七。其衣带中有赞曰："孔曰成仁，孟曰取义，惟其义尽，所以仁至。读圣贤书，所学何事，而今而后，庶几无愧。"（《宋史卷四一八·列传第一七七·文天祥》）

谶曰："似道非道，乾沈坤黪"，正应了贾似道无道，致使大宋天沉地暗。"祥光宇内，一江断楫。""祥"指文天祥，"一江"指汪立信，文天祥光芒四射，汪立信忠烈可嘉，无奈"胡儿大张挞伐威，两柱擎天力不支"。图中文天祥独撑大厦而力不支。此大厦应了"宋"字。《说文》：宋，居也，从宀从木。此大厦上有"宀"，下有四柱为"木"，正是大宋难支。

"如何兵火连天夜，犹自张灯作水嬉。"水嬉是一种水上游玩运动，兴盛于宋代。指襄阳被元围困五年，贾似道在西湖歌舞夜晏、张灯水嬉，"宫人娼尼有美色者日淫其中"（《宋史卷四七四·列传第二三三·奸臣四》），天天斗蟋蟀、赏古玩，著有《促织经》，是斗蟋学之祖。似道富收藏，《王羲之快雪时晴帖》、《展子虔游春图》皆是其所藏。宋代人文之盛，奸臣尚亦如此，呜呼！

第二十四象　丁亥䷼巽上兑下　中孚

谶曰：

山厓海边，不帝亦仙。

二九四八，于万斯年。

颂曰：

十一卜人小月终，

回天无力道俱穷。

干戈四起疑无路，

指点洪涛巨浪中。

圣叹曰：“此象主帝昺迁崖山，元令张弘范来攻，宋将张世杰兵溃，陆秀夫负帝赴海，宋室以亡。”

苗元一按

中孚䷼互颐䷚通小过䷽覆中孚䷼

山厓海边：颐䷚，上艮☶为山为厓，互坤☷为海，上艮☶又为边。《说文》：边，行垂崖也。

张董本作“山崖”，民国四年本作“山厓”，崖通厓。《说文》：厓，山边也；崖，高边也。今从民国四年本。

不帝亦仙：颐䷚，下震☳为帝，上艮☶为震覆故为不帝，互坤☷为亦为仙。

二九四八：中孚䷼，下兑☱先天数二，河图数九，互震☳先天数四，河图数八。

于万斯年：颐䷚，互坤☷下震☳皆万皆年，故于万斯年。

十一卜人小月终：颐䷚，互坤☷为十，上艮☶为卜人为独为居，艮☶在上独居，故为一卜人。互坤☷为小为月为终，上艮☶亦为终。

回天无力道俱穷：颐䷚，震☳为去故艮☶为回，上艮☶为回为天，互坤☷为无，下震☳为力为道，互坤☷为俱穷。

干戈四起疑无路：中孚䷼，下兑☱为干戈，互震☳为四为起，故干戈四起，上巽☴为疑为无，《丰·六二》：往得疑疾。疑取互巽☴之象。互艮☶为路。

指点洪涛巨浪中：颐䷚，上艮☶为指点，互坤䷁上下皆坤☷故为洪涛为巨浪，坤☷又居颐之中，故指点洪涛巨浪中。

图示卦象

此图夕阳西下，一桴木漂浮在巨浪之中，可谓洪水涛天、残阳如血之象。取颐䷚卦之象：上艮☶下震☳皆日，互坤☷为落，故有日落之象。下震☳上艮☶皆木，互坤☷又为洪为涛为浪，两木皆在坤☷水之外，故又有木浮于水之象。图示如下：

历史年鉴（宋朝灭亡）

1278年　戊寅　宋景炎三年宋祥兴元年，正月，元兵破重庆，俘宋将赵珏，于是绍庆等州府皆降。

二月，元兵破潮州，屠城。

三月，宋帝端宗赵昰至硇洲。

四月，端宗卒，群臣皆欲散去。左丞相陆秀夫曰："度宗皇帝一子尚在，将焉置之？古人有以一旅一成中兴者，今百官有司皆具，士卒数万，天若未欲绝宋，此岂不可为国邪？"乃与众共立卫王赵昺。（《宋史卷四五一·列传第二一〇·忠义六》）

时陈宜中往占城，以与张世杰不协，屡召不至。秀夫与世杰共秉朝政。时世杰驻兵崖山，秀夫外筹军旅，内调工役，凡有所述作，又尽出其手。虽匆遽流离中，犹日书《大学章句》以劝讲。

五月，改元祥兴。

六月，枢密使张世杰随帝赵昺进驻新会南之崖山，孤悬海中，时官民兵卒尚有二十余万。元将张弘范分水陆二路攻崖山。

七月，湖南张烈良等起兵抗元，应者纷纷，寻皆败死。

十二月，文天祥兵败五坡岭，被俘。

1279 年　己卯　宋祥兴二年，正月，元将张弘范攻崖山。

二月，时宋军民二十余万，元军十余万，双方战船千艘，己卯，宋军都统张达夜袭元军失败。癸未甲申，元军以奏乐为号南北进攻，张世杰军大溃。陆秀夫谓宋帝赵昺曰："国事至此，陛下当为国死，端宗辱已甚，陛下不可再辱。"（《宋史卷四五一·列传第二一〇·忠义六》）杖剑驱妻子入海，秀夫背帝蹈海殉国！张世杰率十六舟夺海出遇杨太后，欲再求赵氏后立之，太后闻昺已死，大恸曰："我艰关忍死者，正为赵祭祀尚有可望尔，今天命至此，夫复何言?!"（《宋史卷二四三·列传第二·后妃下》）亦赴海死。后张世杰亦遇风涛坠海而死。军民见状，纷纷蹈海死，第二天早晨，海上浮尸十万，宋亡，立国三百二十年。帝昺尸体漂至今深圳赤湾，今赤湾有宋少帝墓。

此役双方动用兵力逾三十余万（一说五十余万），战舰千余艘，是人类古代史上规模最为宏大，战局最为惨烈的海战。有皇上，有太后，有丞相，有将军，有战士，有大小官吏，有普通百姓，有老弱病残，有妇女儿童，十余万人同时殉国，这是汉民族自立国以来最为悲壮的一天，也是最有尊严的一天！

蒙古军队在东征西讨、南征北战中采取残酷的种族灭绝政策，南宋是蒙元铁蹄最后踏破的帝国。蒙元征服中国，造成了数千万人的死亡，自是汉人落入三等民族，唐宋累积的巨大文明毁于一旦。虽然百年后汉人复国，但明王朝大开杀戒，奉行专制，无复唐宋王朝尊重生命价值、广开言路、重视科技与人文的传统和包容世界的气度。

谶曰："山厓海边"，正是崖山孤悬海中，"厓"同"崖"。"不帝亦仙"，"干戈四起疑无路，指点洪涛巨浪中"指陆秀夫背帝赴海殉国。"二九四八，于万斯年。"正应了两宋历十八帝（北宋九帝详见第二十一象）。南宋历高宗赵构、孝宗赵昚、光宗赵惇，宁宗赵扩，理宗赵昀，度宗赵禥，恭宗赵㬎，端宗赵昰，少帝赵昺共九帝，享国三百二十年。"十一卜人小月"为"趙"字，图中漂木象征宋覆，《说文》：宋，从宀从木，"宀"为屋厦，木倒则大厦倾矣。"昺"为日辉普照之意，图中落日从海上西下象征帝昺蹈海遇难。是所谓"十一卜人小月终，回天无力道俱穷"。

第二十五象　戊子 ䷴ 巽上艮下　渐

谶曰：

北帝南臣，一兀自立。

离离河水，燕巢补㲉。

颂曰：

鼎足争雄事本奇，

一狼二鼠判须臾。

北关锁钥虽牢固，

子子孙孙五五宜。

圣叹曰："此象主元太祖称帝离河，太祖名铁木真，元代凡十主。斧铁也，柄木也，斧柄十段即隐十主之意。"

苗元一按

渐䷴互未济䷿通归妹䷵覆归妹䷵

北帝南臣：未济䷿，上互坎☵为北，上离☲为帝，故北帝。下互离☲为南，下坎☵为臣，故南臣。

一兀自立：渐䷴，互坎☵为一，下艮☶为兀为自，上巽☴通震☳为立。

离离河水：未济䷿，上☲为离，互☲为离，互坎☵为河，下坎☵为水，故离离河水。

张董本作"斡难河水"，民国四年本作"离离河水"，"斡难河水"当为后人根据史实所作的篡改，原文当作"离离河水"。《方言》："罹谓之离"，罹为难，故离者难也。"离河"亦当"难河"，故有"斡难河水"之意。

燕巢补䴬：渐䷴，互离☲为燕为巢，下艮☶为补，上巽☴为䴬。

张董本作"补麦"，民国四年本作"补䴬"，"麦"当"䴬"之讹谬。䴬，音熟，《广韵》：姓也，梁四公䴬䵵之后。但《梁四公传》作𪌪䵵。笔者以为古人"䴬"通"𪌪"，两字字形相近，左边皆为"麦"，右边为"戈"、"弋"皆武器。𪌪，音逸，《玉篇》：麦壳破碎者。故"燕巢补䴬"亦当"燕巢补𪌪"，依"𪌪"而论，则与"一兀自立"的"立"合韵。这样"燕巢补𪌪"的意思就好理解了，即指燕子经常衔些碎麦破壳补固其巢。

《康熙字典》以为，《涅槃经》中将"𪌪"伪作为"䴬"，其实不是伪作，而是通作。

鼎足争雄事本奇：渐䷴，上巽☴为鼎，通震☳为足为争为雄。互坎☵为事，下艮☶为本，覆震☳为奇。

一狼二鼠判须臾：渐䷴，互坎☵为一，下艮☶为狼，故一狼，下艮☶伏兑☱为二，互坎☵为鼠，故二鼠，下艮☶为判，艮☶为时故又为须臾。

北关锁钥虽牢固：渐䷴，互坎☵为北，下艮☶为关，互坎☵为锁钥，上巽☴为虽，下艮☶为牢为固。

子子孙孙五五宜：渐䷴，上巽☴通震☳为子，下艮☶为孙，上巽☴先天数五，下艮☶河图数五，故子子孙孙五五宜。

图示卦象

图中一巨斧，有雷霆万钧之势，此图极其独特且具创造力。取渐䷴旁通归妹䷵之象，下艮☶为斧，上通震☳为木柄，下通兑☱数十，故斧柄十节。另，互离☲亦为斧，虞翻易：离☲为斧。取雷霆万钧之斧之象，象征蒙元之超级帝国，以武力横扫欧亚雄霸天下。上下五千年，唯此一朝。图示如下：

历史年鉴（元朝气数）

1206 年　丙寅　宋开禧二年，蒙古成吉思汗元年，蒙古贵族在斡难河源尊铁木真为大汗，蒙古语称成吉思汗，中国史称太祖。

1218 年　戊寅　宋嘉定十一年，蒙古成吉思汗十三年，蒙古西征途中灭西辽，辽亡，立国三〇三年。

1227 年　丁亥　宋宝庆三年，蒙古成吉思汗二十二年，蒙古攻西夏，西夏亡，立国一百九十六年。

1234 年　甲午　宋端平元年，蒙古窝阔台汗六年，蒙古与宋合围蔡州，金亡，立国一百二十年。

1246 年　丙午　宋淳祐六年，蒙古贵由汗元年，蒙古招降吐蕃。

1253 年　癸丑　宋宝祐元年，蒙古蒙哥汗三年，蒙古灭大理。

1271 年　辛未　宋咸淳七年，元至元八年，十一月，元世祖忽必烈改国号为大元，取易经第一卦乾卦“大哉乾元”之意。

1279 年　己卯　宋祥兴二年，元至元十六年，厓山之役，宋败，元镇国大将军张弘范灭宋于此。宋亡，立国三百二十年。今年，元朝统一中国。元朝将境内各族划分为蒙古、色目、汉人、南人四个等级，实行种族歧视和不平等政策。南宋境内之人民地位最低，如同奴隶。有意思的是宋人后裔常以元朝为荣。元朝疆域广大“北逾阴山，西极流沙，东尽辽东，南越海表”，“东南所至不下汉、唐，而西北则过之”（《元史·地理志》），领土超两千万平方公里，为中国历史之最。

1368 年　戊申　元至正二十八年，明洪武元年，朱元璋建都应天府，国号明，是为明太祖。明大将军徐达率军攻入大都，元顺帝北逃，元亡。北迁的元政府退居漠北，仍沿用大元国号，与明朝对峙，史称“北元”。

元享国祚九十七年，历十一帝，分别是：世祖忽必烈1260年即位，在位三十五年；成宗铁穆耳1294年即位，在位十三年；武宗海山1307年即位，在位四年；仁宗1311年即位，在位十年；英宗1320年即位，在位四年；泰定帝1323年即位，在位五年；天顺帝1328年9月即位，在位一个月；文宗1328年9月至1329年1月，1329年8月至1332年11月在位，前后共五年；明宗1329年1月即位，在位八个月；宁宗1332年即位，在位月余；顺帝1333年即位，在位三十六年。明宋濂在《元史》中未将天顺帝列入，故《元史》记载十帝。正应了颂曰：“子子孙孙五五宜”一说，五五即十，图中斧柄亦十节，故十帝。

“一兀自立”，“离离河水”即为元朝发轫于斡难河源独霸天下之意，“一兀”即“元”。未济䷿，上离☲为难，下坎☵为水，故离河当难河。燕为北京，“燕巢补葺”大概是指蒙元定都北京之前增补加固其在斡难河边的根据地之意。“北帝南臣”指南宋向北方的蒙古皇帝称臣。“鼎足争雄事本奇”，当时中国大地上有蒙古、西辽、西夏、金、吐蕃、大理、南宋，相互攻伐争雄。“一狼二鼠判须臾”，相对于南宋，蒙古为一狼，西夏、金为二鼠，此汉人对北方野蛮民族之蔑称。

此图可谓创意非凡，用一柄战斧象征大元帝国雄霸天下。“一斧”与“一兀”在卦象里是一致的，皆为渐䷴之下艮☶出，艮☶既为刀斧，又为兀土。

更神奇的是：斧头为铁，斧柄为木，正应了元太祖铁木真，斧柄十节亦应了元代十主，圣叹所言甚是。

第二十六象　己丑 ䷲ 震上震下　震

谶曰：

时无夜，年无米。

花不花，贼四起。

颂曰：

鼎沸中原木木来，

四方警报起边垓。

房中自有长生术，

莫怪都城彻夜开。

圣叹曰：“此象主顺帝惑西僧房中运气之术，溺于娱乐，以致刘福通、徐寿辉、方国珍、明玉珍、张士诚、陈友谅等狼顾鸱张，乘机而起。宦官朴不花壅不上闻，至徐达、常遇春直入京师，都城夜开，毫无警备。有元一代竟丧于淫僧之手，不亦哀哉。刘福通立韩林儿为帝，故曰木木来。”

苗元一按

震䷲互蹇䷦通巽䷸覆艮䷳

时无夜：取覆卦艮䷳象，艮☶为时，互坎☵为无，为夜。另，艮☶亦为无。

年无米：震䷲，上震☳为周，周天一周为年，故震☳为年，互坎☵为无，下震☳为米。

花不花：震䷲，上震☳为花，互坎☵为不，下震☳再为花。

贼四起：震䷲，互坎☵为贼，上震☳为四，震☳为起。

鼎沸中原木木来：震䷲，震☳为鼎，互坎☵为沸，坎☵纳戊为中央土，故为中原，上下皆震☳为木为来，故木木来。

四方警报起边垓：震䷲，上震☳为四方，下震☳为警报，震☳又为起，互艮☶为边垓。

张董本作“起边垓”，民国四年本作“起无端”。今取“起边垓”，似更通顺。

房中自有长生术：取覆卦艮䷳象，上艮☶为房，互坎☵为中，下艮☶为自为有，互震☳为长生。《说文》，术：邑中道也。初至五䷽，下艮☶为邑，互坎☵为中，上震☳为道，故术也。初至五䷽为坎☵象，故坎☵为术也。

莫怪都城彻夜开：蹇䷦，上坎☵为莫，互坎☵为怪，下艮☶为都城，故莫怪都城。震䷲，上震☳为彻，互坎☵为夜，下震☳为开。

张董本作“彻夜开”，民国四年本做“澈夜开”，“澈”当“徹”之误。《说文》徹，通也。《集韵》徹，道也。故震☳为徹（彻）。

图示卦象

图中一僧人在前，四女在后，徐徐前行。

震䷲，互坎☵为一，伏巽☴为僧，互艮☶为背，下震☳为立，故一僧背立。震䷲伏巽䷸卦，巽为女，后大数四，故四女在后。震䷲，上为徐徐，下为前行，故徐徐前行。

巽☴为寡发为僧，为仙道之人。图示如下：

历史年鉴（元朝淫亡）

1320 年　庚申　元延祐七年，元仁宗卒，英宗即位。

是年四月丙寅，妥懽帖睦尔生。

1333 年　癸酉　元至顺四年，二月，妥懽帖睦尔即位，是为顺帝。

1340 年　庚辰　元至元六年，右丞相伯颜专权，乘其出猎，顺帝贬之。

1348 年　戊子　元至正八年，盐贩方国珍起兵。

1351 年　辛卯　元至正十一年，颍州刘福通起兵，以红巾为号，称红军。罗田徐寿辉起兵。

1352 年　壬辰　元至正十二年，竹山孟海马起兵；邓州王权起兵；定远郭子兴起兵；皇觉寺僧人朱元璋投郭子兴。

1353 年　癸巳　元至正十三年，泰州张士诚起兵。

1355 年　乙未　元至正十五年，刘福通迎韩林儿为帝，建都亳州，国号宋，史称韩宋。刘福通为平章政事，朱元璋为左副元帅。韩林儿之“林”为双木，正应了“鼎沸中原木木来”。

是年四月，雪雪由知枢密院事拜御史大夫。五月，哈麻拜中书左丞相，国家大柄，尽归其兄弟二人矣。（《元史卷二〇五・列传第九十二・奸臣》）哈麻与其弟雪雪，顺帝深眷宠之。哈麻尝阴进西天僧以运气术媚帝，帝习为之，号演揲儿法。演揲儿法，华言大喜乐也。哈麻之妹婿又荐西蕃僧于帝，其僧善秘密法，帝大习之，其法亦名双修法。曰演揲儿，曰秘密，皆房中术也。帝乃诏以西天僧为司徒，西蕃僧为大元国师。于是帝日从事于其法，广取女妇，惟淫戏是乐。男女裸处，君臣宣淫，而群僧出入禁中，无所禁止，丑声秽行，著闻于外，虽市井之人，亦恶闻之。（详见《元史卷二〇五・列传第九二・奸臣哈麻》）顺帝夜昼淫乐，正应了“时无夜”、“房中自有长生术”。

1358 年　戊戌　元至正十八年，京师大饥疫，时河南北、山东郡县皆被兵，民之老幼男女，避聚居京师，以故死者相枕藉。顺帝遣朴不花置地葬二十万尸。(《元史卷二〇四·列传第九一·宦者朴不花》)正应了"年无米"。

1360 年 庚子 元至正二十年，三月拜搠思监为中书右丞相。时顺帝"日厌政务，而宦者资正院使朴不花，乘间用事为奸利，搠思监因与结构相表里，四方警报及将臣功状，皆壅不上闻"(《元史卷二〇五·列传第九二·奸臣搠思监》)。

二十年，"时帝益厌政，不花乘间用事，与搠思监相表里，四方警报、将臣功状，皆抑而不闻，内外解体，然根株盘固，气焰薰灼，内外百官趋附之者十九。又宣政院使脱欢，与之同恶相济，为国大蠹。"(《元史卷二〇四·列传第九一·宦者朴不花》)

正应了"花不花，贼四起"，"四方警报起边垓"。是年夏，陈友谅杀徐寿辉为帝。

1362 年 壬寅 元至正二十二年，明玉珍重庆称帝，国号夏，史称明夏。

1366 年 丙午 元至正二十六年，朱元璋沉韩林儿于长江。韩宋亡，立国十二年。

1368 年 戊申 元至正二十八年，朱元璋在应天称帝。任徐达为征讨大将军，常遇春为副大将军，率军十二万，渡淮河北上，直入京师。八月，庚申前夜，顺帝开健德门北逃，正应了"都城彻夜开"。

1370 年，顺帝死于漠北，年五十一。

《元史》中有众多叫"不花"的历史人物，"不花"在蒙语中是"牛"的意思，蒙古男性喜以动物命名，这反映了蒙古人以狩猎畜牧为主的生活文化心理。如术不花、彻里不花、也先不花、姚伯颜不花等等。朴不花为顺帝时最恶之"花"，故此"花""不花"。此图中之僧人，指教授顺帝演揲儿双修法和房中术的西僧。后四女为巽☴出，巽☴又为秽，故四女象征秽乱。

第二十七象　庚寅 ䷏ 震上坤下　豫

谶曰：

惟日与月，下民之极。

应运而兴，其色曰赤。

颂曰：

枝枝叶叶现金光，

晃晃朗朗照四方。

江东岸上光明起，

谈空说偈有真王。

圣叹曰：“此象主明太祖登极。太祖曾为皇觉寺僧，洪武一代海内熙洽，治臻大平。”

苗元一按

豫䷏互蹇䷦通小畜䷈覆谦䷎

惟日与月： 豫䷏，上震☳为日，下坤☷为月，互坎☵为惟，故惟日与月。

下民之极： 豫䷏，互坎☵为下，下坤☷为民，上震☳为之，震☳为栋，《说文》：栋，极也。故震☳为极。另，坎☵为株木，栋梁皆株木所做，故坎☵亦为极。

应运而兴： 豫䷏，下坤☷为应，上震☳为运为而为兴。

其色曰赤： 豫䷏，互艮☶为色，伏兑☱为其，故其色，上震☳为曰，互坎☵为赤。《说卦》坎为赤。

枝枝叶叶现金光： 小畜䷈，巽☴为枝为叶，二至上䷈为巽☴正覆相连，故枝枝叶叶。互离☲为现为光，下乾☰为金。

晃晃朗朗照四方：豫䷏，上震☳为日为晃，互艮☶为日为晃，故晃晃；互坎☵为月为朗，下坤☷为月为朗，故朗朗；上震☳为照为四，下坤☷为方。

江东岸上光明起：豫䷏，互坎☵为江，上震☳为东，互艮☶为岸，上震☳为上为光为明为起。

谈空说偈有真王：豫䷏，上震☳为谈为说，互坎☵下坤☷为空，上震☳为偈，《集韵》，偈，武也。此处当指佛经中的唱词。上震☳又为真王。

张董本作“真主”，民国四年本作“真王”，“主”当“王”之误。光、方、王合韵。

图示卦象

此图日月之下树挂曲尺，取豫䷏卦之象。

上震☳为树木为草，下坤☷为地，故丛草树木出于地上。

上震☳为树，下伏巽☴为曲尺，故曲尺伏挂于树。

上震☳为日，互坎☵为月，在豫卦卦体上方，故日月在上。图示如下：

历史年鉴（明朝开国）

1328 年　**戊辰**　元泰定五年，朱元璋生，“红光满室”。长，“姿貌雄杰，奇骨贯顶。志意廓然，人莫能测。”（《明史卷一·本

纪第一·太祖一》)

1344 年　甲申　元至正四年，朱元璋年十七，父母兄相继殁，贫不克葬。孤无所依，乃入皇觉寺为僧。

1352 年　壬辰　元至正十二年，定远郭子兴与其党孙德崖等起兵濠州。朱元璋投奔郭子兴。子兴奇其状貌，留为亲兵。战辄胜。遂将养女马氏嫁朱元璋。

1353 年　癸巳　元至正十三年，道遇定远人李善长。

1355 年　乙未　元至正十五年，三月，郭子兴卒。刘福通迎立韩山童子林儿于亳州，国号宋，建元龙凤。朱元璋任副元帅。四月，常遇春来归。

1356 年　丙申　元至正十六年，朱元璋攻下集庆，改名应天府，听从朱升建议："高筑强、广积粮、缓称王。"（《明史卷一三六·列传第二四·朱升》）

1363 年　癸卯　元至正二十三年，陈友谅败于朱元璋，于鄱阳湖中流矢卒。

1366 年　丙午　元至正二十六年，韩宋吴王朱元璋迎韩宋帝韩林儿自滁州迁都应天，至瓜步，命沉于长江。韩宋亡，立国十二年。

1367 年　丁未　元至正二十七年，朱元璋改应天为南京，遣大将徐达攻张士诚，张士诚败，自缢。朱元璋召诸将议北征，曰："元建国百年，守备必固，悬军深入，饭饷不前，援兵四集，危道也。吾欲先取山东，撤彼屏蔽，移兵两河，破其籓篱，拔潼关而守之，扼其户槛。天下形胜入我掌握，然后进兵，元都势孤援绝，不战自克。鼓行而西，云中、九原、关、陇可席卷也。"诸将皆曰："善。"（《明史卷一·本纪第一·太祖一》）

十月，甲子，命徐达为征虏大将军，常遇春为副将军，帅师二十五万，由淮入河，北取中原，发布奉天北伐讨元檄文"驱逐胡虏，恢复中华"（《明太祖实录》）。

1368 年　戊申　元至正二十八年，明洪武元年，春正月乙亥，祀天地于南郊，朱元璋即皇帝位。定有天下之号曰明，建元洪武。任李善长、徐达为左、右丞相，刘基为御史中丞兼太史令。七月，明军兵临大都，元顺帝见大势已去，深夜带着后妃、太子北逃，元在中国亡。八月，己巳，以应天为南京，开封为北京。

1376 年　丙辰　明洪武九年，朱元璋下诏求直言，山西平遥训导叶居升上书，以诸王封疆过大，请削藩。朱元璋大怒，处死，自是无人敢言。

1379 年　己未　明洪武十二年，朱元璋诬右丞相汪广洋，毒死，诚意伯刘基，赐死。

1380 年　庚申　明洪武十三年，左丞相胡惟庸闻右丞相汪广洋死，大惧，谋宴杀朱元璋，事泄，被杀。株连者三万余人。遂罢中书省，废丞相，皇帝直辖六部。

1382 年　壬戌　明洪武十五年，朱元璋设锦衣卫及镇抚司，掌侍卫、缉捕，专司诏狱，明冤狱酷刑自是泛滥。

1390 年　庚午　明洪武二十三年，朱元璋诬太师韩国公李善长谋反，并其妻女弟侄全家七十余口皆杀，用“瓜蔓抄”，网罗侯爵二十人，已死者追贬，未死者杀。作《昭示奸党录》布告天下。（《明史卷一二七・列传第一五・李善长》）

1393 年　癸酉　明洪武二十六年，朱元璋诬凉国公蓝玉谋反，磔死，屠三族，坐诛一万五千余人。颁《逆臣录》：“自今胡党、蓝党概赦不问。”于是元功宿将相继尽矣。凡列《逆臣录》者，一公、十三侯、二伯。叶升前坐事诛，胡玉等诸小侯皆别见。其曹震、张翼、张温、陈桓、朱寿、曹兴六侯，附著左方。（《明史卷一三二・列传第二〇・蓝玉》）

1394 年　甲戌　明洪武二十七年，朱元璋大宴文武，说起对颍国公傅友德儿子不满，傅起身告罪，上责友德不敬，命其取二子首级，顷之，友德提二首至，上曰“何忍也?”友德曰：“不过欲吾父子头耳!”最后在朱元璋面前自刎身亡。（谈迁《国榷卷十・洪武二十七年》）朱元璋性猜忌毒暴、嗜杀、凶残。正所谓：“飞鸟尽，良弓藏；狡兔死，走狗烹。”

1395 年　乙亥　明洪武二十八年，朱元璋以宋国公冯胜坐事诛。朱元璋“春秋高，多猜忌，胜功最多”（《明史卷一二九・列传第一七・冯胜》）。死前在家宴中毒死全部女眷，其义女、女儿冯其梅、冯文敏同时遇害。

朱元璋命后世“不许用黥刺、剕、劓、阉割之刑。臣下敢以请者，置重典”；又“罢丞相，设府、部、都察院分理庶政，事全归于朝廷。嗣君不许复立丞相。臣下敢以请者置重典。皇亲惟谋逆不赦”；又“后世有言更祖制者，以奸臣论”（《明史卷三·本纪第三·太祖三》）。

1398 年　**戊寅**　明洪武三十一年，闰五月，乙酉，朱元璋死，年七十有一。

清张廷玉在《明史卷三·本纪第三·太祖三》中称朱元璋“纬武经文，为汉、唐、宋诸君所未及”。真是不知从何说起，朱元璋之纬武怎能与汉唐相比?！经文又如何比得了两宋?！其残暴狠毒倒是汉唐宋诸君所不及。朱元璋罢相，以“五府六部官职相维”，采取严刑峻法、特务统治，奉行专制却使子孙承业了二百七十余年，最大受益者是朱家。不过朱元璋驱逐蒙元，恢复种族平等，在中国文化道统的承传发展上都具有正面意义。

谶曰：“惟日与月”，正是明朝之明字，“其色曰赤”，国姓朱为赤。朱元璋出身下民，少时混迹于皇觉寺，后在江东南京称帝，建大明帝国，正应了“下民之极”，“枝枝叶叶现金光，晃晃朗朗照四方，江东岸上光明起，谈空说偈有真王”。

图中一日一月，取“晃晃朗朗照四方”之意，亦是明朝之象征，树木挂一曲尺，正是“朱”字。

第二十八象　辛卯 ䷧ 震上坎下　解

谶曰：

草头火脚，宫阙灰飞。

家中有鸟，郊外有尼。

颂曰：

羽满高飞日，

争妍有李花。

真龙游四海，

方外是吾家。

圣叹曰：“此象主燕王起兵，李景隆迎燕兵入都，宫中大火，建文祝发出亡。”

苗元一按

解䷧互既济䷾通家人䷤覆蹇䷦

草头火脚：家人䷤，巽☴为草，在上，故为草头。离☲为火，在下，故为火脚。

张董本作“革头火脚”，民国四年本作“草头火脚”。“革”当“草”之误。此两字速写相近。

宫阙灰飞：解䷧，互坎☵为宫阙，互离☲为灰，上震☳为飞。

家中有鸟：既济䷾，上坎☵为家为中，下离☲为鸟，离☲在坎☵中故家中有鸟。另，家人䷤亦可解。

郊外有尼：家人䷤，上巽☴为寡发，为女子故为尼，在外，故郊外有尼。

羽满高飞日：解䷧，上震☳为羽为高为飞为日，下坎☵为满。

争妍有李花：解䷧，上震☳为争妍，为李为花。互离☲为得故为有。

真龙游四海：解䷧，震☳为真龙，为游，数四，下坎☵为海。

方外是吾家：解䷧，震☳为方在外，故方外，互离☲为是为吾，下坎☵为家。

图示卦象

图中宫阙失火，取解䷧之象：下坎☵为宫阙，互离☲为火，上震☳为旺，故宫阙之上是旺旺大火。

坎☵为宫，见《困·六三》“入于其宫”，下坎☵为宫。《说卦》曰：坎☵其于木也为坚多心，《困·初六》“臀困于株木”，坎☵故为株木，故为栋梁，故为宫阙。图示如下：

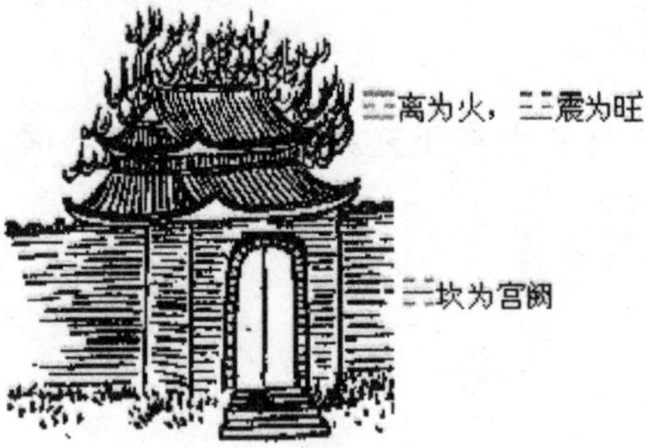

历史年鉴（燕王篡位）

1398年　**戊寅**　明洪武三十一年，闰五月，明太祖死，孙朱允炆继位，是为惠帝，后世又称建文皇帝。命兵部尚书齐泰、太常卿兼翰林院学士黄子澄同参军国事，与翰林院侍讲方孝孺，密谋削藩。七月，执周王朱橚，削爵为民，事连燕、齐、湘三王。

1399年　**己卯**　明建文元年，削藩渐行。

四月，湘王朱柏自焚死，齐王朱榑、代王朱桂废为庶人。

六月，岷王朱楩废为庶人。燕王称病佯狂。

七月，燕王诱杀张昺、谢贵，以诛齐泰、黄子澄为名，起兵清君侧，是为“靖难之役”。

八月，惠帝命长兴侯耿炳文讨燕，大败。曹国公李景隆代之。

十一月，李景隆又大败。

十二月，燕王朱棣上书列举齐泰、黄子澄罪状，惠帝迫于形势，免二人职，然辅帝如故。

1400 年　庚辰　明建文二年

四月，李景隆与燕师战于河间，初胜，后大败。

五月，燕师陷德州，李景隆奔济南，燕军复攻济南。

八月，燕师不能克，燕王北还。

九月，盛庸为平燕将军，代李景隆。

十二月，盛庸大胜燕军，朱棣几死，在撤逃北京途中，险被生擒。

1401 年　辛巳　明建文三年

二月，燕王再南攻。

三月，盛庸大败。

十二月，燕王朱棣再率军南攻，直指南京。

1402 年　壬午　明建文四年

五月，燕军渡黄河，盛庸败。惠帝遣庆成郡主至燕军中，许愿割地求和，朱棣不听。

六月，燕兵渡江，盛庸大败。惠帝复遣大臣议割地，不听。谷王朱橞、李景隆开城投降。“宫中火起，帝不知所终。”（《明史卷四·本纪第四·惠帝》）

己巳，朱棣即皇帝位，是为明成祖。杀齐泰、黄子澄三族，方孝孺十族，副都御史练子宁一族。（《明史卷五·本纪第五·成祖一》）

八月，再杀户部侍郎卓敬三族，御史大夫景清一族，兵部尚书铁铉全家。朱棣继承其父朱元璋嗜杀之性，死者五十余族，备极惨酷，榜诸死者姓名，召告天下曰“奸党”。

1424 年　甲辰　明永乐二十二年，七月，成祖病死，年六十五，在位二十三年。二十三年间主要事迹有：永乐二年，解缙、姚广孝等完成古代规模最大的百科全书《永乐大典》，凡二万余卷，字三亿七千；七年在女真地区设努儿干都司；八至二十二年，五征漠北；十九年，迁都北京；十三年，重启大运河；三年起，宦官郑和七下西洋，其中六次在永乐年间，所历三十余国，为中国史上最庞大之远洋舰队。

谶曰：“草头火脚”像“燕”字，《说文》：燕，玄鸟也。故“家中有鸟”应了燕王。“羽满高飞日”羽指燕羽，指燕王羽翼日丰，攻势日盛。“争妍有李花”大概指李景隆先率师抗击燕军，后开城投降献媚。

至于图中失火、“宫阙灰飞”、“郊外有尼”，颂曰“真龙游四海，方外是吾家”则应了惠帝之结局。《明史卷四·本纪第四·惠帝》记载有：建文四年六月，“谷王橞及李景隆叛，纳燕兵，都城陷。宫中火起，帝不知所终。燕王遣中使出帝后尸于火中，越八日壬申葬之。或云帝由地道出亡。正统五年。有僧自云南至广西，诡称建文皇帝”。“自后滇、黔、巴、蜀间，相传有帝为僧时往来迹。”史书未定，而《推背图》如此之肯定，难道建文帝果真未死，遁家作了和尚?!

第二十九象　壬辰 ䷟ 震上巽下　恒

谶曰：

枝发厥荣，为国之栋。

皞皞熙熙，康乐利众。

颂曰：

一枝向北一枝东，

又有南枝种亦同。

宇内同歌贤母德，

真有三代之遗风。

圣叹曰："此象主宣宗时张太后用杨士奇、杨溥、杨荣三人，能使天下乂安，希风三代，此一治也。时人称士奇为西杨，溥为南杨，荣为东杨。"

苗元一按

恒䷟互夬䷪通益䷩覆咸䷞

枝发厥荣：恒䷟，下巽☴为枝，互兑☱为厥，上震☳为发，为荣。

为国之栋：益䷩，互艮☶为为，互坤☷为国，上巽☴下震☳皆木故栋。下震☳为之。

皞皞熙熙：益䷩，互艮☶纳丙为明亮故为皞，下震☳为光明故为熙。初至五为䷚，为艮☶正覆相对故皞皞，又为震☳正覆相对故熙熙。

张董本作"皋皋"，民国四年本作"皞皞"，"皋"当"皞"之疏误。

康乐利众：益䷩，下震☳为康乐，上巽☴为利，互坤☷为众。

张董本作“利从”，民国四年本作“利众”，“从”当“众”之误。

一枝向北一枝东：益䷩，一巽☴在上为一枝，互坤☷为北，一震☳在下为一枝为东，故一枝向北一枝东。

又有南枝种亦同：益䷩，互艮☶为又为有为南亦为木为枝，故又有南枝，下震☳为种，互坤☷为亦为同。另，上巽☴互艮☶下震☳皆木，故种亦同。

宇内同歌贤母德：益䷩，互艮☶为宇在内，互坤☷为同，下震☳为歌，互坤☷为母通乾☰为贤为德。另，震☳亦为德为贤。

真有三代之遗风：恒䷟，上震☳为真为有，后天数为三，互乾☰为代，上震☳为之，下巽☴为遗为风。

图示卦象

图中三棵杨柳，欣欣向荣。取旁通卦益䷩之象。

上巽☴为枝，互坤☷为北，故一枝向北。下震☳为枝为东，故一枝向东。互艮☶为枝为南，故南又有一枝。上巽☴互艮☶下震☳皆木皆杨柳，故三棵杨柳。另：上巽☴河图数三，下震☳后天数亦三，故以三棵图示。此图颇值得研究，似先后天方位皆用。图示如下：

历史年鉴（仁宣三杨）

1424年　甲辰　明永乐二十二年，七月，明成祖朱棣卒于榆木川，八月丁巳，朱高炽继位，是为仁宗。

遂进杨荣太常寺卿。金幼孜户部侍郎，兼大学士如故。

杨士奇为礼部左侍郎兼华盖殿大学士，黄淮通政使兼武英殿大学士，俱掌内制。

杨溥为翰林学士。

其中，杨荣、杨士奇、杨溥为史上著名的“三杨”，图中三棵杨树正应了此“三杨”。

十一月，己酉，册妃张氏为皇后。壬子，立长子瞻基为皇太子。

1425年　乙巳　明洪熙元年，五月辛巳，仁宗卒，年四十有八。史臣赞曰：“在位一载。用人行政，善不胜书。使天假之年，涵濡休养，德化之盛，岂不与文、景比隆哉！”（《明史卷八·本纪第八·仁宗》）

六月庚戌，朱瞻基即位，是为宣宗。宣宗“嗜书，智识杰出”（《明史卷九·本纪第九·宣宗》）。七月，尊张皇后为皇太后。“宣德初，军国大议多禀听太后裁决，是时海内宁泰。”（《明史卷一一三·后妃一》）

1435年　乙卯　明宣德十年，正月乙亥，崩于乾清宫，年三十有八。宣宗时期，“吏称其职，政得其平，纲纪修明，仓庾充羡，闾阎乐业。岁不能灾。盖明兴至是历年六十，民气渐舒，蒸然有治平之象矣”（《明史卷九·本纪第九·宣宗》）。正月壬午，英宗朱祁镇继位。遵遗诏大事白张皇太后行。英宗时年九岁，大臣请张太后垂帘听政，太后曰：“毋坏祖宗法。”（《明史卷一一三·列传第一·后妃一》）

仁宣两朝息兵养民，海内清平，史称“仁宣之治”。其中张皇后为人贤惠贞静，有谋有守，历经洪武、永乐、洪熙、宣德、正统五朝，有多次临朝听政的机会，却谨守妇道，安于内宫。且对自己亲属严格管束，不使其干预朝政，重用三杨，德行天下，正应了“宇内同歌贤母德，真有三代之遗风”。

“三杨”，因居地、郡望不同，时人称杨士奇为“西杨”，杨荣为“东杨”，杨溥为“南杨”。杨士奇（1365—1444）在仁宗继位后晋为礼部侍郎兼华盖殿大学士，后兼兵部尚书。三杨中杨士奇受知于仁宗、宣宗、英宗三朝，在文渊阁任事四十年，任职时间之长为有明一代之最，论事存大体，请免赋薪、减官田、理冤滞、汰工役、抚逃民、察墨吏，民皆大悦，善识人，所荐皆名士。杨荣（1371—1440）永乐十八年为文渊阁大学士，谋而能断，深得器重，随成祖五次北伐，历仁宗、宣宗、英宗，多有建树，值内阁三十八年。杨溥（1372—1446）与杨荣同为建文二年进士，同授编修，但两人仕途大不同，曾因夺嫡之争而入狱。仁宗继位，始出狱，宣宗时，与杨士奇、杨荣等共掌机务。始有“三杨”之称。（《明史卷一四八·列传第三六·杨士奇·杨荣·杨溥》）

谶曰：“枝发厥荣，为国之栋”，颂曰：“一枝向北一枝东，又有南枝种亦同。”结合图中三棵杨树，正应了“三杨”之说。但与历史相比，略有出入，应了“东杨”、“南杨”，《推背图》言“北杨”，而其时只有“西杨”。

“明称贤相，必首三杨。均能原本儒术，通达事儿，协力相资，靖共匪懈。史称房、杜持众美效之君，辅赞弥缝而藏诸用。又称姚崇善应变，以成天下之务；宋璟善守文，以持天下之正。三杨其庶几乎?!”（《明史卷一四八·列传第三六》）“皞皞熙熙，康乐利众。”正是对三杨治下“仁宣盛世”的赞美。

那么为什么李淳风言北杨而未言及到西杨呢？推究本卦恒䷟，旁通益䷩两卦，不仅有北杨、东杨、南杨，亦有西杨。恒上震☳下巽☴，益上巽☴下震☳皆木皆杨，是故李淳风从卦象看到“枝发厥荣”并以图示之。恒䷟上震☳为东为木故为东杨，互乾☰为南，下巽☴为木，故为南杨，益䷩互艮☶为木，互坤☷为北，故为北杨。恒䷟互兑☱为反巽☴，兑☱为西，巽☴为木，故为西杨。易《大过·九五》：“枯杨生华”，此处“枯杨”即以兑☱言之，故兑☱亦为杨为西杨。李淳风在观象制图过程中东西南北四杨都能看到，但恒䷟，上震☳下巽☴皆有三数故只取三杨。此时，李淳风选择了东杨、南杨、北杨，而未取东杨、南杨、西杨，此为一时笔漏。呜呼，智者千虑必有一失！

第三十象　癸巳 ䷭ 坤上巽下　升

谶曰：

半圭半林，合则生变。

石亦有灵，生荣死贱。

颂曰：

缺一不成也占先，

六龙亲御到胡边。

天心复见人心顺，

相克相生马不前。

圣叹曰：“此象主张太后崩权归王振，致有乜先之患。其后上皇复辟，石亨自诩首功，卒以恣横伏诛，此一乱也。”

苗元一按

升䷭互归妹䷵通无妄䷘覆萃䷬

半圭半林：升䷭，上坤☷为土，故为半圭，下巽☴为木，故为半林。

合则生变：归妹䷵，互坎☵为合为则，上震☳为生为变。

石亦有灵：升䷭，通艮☶为石为有，上坤☷为亦为灵。

生荣死贱：升䷭，互震☳为生为荣，上坤☷为死为贱。

缺一不成也占先：升䷭，乾☰为一，伏，故缺一，上坤☷为不，伏艮☶为成为也，互震☳为占为先。

六龙亲御到胡边：无妄䷘，上乾☰为龙，后天数为六，故六龙，下震☳为御为到，互艮☶为亲为边，升䷭上坤☷为胡。

天心复见人心顺：升䷭，上坤☷为心，通乾☰为天，故为天心，互震☳为复，互兑☱为见，上坤☷为人为心为顺，故复见人心顺。

相克相生马不前：无妄䷘，上乾☰为克，下震☳为生，互艮☶互巽☴下震☳皆为相，故相克相生；上乾☰为马，互艮☶为不，下震☳为前，故马不前。

许慎《说文》：相，从目从木，并引《易》曰："地可观者，莫可观于木"，通行本《易经》并无此句。许可能取观䷓之象，上巽☴为木，互艮☶为见，下坤☷为地，引申为以目视木之意。无妄䷘，互巽☴下震☳皆木，初至四☲为大离☲为双目，故有以目视木之相，故为相也。

图示卦象

此图虎边一石。此图看似简单，但却极为精准地反映了卦象。升䷭，上坤☷为虎，互震☳为走动，故图中之虎有走动之象，互震☳为王，在上，且与坤☷（虎）相连，故虎头上有"王"字象。虎（☷）下为兑☱旁通为艮☶，艮☶为石，故石在虎下，虎（☷）下震☳为后为足，故此石不仅要画在虎下，而且要画在虎足之下，更要画在虎后足之下，可谓平实之中见高难度也！图示如下：

历史年鉴（土木之变）

1435 年　乙卯　明宣德十年，明宣宗朱瞻基卒，英宗朱祁镇继位。宦官王振任司礼太监，自是宦官改称太监，以示尊敬。英宗九岁，“振狡黠得帝欢”，“帝以先生呼之”。王振遂狐假虎威、专权作福，明朝宦官乱政自王振始。（《明史卷三〇四·列传第一九二·宦官一》）此正应了图中虎头上一“王”字。

1449 年 己巳 明正统十四年，二月，瓦剌王也先前遣使两千余人贡马，却虚报三千人，向明朝邀赏，王振不肯多赏，未能满足其要求。也先羞忿。

七月，也先率部分四路来犯，大同陷。王振力劝英宗亲征，兵部侍郎于谦力言六师不宜轻出，吏部尚书王直率群臣劝谏，帝不听。英宗遂率五十万大军从北京出发，军至途中即乏粮，士卒饿死者满路。

八月，英宗至大同，也先为诱明军深入，主动北撤。王振看到也先北撤，便主动北进，未料前方大溃，遂惊慌撤退。本欲使英宗退兵时经过其家乡蔚州驾幸其第，显示荣耀，但又怕大军踏坏家里的庄稼，故行军路线屡变。耽误数日，至宣府，被瓦剌大队追兵而来，明军三万骑兵被杀殆尽。英宗狼狈逃至土木堡，土木堡地高无水，将士饥渴疲劳，仓促应战。瓦剌军四面围攻，骑兵蹂阵而入，挥长刀砍杀明军，大呼解甲投刀者不杀，明军大败，死尸蔽野塞川。英宗被俘。随征五十万大军死伤过半，宦官王振被护卫将军樊忠以棰击死。此役史称“土木之变”（《明史纪事本末》卷三十二土木之变）。

消息传到北京，孙太后命郕王朱祁钰总国政，兵部侍郎于谦任兵部尚书。

九月，朱祁钰即帝位，遥尊英宗为太上皇。

十月，也先长驱入居庸关，攻北京，于谦率诸将御之，也先不能克，旋退。

1450 年 庚午 明景泰元年，也先屡战不胜，乃决议和。朱祁镇在瓦剌营，对明使臣礼部右侍郎李实曰：也先欲归我，卿报朝廷，倘得归，愿为庶民，守祖宗陵墓足矣。

1451 年 辛未 明景泰二年，朱祁镇返，至北京，居南宫。“奉上皇以归”，于谦之力也。（《明史卷一七〇·列传第五十八·

于谦》)

1457年　丁丑　明景泰八年，正月，景帝病卧，少保兵部尚书于谦亦卧疾。武清侯石亨、副都御史徐有贞、宦官曹吉详共谋，发兵赴南宫迎太上皇朱祁镇，英宗复辟。改元天顺。以谋逆罪杀于谦。于谦“死之日，阴霾四合，天下冤之”（《明史卷一七〇·列传第五十八·于谦》）。于谦有诗：“粉身碎骨浑不怕，要留清白在人间。”二月，废朱祁钰为郕王，癸丑，卒，年三十。（《明史卷一一·本纪第一一·景帝》)

1460年　庚辰　明天顺四年，忠国公石亨家人告其谋反，逮石亨及其侄定远侯石彪下狱。亨瘐死，彪伏诛。(《明史卷一七三·列传第六一·石亨》)

1464年　甲申　明天顺八年，英宗朱祁镇卒。年三十有八，“前后在位二十四年，无甚稗政”（《明史卷一二·本纪第十二·英宗后纪》）。

英宗遗诏勿以嫔御殉葬，自此殉葬恶俗废。

谶曰：“半圭半林，合则生变”，“半圭”为土，“半林”为木，正应了“土木之变”。颂曰：“缺一不成也占先，六龙亲御到胡边。”正是也先来犯，英宗亲征。“石亦有灵，生荣死贱”，正应了石亨拥立英宗复辟，换取荣华富贵，但贱死在狱中。图中一石亦象征石亨。虎头上有“王”字象征王振。彪，小虎也，故图中虎亦象征石亨之侄定远侯石彪。

“天心复见人心顺”指英宗复辟，改元天顺。“相克相生马不前”英宗与景帝兄弟俩前后有生有克，“马不前”不详。

第三十一象　甲午 ䷤ 巽上离下　家人

谶曰：

当涂遗孽，秽乱宫阙。

一男一女，断送人国。

颂曰：

忠臣贤士尽沉沦，

天启其衷乱更纷。

纵有胸怀光坦白，

乾坤不属旧明君。

圣叹曰：“此象主天启七年间，妖氛漫天，元气受伤。一男一女指魏阉与客氏而言。魏杀客氏，客氏熹宗乳母，称奉圣夫人。”

苗元一按

家人䷤互未济䷿通解䷧覆睽䷥

当涂遗孽：家人䷤，上巽☴通震☳为当涂，兑☱为孽，上巽☴为遗为兑☱覆，故为遗孽。

秽乱宫阙：家人䷤，上巽☴为秽，互坎☵为乱为宫阙。此处宫阙与第二十八象“宫阙灰飞”之宫阙同为坎☵象。

一男一女：未济䷿，下坎☵为男，上离☲为女，故一男一女。

断送人国：解䷧，下坎☵为断，上震☳为送，故断送。互坎☵为宫殿，象征人国。

忠臣贤士尽沉沦：解䷧，下坎☵为忠臣，上震☳为贤士，初至五为䷜两坎☵相连，坎☵为沉沦故尽沉沦。虞翻易艮☶为贤士，上震☳为艮☶覆，故尽沉沦。

张董本作“沉沦”，民国四年本作“沉论”，“论”当“沦”之误。

天启其衷乱更纷：解䷧，上震☳为日为天为启，下坎☵为其衷，初至五为䷜两坎☵纷杂，坎☵为乱，故乱更纷。

张董本作“其哀”，民国四年本作“其衷”，“哀”当“衷”之疏误。

纵有胸怀光坦白：解䷧，上震☳为纵，互坎☵为系为有，下坎☵为怀，上震☳为光为坦白。故纵有胸怀光坦白。

张董本作“能坦白”，民国四年本作“光坦白”，均通。取四年本“光坦白”。

乾坤不属旧明君：未济䷿，上离☲为日故为乾，下坎☵为川故为坤。离☲，离也，故不属。坎☵又为旧，离☲又为明为君。

图示卦象

图中右为一半裸男人，左为一妇人，妇人足后有一束草禾扔在地上。取家人䷤之象，下离☲为女，上巽☴为禾为伏为后，故草禾伏于女人身后。互坎☵为男人，坤☷为衣，坎☵为半坤☷，故坎☵为半衣，为半裸。另：半裸男亦有鬼象，互坎☵为鬼。图中离☲坎☵为东西走向，当先天之图耳！巽☴为禾为秽，象征秽乱。图示如下：

历史年鉴（魏阉乱政）

1620 年　**庚申**　明万历四十八年，明泰昌元年，七月，明神宗朱翊钧卒。

八月，太子朱常洛继位，是为光宗。

九月，光宗卒，皇长子朱由校继位，是为熹宗。甲午，荫太监魏忠贤兄锦衣卫千户。封乳保客氏为奉圣夫人，官其子。（《明史卷二一·本纪第二二·熹宗》）忠贤与客氏“对食”权倾中外。明时，太监与宫女同食同住，谓之对食，又名菜户。

1621 年　**辛酉**　明天启元年，诏赐客氏香火田，叙忠贤治皇祖陵功。“忠贤专客氏，逐魏朝（忠贤之前客氏与魏朝对食）。又忌王安持正，谋杀之，尽斥安名下诸阉。客氏淫而狠。忠贤不知书，颇强记，猜忍阴毒，好谀。帝深信任此两人，两人势益张。”（《明史卷三〇五·列传第一九三·宦官二》）

1622 年　**壬戌**　明天启二年，辽东经略熊廷弼、辽东巡抚王化贞与金兵战败，下狱，中书舍人汪文言哀熊廷弼冤，奔走营救，魏忠贤深恨之。刑部尚书王纪劾太监魏忠贤及客氏，王纪免官削籍。

是年“叙庆陵功，荫忠贤弟侄锦衣卫指挥佥事”。（引文同上）

1623 年　**癸亥**　明天启三年，熹宗听魏忠贤，选武阉，练火器为内操。“裕妃张氏有娠，客氏谮杀之。”“皇后张氏娠，客氏以计堕其胎，帝由此乏嗣。”（引文同上）陷冯贵人，处死；陷成妃，禁闭；又陷光宗选侍赵氏，禁闭，饿死。

是冬，魏忠贤掌东厂事。

1624 年　**甲子**　明天启四年，左副都御史杨涟劾魏忠贤二十四罪，魏忠贤惧怒。帝严旨切责杨涟。“魏大中及给事中陈良训、许誉卿，抚宁侯朱国弼，南京兵部尚书陈道亨，侍郎岳元声等七十余人，交章论忠贤不法。”（引文同上）

魏忠贤爪牙“崔呈秀乃造《天鉴》、《同志》诸录，王绍徽亦造《点将录》，皆以邹元标、顾宪成、叶向高、刘一燝等为魁，尽

罗入不附忠贤者，号曰东林党人，献于忠贤。忠贤喜，于是群小益求媚忠贤，攘臂攻东林矣。”（引文同上）

1625 年　乙丑　明天启五年，魏忠贤捕中书舍人汪文言下狱，命自诬及诬杨涟等受前辽东经略熊廷弼贿，汪文言拒之，备受五毒而死。冤斩熊廷弼，长子熊兆珽自刎。

捕左副都御史杨涟、太仆少卿周朝瑞、左佥都御史左光斗、陕西按察副使顾大章、河南道御史袁化中、吏科给事中魏大中等，下狱，累累跪阶前，裸体窘辱，严刑拷打，甚至铁钉贯耳。

1626 年　丙寅　明天启六年，佥都御史袁崇焕力拒努尔哈赤于宁远，努尔哈赤中弹重伤，八月卒。

“当此之时，内外大权一归忠贤。”（引文同上）忠贤大兴冤狱，诬前御史黄尊素、吏部员外郎周顺昌、苏松巡抚周起元、左都御史高攀龙、左谕德缪昌期、御史周宗建和李应昇等赃贿，下狱拷死。

浙江巡抚潘汝桢奏请为魏忠贤建祠。明年，闰六月，歌功颂德者相继，太监李实先建，熹宗题额曰“普德”，四方效尤，生祠遍天下。

1627 年　丁卯　明天启七年，袁崇焕死战金兵于宁远、锦州，时称“宁锦大捷”。魏忠贤恶袁崇焕，袁罢官。

“大学士黄立极、施凤来、张瑞图票旨，亦必曰‘朕与厂臣’，无敢名忠贤者。”“天下皆疑忠贤窃神器矣。”（引文同上）

“帝性机巧，好亲斧锯髹漆之事，积岁不倦。每引绳削墨时，忠贤辈辄奏事。帝厌之，谬曰：‘朕已悉矣，汝辈好为之。’忠贤以是恣威福惟己意。”忠贤“所过，士大夫遮道拜伏，至呼九千岁”。“客氏居宫中，胁持皇后，残虐宫嫔。”（引文同上）

八月，熹宗死，弟朱由检继位，改元崇祯，是为思宗。

十一月，贬魏忠贤于凤阳守墓，魏忠贤自缢。

十二月，笞杀客氏，诛魏忠贤侄良卿、其家属无少长皆斩，又下助魏忠贤为虐诸人于狱，命毁各地魏忠贤生祠。

图中一禾一女一鬼正应了“魏”字，颂曰“忠臣贤士尽沉沦，天启其衷乱更纷”一语双关，即道出本象主角魏忠贤的名字，又道出其残害忠良、致使天启朝纷乱。

明代宦官“当涂”自英宗朝王振始，后武宗正德年间又有太监刘瑾作乱，至天启年间魏忠贤又出可谓“遗孽”，加之与客氏“秽乱”，大明已摇摇欲坠，正是“一男一女，断送人国”。图中一女为客氏，一鬼为魏忠贤，一禾为菜为秽乱，形象地表示了客魏这一对菜户。

“纵有胸怀光坦白，乾坤不属旧明君。”就是说，即使有一些像东林党人一样胸襟坦白的名臣贤士，这天下也即将不属于明代的君主了。

从上一象天顺八年，即 1464 年始至本象天启元年，即 1621 年，时间跨度达 158 年，相当于三个五代，一个南宋，其间李淳风未画一象未着一墨，何也？盖朝代未有更迭也！其间大事未影响国之根本也！在李淳风看来可书可不书。这样的认识有助于我们对三十三象至三十四象之间从雍正至太平天国初（1723—1850）跨度为 128 年，而李淳风亦未言一字的理解。

事实上，明代这 158 年历宪宗、孝宗、武宗、世宗、穆宗、神宗，历成化朝、弘治朝、正德朝、嘉靖朝、隆庆朝、万历朝，是有许多可述之处的。如，成弘正德时期的一代大儒王阳明，嘉万时期抗倭英雄俞大猷、戚继光，改革家张居正等，尤以王阳明光芒四射。王阳明（1472—1529）为陆九渊之后心学的集大成者，认为万事万物之理不外于吾心，提倡致良知、知行合一说，对中日近代思想均有重大影响，存有《王文成公全书》。

另，嘉万时期之市民经济亦极其发达。德国学者安德烈·贡德·弗兰克在《白银资本》（刘北成译，中央编译出版社，2001 年）中分析嘉靖万历时期，认为：整个世界经济秩序当时名副其实地是以中国为中心的，中国是白银资本时代的世界领袖。若无满清入关，中国也许可以更早地迈向近代文明。

第三十二象　乙未 ䷯ 坎上巽下　井

谶曰：

马跳北阙，犬嗷西方。

八九数尽，日月无光。

颂曰：

杨花落尽李花残，

五色旗分自北来。

太息金陵王气尽，

一枝春色占长安。

圣叹曰："此象主李闯、张献忠扰乱中原，崇祯投环梅山，福王偏安不久明祀遂亡。颂末句似指胡后，大有深意。"

苗元一按

井䷯互睽䷥遁噬嗑䷔覆困䷮

马跳北阙：噬嗑䷔，互坎☵为马，下震☳为跳，互坎☵为北，互艮☶为阙。

张董本作"马跡"，民国四年本作"马跳"，"跡"、"跳"字形相近，"跡"当"跳"之疏误。

犬嗷西方：井䷯，伏艮☶为犬，互兑☱为嗷为西方，上坎☵亦为西方。

张董本作"犬数"，民国四年本作"犬嗷"。"数"当"嗷"之讹。"跳"、"嗷"皆动词。

八九数尽：井䷯，下巽☴河图数八，互离☲后天数九，上坎☵

为尽。

日月无光：睽䷥，上离☲为日，下兑☱为月，互坎☵为无，互离☲为光，故日月无光。

杨花落尽李花残：井䷯，下巽☴为杨，互离☲为花，上坎☵为落为尽，故杨花落尽；噬嗑䷔，下震☳为李为花，互坎☵上离☲为残，故李花残。

五色旗分自北来：井䷯，下巽☴为五，上互为离☲为色，下互为兑☱为旗，故五色旗分；噬嗑䷔，互艮☶为自，互坎☵为北，下震☳为来，故自北来。

太息金陵王气尽：井䷯，互离☲为太，上坎☵为息，互兑☱为金，伏艮☶为陵，伏震☳为王，下巽☴为气，上坎☵为尽。

一枝春色占长安：井䷯，上坎☵为一，下巽☴为枝，故一枝；噬嗑䷔，下震☳为春，上离☲为色，下震☳为占为长，互艮☶为安。

图示卦象

此图立马门中，取互卦睽䷥象，初、二、上构成一个大乾☰，乾为大门，三、四、五构成坎☵，坎☵为马，坎☵在大乾☰之中，故马立于大门之中！睽者事与愿违也，立马又有何用?！此图足见作者深厚的易学功底和超凡的想象力，为《推背图》经典之作。两宋图书易学谁有此功力?！图示如下：

历史年鉴（闯王灭明）

1627 年　丁卯　明天启七年，八月，崇祯皇帝即位。

1628 年　戊辰　明崇祯元年，四月，袁崇焕为兵部尚书，督师蓟辽。十一月，陕西大旱，连年荒歉，官吏苛虐，饥民纷纷起兵，白水王二、府谷王嘉胤、宜川王左桂、飞山虎、大红狼等一时并起，安塞高迎祥自称闯王，饥民王大梁自称大梁王。

1629 年　己巳　明崇祯二年，十月，后金皇太极率兵十余万，大举攻明，连陷尊化、通州，袁崇焕率五千铁骑驰援，大败后金于广渠门外。十二月，皇太极施反间计，阴纵一宦官归，言袁崇焕与后金密约谋逆，崇祯中计大怒，袁崇焕下狱。

1630 年　庚午　明崇祯三年，八月，磔杀袁崇焕，围观者争食其肉，兄弟妻女流三千里，可怜一代忠良！十月，洪承畴败王嘉胤、张献忠，杀王左桂。是年，民变如蜂，遍及陕西、河南、山西、湖北、四川。

1631 年　辛未　明崇祯四年，六月，王嘉胤败死于阳城，部下推王自用为帅，结交高迎祥、张献忠等三十六家会于山西，米脂李自成亦参与。九月，以洪承畴总督三边军务。

是年，崇祯皇帝命宦官赴各镇监军，自是宦官四出，横征暴敛，不下于魏忠贤。

1634 年　甲戌　明崇祯七年，以陈奇瑜总督河南、山西、陕西、四川、湖广五省军务。围李自成于汉中车箱峡，会连雨四十日，李自成诈降，陈奇瑜许之。后复叛，遂不可制。

1636 年　丙子　明崇祯九年，四月，皇太极称帝，改国号为清，女真人改称满洲人。七月，高迎祥被陕西巡抚孙传庭俘，磔死，推李自成为闯王。十月，张献忠破襄阳。

1637 年　丁丑　明崇祯十年，二月，杨嗣昌为兵部尚书，建策以四正、六隅之法对付叛军，并议增兵加饷，皆允。

孙传庭、洪承畴数败李自成。

1639 年　己卯　明崇祯十二年，五月，张献忠、罗汝才又叛。

七月，大败左良玉。九月，熊文灿下狱，命杨嗣昌督师。十月，杨嗣昌誓师襄阳。杨嗣昌大败张献忠。

1641 年　辛巳　明崇祯十四年，正月，李自成破洛阳，执福王朱常洵，剁为肉酱，杂鹿肉尝之，名“福禄酒”。（《明史卷三〇九·列传第一九七·李自成》）二月再攻开封不克。

二月，张献忠破襄阳，杀襄王朱翊铭，得杨嗣昌所储军饷兵器无数，献忠再破当阳、郏县、光州。

三月，杨嗣昌“忧惧”“不食”而卒，年五十四。（《明史卷二五二·列传第一四〇·杨嗣昌》）

六月，两畿、山东、河南、浙江、湖广大旱、蝗，饥民纷纷起事。

1642 年　壬午　明崇祯十五年，二月，李自成大破襄城，又破陈州、睢州、归德。蓟辽总督洪承畴降清。

三月，锦州宋将祖大寿降清。

五月，张献忠破庐州。

九月，李自成决黄河水灌开封，城陷，溺死无数，无所获，遂西走。

十月，李自成大破三边总督孙传庭。

十一月，清兵分道入塞。

闰十一月，李自成破汝宁，俘崇王朱由樻。

十二月，李自成破襄阳、入荆州。

1643 年　癸未　明崇祯十六年，正月，李自成攻破承天，自号“奉天倡义大元帅”。“分其众，曰标营，领兵百队；曰先、后、左、右营，各领兵三十余队。标营白帜黑纛，自成独白鬃大纛银浮屠；左营帜白，右绯，前黑，后黄，纛随其色。五营以序直昼夜，次第休息，巡徼严密。”（《明史卷三〇九·列传第一九七·李自成》）是所谓“五军旗制”。

三月，李自成杀罗汝才，并其军。张献忠破黄州。

五月，张献忠破汉阳、武昌，沉楚王朱华奎于江，遂称西王，改武昌为天授府，设官，开科取士。

七月，自今年二月至是，京师大疫，死者无数。张献忠惧李自成相逼，弃武昌趋湖南。

八月，清太宗皇太极死，子福临继位，多尔衮任摄政王。

九月，张献忠破宝庆、永州。

十月，李自成破潼关，孙传庭战死，再破西安，改曰长安，称西京。

十二月，李自成自上月破延安、榆林后，本月再破甘州。张献忠破建昌、抚州。

1644 年　甲申　明崇祯十七年，正月，李自成称王于西安，国号大顺，建元永昌，置大学士、尚书等官。

二月，李自成军陷汾州、怀庆、太原、潞安、彰德、宁武。

三月，李自成军陷大同，总兵官姜瑰降，巡抚都御史卫景瑗自缢。李建泰上疏请崇祯南迁。帝曰："国君死社稷，朕将焉往？"不听。（《明史卷二四·本纪第二四·庄烈帝二》）

癸卯，总兵唐通、内臣杜之秩降于李自成，居庸关陷。

甲辰，陷昌平。

乙巳，李自成攻京师，京营兵溃。

丙午，日晡，外城陷。是夕，皇后周氏自裁。长平公主年十六，将婚，帝曰："汝何故生我家?!"以剑挥斫之，断左臂；又斫昭仁公主于昭仁殿。

丁未，昧爽，内城陷。帝复登煤山，以帛自缢于山亭。御书衣襟曰："朕凉德藐躬，上干天咎，然皆诸臣误朕。朕死无面目见祖宗，自去冠冕，以发覆面。任贼分裂，无伤百姓一人。"太监王承恩缢于侧。文臣自范景文、勋戚自刘文炳以下，殉节者四十余人。宫女魏氏投河，从者二百余人。（《明史卷二四·本纪第二四·庄烈帝二》、《明史卷一一四·列传第二·后妃二》、《明史卷一二一·列传第九·公主》、《明史卷三〇九·列传一九七·流寇李自成》）

是日为明崇祯十七年三月十九日。呜呼，哀哉！

本月李自成劫吴三桂父，"三桂欲降，至滦州，闻爱姬陈沅被刘宗敏掠去，愤甚，疾归山海"（《明史卷三〇九·列传第一九七·流寇李自成》）。吴三桂降清，清军遂入山海关。四月二十九日李自成在北京武英殿匆匆称帝，翌日撤兵回陕。

五月，多尔衮入北京。明福王朱由崧由马士英等拥至南京，即皇帝位，改明年为弘光，是为安宗简皇帝。命大学士史可法督师于扬州。

六月，张献忠自正月入四川破夔州后，本月再破涪州、重庆。

八月，张献忠破成都。

十一月，张献忠称大西国王，建元大顺，改成都为西京，设丞相等官。"献忠黄面长身虎颔，人号黄虎。性狡谲，嗜杀，一日不杀人，辄悒悒不乐。诡开科取士，集于青羊宫，尽杀之，笔墨成丘冢。坑成都民于中园。杀各卫籍军九十八万。又遣四将军分屠各府县，名草杀。伪官朝会拜伏，呼獒数十下殿，獒所嗅者，引出斩之，名天杀。又创生剥皮法，皮未去而先绝者，刑者抵死。"（《明史卷三〇九·列传第一九七·流寇张献忠》）

自献忠来，蜀地为之一空。

1645 年　乙酉　清顺治二年，五月，弘光帝被俘，明年死。闰六月，黄道周、郑芝龙奉唐王朱聿键于福州，即皇帝位，建元隆武，是为绍宗襄皇帝。是月，李自成败走通山县九宫山，死。

1646 年　丙戌　清顺治三年，八月，隆武皇帝被俘，死。十一月，朱聿鐭在广州称帝，未几，桂王朱由榔在肇庆亦称帝，改明年为永历。十二月，张献忠败死。

1661 年　辛丑　清顺治十八年，清兵入缅甸，永历帝及其眷属被俘。明自太祖开国至思宗共二百七十七年，至永历帝共二百九十四年而亡。

谶曰"马跳北阙"正是"闯"字，与图象一致。应了李闯王北京称帝。"犬嗷西方"此"犬"指张献忠之"献"。《说文》：献，宗庙犬名羹献。正应了张献忠此犬称王于成都，尽屠西蜀。

颂曰"一枝春色占长安"，指李自成十六年破西安，改曰长安。"五色旗分自北来"，李自成建五军旗制，后占领北京。另"五色"为泛指，一语双关，满清八旗自北而来。无奈"杨花落尽李花残"，明兵部尚书杨嗣昌惧死在前，李自成败死在后。

"八九数尽，日月无光"、"太息金陵王气尽"，日月为明，八九为十七，朱元璋建明于金陵，历太祖、惠帝、成祖、仁宗、宣宗、英宗前、景帝、英宗后、宪宗、孝宗、武宗、世宗、穆宗、神宗、光宗、熹宗、崇祯帝，凡十六帝，十七世。另，崇祯在位十七年，亦十七数。

明之亡原因众多复杂，但根本而言非满清胡人，非马犬两寇，实崇祯朝连年干旱、蝗灾，田野颗粒无收，百姓饿殍遍地，政府无力接济，致使民变蜂起，此天杀也。崇祯“在位十有七年，不迩声色，忧勤惕励，殚心治理”（《明史卷二四·本纪第二四·庄烈帝二》），但面对如此内外之困局，倘秦皇汉武、唐宗宋祖在世，又奈之若何?！此所谓“时来天地皆同力，运去英雄不自由”。

第三十三象　丙申 ䷛ 兑上巽下　大过

谶曰：

黄河水清，气顺则治。

主客不分，地支无子。

颂曰：

天长白瀑来，

胡人气不衰。

藩篱多撤去，

稚子半可哀。

圣叹曰：“此象乃满清入关之征。反客为主殆亦气数使然，非人力所能挽回欤。辽金而后胡人两主中原，璜璜汉族对之得毋有愧。”

苗元一按

此象，张董本作“丙申䷯坎上巽下　大过”，民国四年本作“丙申䷛兑上巽下　大过”，张董本卦象䷯与卦名大过不符，显然是传抄过程中笔误。按京房八宫卦排序应在震宫，当为大过卦，传抄中误将第四爻阳爻断为阴爻之故。今从民国四年本。

大过䷛互乾䷀通颐䷚覆大过䷛

黄河水清：颐䷚，互坤☷为黄为河，为水为清。

气顺则治：大过䷛，下巽☴为气为顺，伏坤☷亦为顺，互乾☰为则为治。《乾·文言》：“乾元用九，天下治也。”“乾元用九，乃见天则。”

主客不分：颐䷚，上艮☶为主，下震☳为客，上下相接，故主客不分。

地支无子：颐䷚，上艮☶为地为支，互坤☷为无，下震☳为子。另，大过纳甲爻象图如下：

妻财未土、、

官鬼酉金、

父母亥水、世

官鬼酉金、

父母亥水、

妻财丑土、、应

地支子水在八纯卦震☳卦初爻，伏于妻财丑土之下，故地支无子。清惠栋《易汉学》卷四有李淳风所著《周易玄义》，有李淳风对京房纳甲法注解。李淳风宗京房易，此亦为一证。

天长白瀑来：大过䷛，互乾☰为天，下为巽☴，《说卦》巽为长为白，上兑☱伏坤☷皆为瀑，伏震☳为来。

胡人气不衰：颐䷚，互坤☷为胡为人，为不为衰，大过䷛下巽☴为气。

藩篱多撤去：颐䷚，下震☳为藩篱为多，上艮☶为撤，下震☳为去。（伏乾☰亦为多）

稚子半可哀：颐䷚，上艮☶为稚子为可，互坤☷为哀，坤☷为二为中故为半。

图示卦象

一艘舱内坐满了人、顶上插着八杆旗帜的船只沿着水面迎风驶来。此图取大过䷛之象。伏坤☷为黄为河为水，在下，故黄河之水绘在图之下端。大过䷛下巽☴为船，河图数八，互乾☰为顶，上兑☱为旗，故船顶八旗。伏坤☷为里为满，为众为人，故舱里坐满众人。坤☷又为胡，颂曰："胡人气不衰"，故舱里应是着胡服的胡人，但图中并未清晰地反映。图示如下：

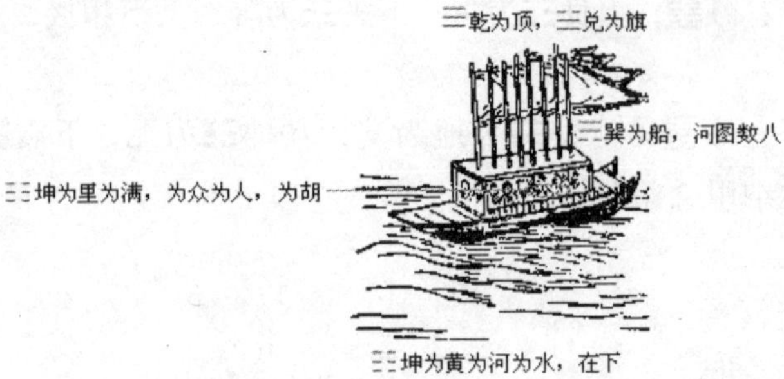

《推背图》中第三十三象至第三十七象明显是叙述满清王朝的历史，却无一有着满清胡服的图像。而按顺序根本不可能是清朝象的如第七、第十二、第十七、第二十一象却着了满人的服装，为什么呢？这足以说明清人在传抄过程中对上述图像中的服装作了改动。清人入关后，在政治和文化上奉行严厉的集权主义和专制主义政策，严防汉人造反，故传抄者对清象未敢造次，却将怨恨发在了与满清根本不相干的第七、第十二、第十七、第二十一象上，只是传抄者没有想到这一改动却为后人添了麻烦，后人不懂《推背图》中所有图像是以卦象绘出，看到几件被改动为满清的衣服，就误以为《推背图》为清人所作了。

历史年鉴（清朝气数）

1559 年　**己未**　明嘉靖三十八年，努尔哈赤生，“稍长，定三姓之乱，众奉为贝勒，居长白山东俄漠惠之野俄朵里城”（《清史稿卷一·本纪第一·太祖》)。正应了“天长白瀑来，胡人气不衰”。

1615 年　**乙卯**　明万历四十三年，明龙虎将军努尔哈赤在黄、白、蓝、红四旗基础上增设镶黄、镶白、镶蓝、镶红四旗，合称满洲八旗。应了图中八旗。

1616 年　**丙辰**　明万历四十四年，正月朔，努尔哈赤称尊号，国号金，建元天命，史称后金。

1626 年　**丙寅**　明天启六年，后金天命十一年，后金攻宁远，袁崇焕败之，努尔哈赤中弹，八月死。第八子皇太极继位，是为太宗文皇帝。明年改元天聪。

1636年　丙子　明崇祯九年，后金天聪十年，清崇德元年，四月，皇太极继皇帝位，改国号大清，建元崇德，率遵汉制。此所谓“黄河水清”，与图中清水亦相一致。

1643年　癸未　明崇祯十六年，清崇德八年，八月，清太宗猝死，第九子福临继位，年六岁。睿亲王多尔衮、郑亲王济尔哈朗辅政。改明年为顺治。

1644年　甲申　明崇祯十七年，清顺治元年，三月，李自成陷北京，崇祯皇帝殉国。

十月朔，清世祖顺治在北京祭告天地，即皇帝位，颁时宪历，免明加派三饷及他项差徭，命豫亲王多铎略江南，英亲王阿济格攻李自成。

1645年　乙酉　清顺治二年，四月，多铎陷扬州，明督师史可法战死，清屠城十日，杀八十余万。

六月，清下令汉人薙发，留发不留头，留头不留发。正应了“稚子半可哀”满人将头发前半部分剃掉，留一扎辫，像汉族儿童头，“稚子”为儿童。

自是顺治朝开始大规模的屠杀汉人，有嘉定三屠、苏州之屠、南昌之屠、赣州之屠、江阴之屠、昆山之屠、嘉兴之屠、海宁之屠、济南之屠、金华之屠、厦门之屠、潮州之屠、沅江之屠、舟山之屠、湘潭之屠、南雄之屠、泾县之屠、大同之屠、汾州、太谷、泌州、泽州等。其中嘉定三屠死难五十余万，江阴之屠死难十三余万，广州之屠死难七十余万，潮州之屠死难十余万，清军实施残忍的集体屠杀和无耻的集体奸淫，所到之处惨绝人寰。

岂是一句“黄河水清，气顺则治”了得?!

1649年　己丑　清顺治六年，封孔有德为定南王，耿仲明为靖南王，尚可喜为平南王，时吴三桂已封平西王。

1661年　辛丑　清顺治十八年，正月，清世祖死，子玄烨继位，改明年为康熙元年，是为清圣祖仁皇帝。十二月，永历帝被俘于缅甸，南明亡。

1673年　癸丑　清康熙十二年，命停撤平南、靖南二藩，吴三桂起兵叛，自称周王、总统天下水陆大元帅、兴明讨虏大将军。十七年称帝，国号周，当年卒，孙吴世璠继位。

1674 年　**甲寅**　清康熙十三年，吴三桂连克沅洲、常德、长沙、衡阳。耿仲明子靖南王耿精忠叛于福建。襄阳总兵杨来嘉叛于谷城，广西提督马雄、总兵马义，陕西提督王辅臣，各率部，起兵响应吴三桂。十五年，尚可喜之子尚之信起兵响应吴三桂。史称“三藩之乱”。

十九年，斩尚之信，二十年，周帝吴世璠自杀，二十一年磔杀耿精忠。三藩平。

1722 年　**壬寅**　清康熙六十一年，十一月，康熙死，四子雍亲王胤禛继位，改明年为雍正年。1735 年，雍正卒，皇四子弘历继位，是为乾隆皇帝，在位六十年，1799 年卒于太上皇位。

1911 年　**辛亥**　清宣统三年，十二月二十五日（1912 年 2 月 12 日），宣统帝溥仪宣布退位，清亡。历皇太极、顺治、康熙、雍正、乾隆、嘉庆、道光、咸丰、同治、光绪、宣统凡十一帝，正应了“主客不分，地支无子”，满清入关，反客为主，故主客不分，地支数十二，无子故十一，应了十一帝。

康熙在位六十一年，为中国历史上帝制时代之最。在位期间统一台湾，亲征朔漠，和善蒙古，“勤政爱民”，“崇儒重道”（《清史稿卷八・本纪第八・圣祖三》），内政外交多有建树，后其孙乾隆建十全武功，清版图扩大至一千三百余万平方公里，史称“康乾盛世”。但此期间，清实行海禁闭关锁国，大兴文字狱，所谓康乾盛世只不过是中国古代农业文明的最后回光返照而已，有清一朝终未能走出革数千年专制之故而鼎立创新之路。

《推背图》颂曰：“藩篱多撤去”，只是以“藩篱”一事提到康熙朝，而对乾隆一朝置之不理，这当与李淳风的大历史观有关，《推背图》主言中国历史，兼言世界历史和人类未来，当大清的子民还臆淫在天朝“盛世”的美梦中时，世界的另一端正在上演着科学革命、工业革命、启蒙运动和政治革命，世界的舞台正由中国转向西方。科学革命的代表牛顿（1643—1727）、工业革命的代表

1769 年蒸汽机的发明者瓦特（1736—1819）、《政府论》的作者洛克（1632—1704）、《原富论》的作者亚当·斯密（1723—1790）、《论法的精神》的作者孟德斯鸠（1689—1775）、《社会契约论》的作者卢梭（1712—1778）、《常识》的作者托马斯·潘恩（1737—1809）、1688 年的英国光荣革命、1776 年的美国革命、1789 年的法国大革命，这些人类近代史上转折时期最重要的代表人物和历史事件都处在康乾时期，人权与民主正式进入历史的主题，此时的大清与欧美相比高低立见。依李淳风的大历史观和智慧能提到康乾时期的康熙已经是高看一眼了，是所谓胡人之治，无可甚说。

后世谈论《推背图》者多不通易经，或异想天开，或胡拉乱拼，一些遗老遗少们硬是想从《推背图》中凑出一象言说“康乾盛世”，于是乎第五十一象便被生吞活剥，见“坤顺而感”便想到孝庄，见“寿而康”便想到康熙，见“卜年一六”便颠倒为六十一年。事实上第五十一象无一字一句不源于地泽临䷒卦，而临䷒卦处在坤䷁宫卦：坤䷁、复䷗、临䷒、泰䷊、大壮䷡、夬䷪、需䷄、比䷇之间，秩序井然，无可抽离。

第三十四象　丁酉 ䷸ 巽上巽下　巽

谶曰：

头有发，衣怕白。

太平时，王杀王。

颂曰：

太平又见血花飞，

五色章成里外衣。

洪水滔天苗不秀，

中原曾见梦全非。

圣叹曰："证已往之事易，推未来之事难，然既证已往，似不得不推及将来。吾但愿自此以后，吾所谓平治者幸而中，吾所谓不平治者幸而不中，而吾或可告无罪矣。此象疑遭水灾或兵戎与天灾共见，此一乱也。"

苗元一按

巽䷸互睽䷥通震䷲覆兑䷹

头有发：巽䷸，二至四兑☱通艮☶为头为有，上下皆巽☴为发。

衣怕白：震䷲，下震☳为衣，互坎☵为怕，上震☳为白。

太平时：震䷲，上震☳为太，互坎☵为平，互艮☶为时。

王杀王：震䷲，上震☳为王，互坎☵为杀，下震☳又为王，故王杀王。另，兑☱亦为杀。

太平又见血花飞：震䷲，上震☳为太，互坎☵为平，初至四䷚艮正覆，艮☶为见，故又见，互坎☵为血，下震☳为花为飞。

五色章成里外衣：震䷲，互艮☶河图书五，为色为成，上下震☳皆章，故五色章成。下震☳为衣在里，上震☳亦为衣在外，故里外衣。

洪水滔天苗不秀：巽䷸，上初至四☱为兑上下正覆，兑☱为洪水，正覆故滔天，上下巽☴，巽☴为苗为秀，为伏，故苗不秀。

中原曾见梦全非：震䷲，互坎☵为中，互艮☶为原，故中原，初至四为☲为艮☶正覆之象，艮☶为见，故☲为曾见，互坎☵为梦为全为非。（睽䷥，上离☲为见，下兑☱为见，故曾见。）

图示卦象

图中洪水涛天苗不秀，水下两具骸骨。取巽䷸卦卦象，巽☴为禾为秀，上下皆巽☴，故禾秀丛生，互兑☱为洪水，兑☱又为二为骸骨，故水下两具骸骨。

此图象征洪秀全及其发动的战争。图示如下：

历史年鉴（太平天国）

1813 年　癸酉　清嘉庆十八年，时嘉庆帝承乾隆帝在位已十有八年。天理教李文成、林清举事，败。十二月，洪秀全生于广东花县。“少饮博无赖，以演卜游粤、湘间。”（《清史稿卷四七五·列传第二六二·洪秀全》）

1843 年　癸卯　清道光二十三年，洪秀全与表亲冯云山，族弟洪仁玕，自行洗礼，在花县创拜上帝会。

1847 年　丁未　清道光二十七年，洪秀全与冯云山定“十款天条”。

1849 年　己酉　清道光二十九年，洪秀全、冯云山在广西与杨秀清、萧朝贵、韦昌辉、石达开结为异姓兄弟。

1850 年　庚戌　清道光三十年，正月，宣宗旻宁卒，子奕许继位，是为文宗。命明年改元咸丰。六月，洪秀全于广西桂平金田村起兵。咸丰帝革广西巡抚郑祖琛职，命林则徐为钦差大臣赴广西，十月卒于途中。

1851 年　辛亥　清咸丰元年，太平天国元年，闰八月，洪秀全陷广西永安，建号太平天国，洪秀全称天王，封杨秀清东王，萧朝贵西王，冯云山南王，韦昌辉北王，石达开翼王。

二年二月，洪秀全突围永安。四月，南王冯云山战死于蓑衣渡。八月，西王萧朝贵战死于长沙。十一月，太平军破汉口、汉阳。十二月，克武昌。

三年二月，攻克江宁，改为天京，遂定都。入京后，秀全与上千后宫淫乐，无暇朝政。三月，清钦差大臣向荣建“江南大营”。四月，清钦差大臣琦善至扬州建“江北大营”。杨秀清命胡以晃西征。五月，太平西征军破安庆，攻南昌。六月，太平北伐军攻怀庆。七月，曾国藩所遣湘勇败于南昌。八月，太平北伐军陷平阳，入直隶，进逼天津，北京大震。九月，太平西征军胡以晃入湖北，陷黄州、汉阳。十二月，太平天国开科取士。胡以晃陷庐州，斩安徽巡抚江忠源。

四年，正月，清湖广总督吴文镕败死，太平军占汉口、汉阳，分兵入湖南。曾国藩传檄攻击太平天国。八月，曾国藩由长沙攻岳州，败，再攻湘潭，又败，愧羞投水自杀，左右救之。曾国藩复振，遂克武昌、汉阳、黄州。十月，翼王石达开大败清水军于鄱阳湖，曾国藩又欲自杀，罗泽南劝之。

五年，正月，林凤祥战死。二月，李开芳降，四月执北京磔死，太平北伐军全灭。三月，石达开复陷武昌。

1856 年　丙辰　清咸丰六年，太平天国六年，五月，向荣江南大营围攻天京四年，不能克，忠王李秀成、英王陈玉成，出兵东西夹击，石达开复统军至，向荣自杀。

八月，太平天国内乱，东王杨秀清以功高无视天王，洪秀全密召北王韦昌辉、翼王石达开，韦昌辉返京，伏杀杨秀清，尽诛其党两千人。石达开后至，责之太酷，韦昌辉欲杀之，石达开逃，韦昌辉悉杀其父母妻子。洪秀全大惧，与杨秀清余党谋，复杀韦昌辉，闭城二十日，前后屠近三万人，“东党殆尽”（《清史稿卷四七五·列传第二六二·洪秀全》）。召石达开辅政。朝中起兵之诸王除达开外皆死，惟可恃者陈玉成、李秀成两王。

1857 年　丁巳　清咸丰七年，太平天国七年，五月，石达开恐惧，私离天京，逃安庆。是岁达开与湘军战于江西，互有得失。

八年，二月，清再建江南大营。四月，太平军坚守四年之久的九江陷，林启容以下死者万人。八月，陈玉成、李秀成大破德兴阿，江北大营再破，天京围解。九月，李秀成占扬州，旋弃之。

九年，二月，陈玉成斩安徽巡抚李孟祥于庐州。九月，石达开陷庆远，又入广东。

十年，闰三月，李秀成、陈玉成、杨辅清等会援天京，大破清江南大营。四月，李秀成等连占常州、苏州、嘉兴等地，两江总督何桂清革职，曾国藩代之，左宗棠襄办军务。五月，石达开入贵州。六月，曾国藩进驻安徽祁门，其弟曾国荃攻安庆。

十一年，二月，陈玉成陷黄州，逼南昌、九江。七月，咸丰死于热河，载淳继位，是为穆宗，改元明年同治。八月，曾国荃陷安庆。十月，李秀成再陷杭州。曾国藩统辖苏、皖、赣、浙四省军务，左宗棠入浙督办军务。

1862 年　壬戌　清同治元年，太平天国十二年，正月，石达开入湖北，转四川。二月，江苏巡抚李鸿章率淮军连克吴江、江阴诸县。四月，曾国荃陷芜湖，围逼天京。英王陈玉成败于庐州，被清凌迟处死。石达开入贵州。十月，李秀成率部援天京，曾国荃大败之，秀成渡长江北走。

1863 年　癸亥　清同治二年，太平天国十三年，四月，曾国荃率部攻下雨花台等处，天京围急，天王召李秀成回。石达开自云南入四川，抢渡大渡河未成，被俘，拒降被斩，部下数千人亦被杀。

1864年　甲子　清同治三年，太平天国十四年，五月，清曾国荃围天京三年，城中粮尽，食草根树皮，洪秀全服毒自杀。子洪天贵福继位。六月，十六日，曾国荃破天京，纵兵屠城十余万。李秀成拥小天王出走，被俘，七月，被斩，有遗言数万言。八月，小天王洪天贵福被擒，磔于南昌。太平天国亡，立国十四年。

谶曰“头有发，衣怕白”大致应了太平军起兵时，人皆留长发，包红头巾。清时下令汉人薙发，留发不留头，留不留发成为明清的标志。洪秀全以反清复明为己任，其攻破南京后，有谒明太祖陵，举行祀典，其祝词曰：“不肖子孙洪秀全得光复我大明先帝南部疆土，登极南京，一遵洪武元年祖制。”军士夹道呼汉天子者三。（《清史稿卷四七五·列传第二六二·洪秀全》）

“太平时，王杀王”，“太平又见血花飞”，正应了太平天国内乱，史称天京事变，北王韦昌辉先杀东王杨秀清，再杀翼王石达开全家，天王洪秀全又再杀北王韦昌辉，屠城近三万，逼走翼王石达开，达开又逃亡途中战死。如果历史上没有出现太平天国，谁也无法想象，既然天下太平，又何来王杀王、血花飞呢？先哲李淳风以易推衍历史其智慧之高，中外无出其右。

“五色章成里外衣”，太平军东西南北翼五王旗色不同，“伪东王黄绸旗，红字绿缘，方一丈；以下皆黄绸旗、红字，而以缘别。如伪西王白缘，伪南王紫缘，伪北王黑缘。伪翼王蓝缘，其尺丈长阔则以五寸递减。豫王、燕王皆黄绸尖旗、红字、水红缘，国宗黄绸尖旗、红字”（引文同上）。太平天国旗制极其复杂，侯、丞相、检点、指挥、将军、司马，旗皆不同，每一军大小黄旗至六百五十六面之多，行军列阵，离远望去，五色相杂、里外皆彩，可谓眼花缭乱。

另，太平天国军官穿红黄衫，制军以上用五彩。

“洪水滔天苗不秀，中原曾见梦全非”，其中既彰显了“洪秀全”三字，又指出其为祸甚烈最终被曾氏国藩、国荃所灭，梦断金陵。

图中滔天淹秀、洪水没骨，清军和太平军在中国最发达的地区交战十余年，致使经济凋零，人口锐减。“太平天国和捻军等部的起义和清朝的镇压发生在中国人口已经达到空前的4.3亿的时候，最剧烈的战争和破坏恰恰是在中国最富庶、人口最稠密的地区进行的。”“1851年至1865年这14年间总人口减少了1.12亿，下降了26.05%。”（葛建雄《中国人口发展史》第251—253页，福建人民出版社1991年版）

后人对洪秀全的太平天国评价不一，赵尔巽在《清史稿》中以为：“秀全以匹夫倡革命，改元易服，建号定都，立国逾十余年，用兵至十余省，南北交争，隐然敌国。当时竭天下之力，始克平之，而元气遂已伤矣。中国危亡，实兆于此。”孙中山、毛泽东对洪秀全的太平天国农民革命均有很高的评价。今人袁伟时先生认为：太平天国“竭力模仿中国历代帝王朝廷的体制和生活样式，这个天国政权不但封建化程度很高，而且其对社会生活控制之严密，自中国中央集权专制政体建立以来罕有其匹”（袁伟时《晚清大变局中的思潮与人物》第92页，海天出版社1992年版）。更以为清政府与太平天国的决战是两个宗法专制集团之间的战争。（同上，第221—222页）

第三十五象　戊戌 ䷐ 兑上震下　随

谶曰：
西方有人，足踏神京。
帝出不还，三台扶倾。
颂曰：
黑云黯黯自西来，
帝子临河筑金台。
南有兵戎北有火，
中兴曾见有奇才。

圣叹曰："此象疑有出狩事，亦乱兆也。"

苗元一按

随䷐互渐䷴通蛊䷑覆蛊䷑

西方有人：随䷐，上兑☱为西方，互艮☶为有，下震☳为人。

足踏神京：随䷐，下震☳为足，为踏，为神，互艮☶为京。

帝出不还：随䷐，下震☳为帝，为出走，互艮☶为震☳覆，为不还。

三台扶倾：随䷐，下震☳后天数三，互艮☶为台，艮☶为手为扶。下震☳为艮☶覆，故扶倾。侯果曰：倾，覆也。

黑云黯黯自西来：随䷐，上兑☱为云，坎☵为黯为黑，三至上为☰为大坎☵故为黯黯；互艮☶为自，上兑☱为西，下震☳为来。

张董本作"黑去"，民国四年本作"黑雲"。"黑去"当为"黑雲"，草书繁体字云与去字相近，当为传抄之误。

帝子临河筑金台：随䷐，下震☳为帝为子，互艮☶为临，上兑☱为河，下震☳为筑，上兑☱为金，互艮☶为台。

南有兵戎北有火：渐䷴，下艮☶为南为有，互离☲为兵戎，互坎☵为北，互离☲为火。

中兴曾见有奇才：随䷐，三至上为☵为坎为中，下震☳为兴为奇才，上兑☱互艮☶皆见，故曾见。艮☶为有。另，初至四为☳为艮☶正覆之象，艮☶为见，故☳为曾见。上一象即第三十四象“中原曾见梦全非”中“曾见”亦取震䷲初至四☳象。（震☳为过去故为曾，《说文》：曾，词之舒也，☳为言为乐，故为曾。）

图示卦象

城外三人慌张而来。此三人着西服，身背弓，当为西方入侵者。取随䷐卦象，互艮☶为城郭，下震☳后天数三，故三人，互艮☶为身为背，三至上☵为大坎☵为弓，故身背大弓，上兑☱为西方，下震☳为衣服，故为着西服之人，故：“西方有人，足踏神京。”

此图以兑☱为西，以震☳为东，为后天八卦方位。图示如下：

历史年鉴（鸦片战争）

1839年　己亥　清道光十九年，四月，钦差大臣林则徐，缴各洋商鸦片凡二万余箱，于虎门销毁。十二月，以林则徐为两广总督，调邓廷桢为闽浙总督，严查福建沿海英船私运鸦片。

1840 年　庚子　清道光二十年，道光下诏停止贸易，英不能接受，女王维多利亚向国会演说，态度强硬，决心以武力解决，遣海陆军二万五千人、军舰十六艘，驶集于澳门海面。六月，鸦片战争爆发。

二十一年正月，琦善与义律订《穿鼻草约》，割香港与英，赔款六百万两。英舰遂自定海撤退，占领香港。二月道光大怒，革琦善职，查抄家产。英以《穿鼻草约》无效，再犯虎门，清武备废弛、敌情不明，指挥紊乱、屡战屡败。

二十二年，英陷江苏镇江，抵南京，清无力再战，逼迫签订《南京条约》，凡十三款，开广州、厦门、福州、宁波、上海五口通商，设领事馆，割香港与英。赔款二千一百万两。中国不平等条款自此始。史称第一次鸦片战争。

1851 年　辛亥　清咸丰元年，洪秀全起兵建太平天国，称天王，三年陷天京，分兵出击。

1856 年　丙辰　清咸丰六年，九月，英利用“亚罗号事件”，炮轰广州，第二次鸦片战争爆发。七年，十二月，英法联军五千六百余人，其中法军一千人，率舰至广州，通牒两广总督叶名琛，限十日内举行修约谈判，叶拒之，广州遂陷，叶被俘。八年四月，清黑龙江将军奕山与俄东西伯利亚总督签《中俄瑷珲条约》，黑龙江以北地尽割于俄。英法联军北进天津，陷大沽口炮台，北京戒严。五月，签订中英、中法《天津条约》，赔银开埠，俄美以从中斡旋而“利益均沾”。九年五月，英法攻大沽口炮台，僧格林沁大败之，英法伤亡惨重，狼狈逃窜。

1860 年　庚申　清咸丰十年，英遣一万五千余人，法七千余人，扩大侵华战争。七月，英法联军再攻天津，陷大沽口炮台。八月，陷通州，咸丰奔热河，命恭亲王奕䜣留京与英、法商谈。

僧格林沁战英法联军于八里桥，败逃。北京陷，敌抢掠珍贵文物、金银珠宝，纵火焚圆明园，火二日不绝。遂交换《天津条约》，又立中英、中法《北京条约》，再赔银开埠。俄以调停有功，亦签《北京条约》，割占乌苏里江以东约四十万平方公里的领土。至此第二次鸦片战争结束。此役因其实质是第一次鸦片战争的继续和扩大而得名。

1861年 辛酉 清咸丰十一年，七月，咸丰未还都而死于热河，子载淳继位，是为穆宗，改元明年同治。十月，曾国藩奉旨督办江苏、安徽、江西、浙江四省军务，其巡抚、提镇以下悉归节制，以围攻金陵属之曾国荃，以浙事属左宗棠，苏事属李鸿章。

1864年 甲子 清同治三年，左宗棠攻陷杭州，控制浙江全境，李鸿章攻陷苏州、常州。六月十六日，曾国荃陷天京，屠城，太平天国亡。

面对内外困局，以曾国藩、左宗棠、李鸿章、张之洞为代表的有识之士，师夷长技，创办洋务。曾国藩创办安庆内军械所，左宗棠办兰州制造局、福州船政局，李鸿章办轮船招商局、开平煤矿、天津电报局、津榆铁路、上海织布局，并苦心经营亚洲最大的海军北洋舰队，张之洞建湖北织布局、汉阳炼铁厂、汉阳兵工厂等。洋务运动以“中学为体，西学为用”为指导思想，以“自强”、“求富”为目标，创办了一批近代工业。洋务运动以1861年曾国藩创办安庆内军械所为始，以1895年北洋舰队全军覆没为终。

洋务运动历同治、光绪两朝，史称同光新政，加之连克太平天国和捻军、收复新疆、安抚外国列强，清政府与民休养生息，引进西方先进技术，使经济得到恢复和发展，史又称同光中兴。

谶曰“西方有人，足踏神京”，正应了西方列强英法联军，攻陷北京，纵火焚烧圆明园。“帝出不还”应了咸丰帝逃往热河，病死，未能还京。“三台扶倾”，“三台”本意星名，《晋书·天文志》：“三台六星，两两而居。”紫微斗数中有三台八座两星。后以三台喻三公，指官职显要。此处指曾国藩、左宗棠、李鸿章三人戡平太平天国和捻军，挽大清于将倾。

颂曰“黑云黯黯自西来，帝子临河筑金台”，西方列强乌云压境，攻陷京城，咸丰帝携子载淳逃往热河，以避暑山庄为行宫。“南有兵戎北有火”正应了南京的太平天国之乱和北京的圆明园被焚。“中兴曾见有奇才”指以曾国藩为代表的同光中兴，晚清至民国史家皆以曾国藩为“立德、立功、立言”三不朽完人，赵尔巽评价“其治军行政，务求蹈实”，凡筹划天下事可比“汉之诸葛亮、唐之裴度、明之王守仁”。“国藩又尝取古今圣哲三十三人，画像赞记，以为师资，其平生志学大端，具见于此。至功成名立，汲汲以荐举人才为己任，疆臣阃帅，几遍海内。以人事君，皆能不负所知。呜呼！中兴以来，一人而已。”（《清史稿卷四〇五·列传第一九二·曾国藩》）

第三十六象　己亥 ䷈ 巽上乾下　小畜

谶曰：
纤纤女子，赤手御敌。
不分祸福，灯光蔽日。

颂曰：
双拳旋转乾坤，
海内无端不靖。
母子不分先后，
西望长安入觐。

圣叹曰：“此象疑一女子能定中原，建都长安。”

苗元一按

小畜䷈互睽䷥通豫䷏覆履䷉

纤纤女子：小畜䷈，上巽☴为纤，二至上䷈巽止覆，故纤纤之象，互巽☴为女子。

赤手御敌：豫䷏，互坎☵为赤，互艮☶为手，艮☶为御，互坎☵为敌。

不分祸福：豫䷏，互坎☵为不分，下坤☷为祸，上震☳为福。另：豫䷏卦为六合之卦，故不分。

灯光蔽日：小畜䷈，互离☲为灯光，上巽☴为蔽，下乾☰为日。

双拳旋转乾坤：豫䷏，艮☶为手为拳，二至上䷏艮☶正覆为旋转，故双拳旋转，下☷为坤通☰为乾。

海内无端不靖：豫䷏，下坤☷为海在内故海内，互坎☵为无，互艮☶为端，上震☳为靖，震覆为艮，故不靖。

母子不分先后：豫䷏，下坤☷为母，上震☳为子，互坎☵为不分，互艮☶为先，上震☳为后。另，豫䷏卦为六合之卦，故不分。

西望长安入觐：小畜䷈，互兑☱为西，互离☲为望，下乾☰为长安，上巽☴为入，互离☲为觐。

张董本作“入覲”，民国四年本作“入觐”。“覲”当“觐”之误。

图示卦象

图中一贵妇人骑马，前有一侍女持灯带路，旁有一大臣模样的人跪拜请示。取小畜䷈之象，上巽☴为贵为妇，下乾☰为马为骑，故贵妇骑马，互兑☱为少女，伏艮☶为持为灯，上巽☴旁通震☳为行，故少女持灯前行，下乾☰伏坤☷，坤☷为大臣，伏为拜，又伏艮☶为跪拜，故大臣伏拜。图示如下：

历史年鉴（慈禧误国）

1861年　辛酉　清咸丰十一年，七月，文宗卒，穆宗即位，年六岁，尊嫡母钮祜禄氏为皇太后，称东太后，生母那拉氏亦为皇太后，称西太后，后世称慈禧太后。十一月乙酉朔，穆宗奉两太后御养心殿，垂帘听政。同治十二年正月，归政于穆宗。十三年十二月，穆宗崩，太后定策立德宗，两太后复垂帘听政。改元明年光绪。光绪八年，东太后卒，慈禧太后独当国。(《清史稿卷二一四·列传第一·后妃》）光绪十五年帝亲政，但仍为太后所左右。

1894年　甲午　清光绪二十年，七月，爆发中日甲午海战，二十一年正月，北洋舰队全军覆没。三月，李鸿章与伊藤博文签订《中日马关条约》赔银二万万两，割台湾全岛及所有附属岛屿、澎湖列岛、辽东半岛与日本。

1898年　戊戌　清光绪二十四年，四月二十三日，光绪帝以国势日急，决意变法，下诏定国是。二十八日擢康有为总理各国事务衙门“章京行走”变法维新。五月十五日命梁启超办理译书局。废科举办京师大学堂；振兴农学；悬赏励工；以西法练兵操演；大小书院改为学校；裁汰军队等。八月四日，袁世凯向荣禄告密，荣禄又告密于那拉氏太后言新党欲谋太后。五日，慈禧太后囚光绪于南海瀛台。六日，下诏再垂帘听政。戊戌变法只百零三日而终。十三日，斩康广仁、杨深秀、杨锐、林旭、刘光第、谭嗣同，史称戊戌六君子。

1899年　己亥　清光绪二十五年，二月，山东有习拳弄棒者，号义和拳，首领朱红灯以“扶清灭洋”为口号，掠教民数十家，山东巡抚毓贤庇之，改之为“义和团”。十月，毓贤至京力言义和团为义民，有神技可用。十二月，慈禧太后欲废光绪，以端亲王载漪子溥儁为太子，各国使节均表反对。慈禧太后、端亲王遂欲利用义和团铲除洋人。

1900年　庚子　清光绪二十六年，义和团发展全山西，入直隶，时义和团兴起女性组织，有红灯照、青灯照、蓝灯照、黑灯照，红灯以少女为主，青灯蓝灯以中年妇女为主，黑灯以寡妇为主。直隶总督三跪九叩拜见红灯照首领黄连圣母。五月二十五日，慈禧太后下诏与洋人各国宣战，义和团四处屠掠，北京火光蔽天，杀十数万人，虽婴儿不满月者亦不免。六月，英、德、奥、日、法、俄、意、美八国联军攻陷天津，直隶提督聂士成阵亡。七月，慈禧太后杀反义和团者：吏部侍郎许景澄、太常卿袁昶、兵部尚书徐用仪、户部尚书立山、内阁学士联元。十八日，联军陷通州。二十日，破北京，众使馆解围。除日、美外，六国部队烧杀奸淫。二十一日，慈禧太后挟光绪帝逃亡，历居庸关、宣化、大同、太原，至西安。十一月，直隶总督兼北洋大臣李鸿章与诸国讲和，约十二款，大致为惩办挑起此次事端之“祸首”端亲王等及道歉、赔银四万万五千两。慈禧太后见列国未将自己列入罪魁，大喜，上谕“量中华之物力，结与国之欢心”。中国遭奇耻大辱。

1901 年　**辛丑**　清光绪二十七年，正月，惩办义和团罪首，端亲王载漪、辅国公载澜，发往新疆，终身监禁。庄亲王载勋、右都御史英年、刑部尚书赵舒翘，命自尽。七月，广亲王奕劻、李鸿章与十国公使签《辛丑和约》，赔各国白银四万万五千两。九月，李鸿章卒，袁世凯接任。十月，八国联军撤出北京。十一月，慈禧太后返北京，大修颐和园，每日听戏。

1908 年　**戊申**　清光绪三十四年，十月，癸酉，光绪帝卒于瀛台，年三十八。次日甲戌，慈禧终于死掉，年七十四，左右中国政局四十余年。

是年，清政府颁《钦定宪法大纲》下诏预备立宪年限为九年，届时召开国会。然大清腐烂，为时已晚。越三年，逢辛亥革命，十二月，宣统退位，清亡。

谶曰“纤纤女子，赤手御敌。不分祸福，灯光蔽日”，正应了慈禧太后利用义和拳和洋人开战。纤纤女子既指慈禧，亦指红灯照、青灯照、蓝灯照、黑灯照等义和拳中女信徒。一时灯光蔽日，难分吉凶。颂曰“双拳旋转乾坤”，更是指义和拳造成举国动乱，引来八国联军。遂使“母子不分先后，西望长安入觐”，慈禧挟光绪逃难长安。

“海内无端不靖”此“端”大概指端王载漪，端王以义和团刀枪不入、身怀绝技力主启用与洋人战，慈禧以为无“端王”之策而海内不靖，事实是，海内有端王是为不靖。端王最终被八国联军指为义和团滋事之“罪首”。“海内无端不靖”当为反问句。

图中，手持灯者当为红灯照少女，骑马者当为慈禧。跪拜者当为端王？先献计，后伏罪。

第三十七象 庚子 ䷩ 巽上震下 益

谶曰：

汉水茫茫，不统继统。

南北不分，和衷与共。

颂曰：

水清终有竭，

倒戈逢八月。

海内竟无王，

半凶还半吉。

圣叹曰："此象虽有元首出现，而一时未易平治，亦一乱也。"

苗元一按

益䷩互剥䷖通恒䷟覆损䷨

汉水茫茫：益䷩，互坤☷为汉水，为茫茫。

不统继统：益䷩，震☳为统，三至五为震☳覆，故不统，上巽☴为继，下震☳为统，故继统，故不统继统，极其精妙。

南北不分：剥䷖，上艮☶为南，下坤☷为北，上下相接，故南北不分。

和衷与共：益䷩，互坤☷为和衷为与共。另，益䷩上巽☴下震☳皆木故体用比和，故和衷与共。

水清终有竭：剥䷖，下坤☷为水为清，上艮☶为终竭为有。

倒戈逢八月：益䷩，兑☱为戈，上巽☴为兑☱覆，故为倒戈，下震☳为逢，互坤☷为八为月。

海内竟无王：剥䷖，下坤☷为海在内，故海内，上艮☶为竟，艮☶为震☳覆，震☳为王，故艮☶为无王，故海内竟无王。

半凶还半吉：益䷩，巽☴下断为半，互坤☷为凶，下震☳为还为吉，故半凶还半吉。另，坤☷一分为二故为半。

图示卦象

此图水中一黎人手捧元首，取益䷩象，下震☳为黎，互坤☷为人，上巽☴为寡发，故一寡发黎人，又互坤☷为洪水，下震☳为站，故站于洪水，互艮☶为手为捧，艮☶又为首，故手捧元首。图示如下：

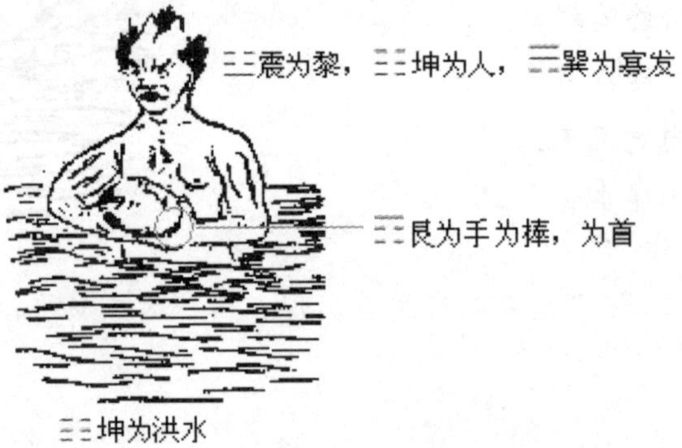

此图明示“黎元洪”三字，而此版本又逢民国初年首次刊行，很容易让人联想到这是否是黎元洪党为其造势而伪造之作，但笔者通过与民国元年版本的比较研究否定了这一想法。民国元年本第五十四象之图与此图相近，亦是一寡发之人站立洪水之中，只是手中捧的不像四年本为“人首”而是“人体”，另外多了背景山和水中髅骨。但两图主体部分大致相当。民国元年本此图排序已到第五十四象临近《推背图》之尾，按时间推断怎么都无法与“黎元洪”这个历史人物相联系。依岳珂《桯史》记载，赵匡胤曾杂乱《推背图》数百本以混淆后人，民国元年本当其中之一。杂乱的版本当有与原版本相同之处，民国元年本第五十四象图和民国四年本第三十七象图之所以相像，当原版本确有出处。因此，民国四年本第三十七象图绝非伪作。

民国四年本第三十七象图

民国元年本第五十四象图

历史年鉴（民国诞生）

1894 年　甲午　清光绪二十年，孙中山在檀香山创立兴中会，以“驱除鞑虏，恢复中国，创立合众政府”为目标。二十一年，广州起义失败，二十五年惠州起义失败。

是年七月至次年二月，中日甲午海战，清大败，签《中日马关条约》，二十六年八国联军再陷北京，次年签《辛丑条约》。

1904 年　甲辰　清光绪三十年，孙中山领导的兴中会与黄兴领导的华兴会合并改组为中国同盟会，誓约“驱除鞑虏，恢复中华，创立民国，平均地权”，公推孙中山为总理，黄兴为庶务总干事。

三十三年至次年三月，孙中山先后领导了广东潮州黄冈起义，广东惠州七女湖起义，广西防城起义，广西镇南关起义，广西钦、廉、上思起义，云南河口起义，皆败。

徐锡麟、秋瑾光复会起义，安庆新军起义，广州新军起义，皆败。

1911 年　辛亥　清宣统三年

三月二十九日，孙中山、胡汉民再举广州黄花岗起义，黄兴亲率先锋队数十人进攻清两广总督衙门。党人骨干死伤甚重，有方声洞、林觉民等七十二烈士。

八月十九日，湖北工程营总代表熊秉坤于武昌起义，湖广总督瑞澄逃上海，武汉三镇迅即光复，革命军推第二十一混成协统黎元洪任鄂军都督，组织军政府，檄文纪元称“黄帝纪元四千六百零九年”。

九月初一，湖南、陕西独立。

初二，九江独立。

初八，山西独立。第二十镇统制张绍曾等电请立宪。

初九，云南独立。资政院请改组内阁，颁宪法，开党禁。

初十，江西独立。

十一日，总理大臣奕劻内阁辞职。

十三日，上海独立。清颁宪法信条十九条。

十四日，贵州、浙江独立。

十五日，江苏独立。

十六日，释刺杀摄政王者汪兆铭等。

十七日，广西独立。

十八日，安徽独立。

十九日，广东、福建独立。资政院选袁世凯为总理大臣。

二十一日，袁世凯派员至武昌试探议和。

二十三日，西藏兵变。山东假意独立。

二十五日，独立各省代表聚于上海。

十月初二，重庆独立。

初五，泸州独立。

初六，奉天新军起义。

初七，四川独立。

初十，各省代表会于武昌，拟定中华民国临时政府组织大纲，定都南京。

十一日，外蒙古独立。

十六日，摄政王载沣退位。

二十四日，各省代表开会于南京，推黎元洪为大元帅，黄兴为副元帅。

二十八日，南北和议代表会于上海。

十一月初六，孙中山返国抵上海。

初十，十七省代表聚于南京。

十二日，南北和议代表开始谈判于上海。伍廷芳代表革命军方面提出：清帝退位，选举总统，建立共和政府等条件。唐绍仪代表袁世凯向革命军施压。与此同时，英、美、德、俄、日、法希望尽快结束战事，促双方达成协议。

十三日，选孙中山为中华民国临时大总统，并决定采用公历纪元，以十一月十三日为中华民国元年元旦。

十二月初五，孙中山发表公开声明，只要清帝退位，袁世凯赞成共和，即举袁世凯为大总统。

十二月二十五日（1912 年 2 月 12 日），清隆裕太后及宣统帝溥仪宣告退位，清亡。自是中国数千年之皇权时代结束，共和时代来临。

1912 年 3 月 10 日，南北议和成，袁世凯在北京就任临时大总统。

颂曰“水清终有竭，倒戈逢八月”，正应了辛亥革命发生于八月，是年清亡。谶曰：“汉水茫茫，不统继统。南北不分，和衷与共”，指辛亥革命爆发于汉口之水的武昌，南北议和，成立共和。中华民国废除千年帝制，倡导共和是谓不统。宣统退位，共和代之，是谓继统。

图中，一黎人捧一元首，处于洪水之中，正是汉水边军政府之大元帅黎元洪。“海内竟无王，半凶还半吉”，指共和兴，帝王无，民国继清未有像前朝更迭时出现大规模的流血冲突和百姓死亡，可谓和平过渡是为吉；但民国四年袁世凯称帝，五年败死，遂军阀混战又起是为凶。

第三十八象　辛丑 ䷔ 离上震下　噬嗑

谶曰：

门外一鹿，群雄争逐。

劫及鸢鱼，水深火热。

颂曰：

火运开时祸蔓延，

万人后死万人先。

海波能使江河浊，

境外何殊在目前。

圣叹曰：“此象兵祸起于门外有延及门内之兆。”

苗元一按

噬嗑䷔互蹇䷦通井䷯覆贲䷕

门外一鹿：噬嗑䷔，互艮☶为门，互坎☵为外为一，互艮☶为鹿，故门外一鹿。

群雄争逐：噬嗑䷔，互坎☵为群，艮☶为君通兑☱为羊，故为群，下震☳为雄为争为逐。

劫及鸢鱼：噬嗑䷔，互坎☵为劫为及，互艮☶为鸢，下震☳通巽☴为鱼。另，上离☲为鸢，互坎☵亦为鱼。

水深火热：井䷯，上坎☵为水，互兑☱为深，互离☲为火热。

火运开时祸蔓延：噬嗑䷔，上离☲为火，下震☳为运为开，互艮☶为时，上离☲互坎☵皆为祸，下震☳为蔓为延。

万人后死万人先：噬嗑䷔，下震☳为万人，为后，互坎☵为死，互艮☶为先，故万人后死万人先。

张董本作“万人后死万人生”，民国四年本作“万人后死万人先”。“生”当“先”之误。

海波能使江河浊：蹇䷦，互坎☵为海波，下艮☶为能使，上坎☵为江河为浊。

境外何殊在目前：蹇䷦，下艮☶为境，互坎☵为外，故境外，上坎☵为何殊，下艮☶为在为目为前。另，互离☲亦为目。

图示卦象

此图门外五尸横陈。取井䷯象，下巽☴为卧为伏，先天数五，上坎☵为死为尸，故五尸横卧。互离☲为战乱，故一片狼藉。巽☴为门，坎☵死在外，故门外五尸。图示如下：

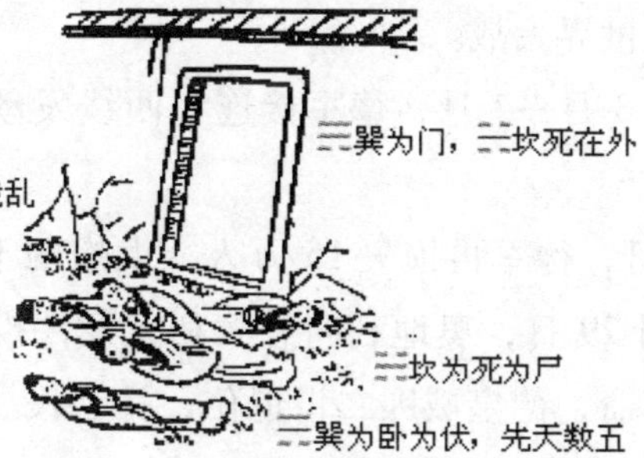

历史年鉴（一战爆发）

1914 年　6 月 28 日奥匈帝国皇储斐迪南大公夫妇在波斯尼亚之萨拉热窝为塞尔维亚学生普林西比刺杀。

7 月 28 日，奥匈帝国正式向塞尔维亚宣战；7 月 30 日，俄出兵援塞尔维亚。

8 月 1 日，德国向俄国宣战，3 日向法国宣战。8 月 4 日，德国向中立国比利时开战，比利时对德宣战，同日英国向德国开战。8 月 6 日，奥匈帝国向俄罗斯宣战，塞尔维亚对德国宣战，意大利宣布中立。8 月 12 日，英国向奥匈帝国宣战。第一次世界大战爆发。

1915 年　西面战线，英法联军死伤 157 万人，德军死伤 61 万人。东线，德奥联军以十八个师和两千余门大炮，分兵两路进击俄军，德军大胜，俄军损失170多万人。5月7日，德军潜艇击沉英邮轮“鲁西塔尼亚”号，近1200旅客死难。是年，意大利倒向协约国，保加利亚加入同盟国。日本亦加入伦敦宣言。

1916年 春，俄军调两百万大军向德奥联军反攻，双方各损失百万兵力。德军战线西移，与法军爆发凡尔登会战。5月31日至6月1日，德国海军胜英国海军于日德兰，是第一次世界大战中规模最大的海战。7月英法与德爆发索姆河战役，英首次使用坦克，战况惨烈，双方死伤120余万。是年罗马尼亚加入协约国。

1917年4月6日，美国向德国宣战。英军在西线猛攻，损失百万兵力。东线因俄国爆发十月革命退出战争而结束。

8月1日，代理总统冯国璋抵京，2日段祺瑞的国务会议决定对同盟国德意志帝国和奥匈帝国宣战。14日，宣布战书，中国正式卷入第一次世界大战。

1918年 3月—7月，德军接连在西线发动了五次大规模的攻势，未果。

8月—9月，德军再损失15万人，大炮两千余门，机枪一万三千余挺。10月29日，奥地利向意大利无条件投降。11月9日柏林爆发十一月革命，德皇威廉二世退位，社会民主党宣布成立魏玛共和国。11月11日，德国投降。

第一次世界大战从1914年8月起历时四年三个月，卷入国家30余个，死伤3000万人，其中法国、英国、俄国、美国、意大利、罗马尼亚、比利时、澳大利亚、加拿大、印度、南非、希腊、日本、中国等协约国阵亡将士550万；奥匈帝国、德意志帝国、保加利亚、奥斯曼帝国等同盟军阵亡将士340万。上千万平民伤亡。

谶曰“门外一鹿，群雄争逐”，正应了中国境外所爆发的第一次世界大战。《史记·淮阴侯列传》：“秦失其鹿，天下共逐之。”逐鹿有争夺天下之意。

颂曰“火运开时祸蔓延，万人后死万人先”，战火不断地蔓延，30余国参战，大约15亿人口卷入，死伤人数先后增至3000余万。

真是“境外”之惨烈“何殊在目前”!

“劫及鸢鱼，水深火热”大概指像鸢一样的飞机，像鱼一样的潜艇首次为战争所使用。潜艇游在深水，大炮响时火热。至于“海波能使江河浊”大概是指日德兰海战污染了大海。

第一次世界大战中国参战，17 万华工卷入欧洲战场。战争结束后所签《凡尔赛条约》对德国实行严厉的经济与军事制裁，条约将德国在中国山东的权益转让给日本，这激起了中国人民强烈愤慨。1919 年 5 月 4 日，以北京大学为首的十二所高校的大学生们在市民和工商业人士的支持参与下，率先发起了大规模的示威游行，后请愿、罢课、罢工，波及全国，史称五四运动，它和较早兴起的鼓吹民主与科学的新文化运动一并成为中国历史上一次规模宏大、意义非凡的政治思想文化运动，对现当代之政治、思想文化乃至社会生活影响巨大。

第三十九象　壬寅 ䷚ 艮上震下　颐

谶曰：

鸟无足，山有月。

旭初升，人都哭。

颂曰：

十二月中气不和，

南山有雀北山罗。

一朝听得金鸡叫，

大海沉沉日已过。

圣叹曰："此象疑一外夷扰乱中原，必至酉年始得平也。"

苗元一按

此象张董本和民国四年本皆作"壬寅，䷛兑上巽下　颐"。卦象䷛与卦名颐不符，按八宫卦排序，此象当为颐䷚，可能为传抄之误。今更正为"壬寅䷚艮上震下　颐"。但颐旁通大过，亦可解本象谶颂，这不知是有意还是无意暴露了作者在创作过程运用了旁通之象。

颐䷚互坤䷁通大过䷛覆颐䷚

鸟无足：颐䷚，上艮☶为鸟，下震☳为足，上艮☶为震☳覆故无足，故鸟无足。

山有月：颐䷚，上艮☶为山为有，互坤☷为月。

旭初升：颐䷚，上艮☶为旭，伏乾☰为始为初，下震☳为升。

人都哭：颐䷚，互坤☷为人为都，震☳为哭。颐䷚为震☳正覆故处处有哭声。互坤☷为鬼，上艮☶为狼，下震☳为哭为嚎，故亦有鬼哭狼嚎悲残之象。

十二月中气不和：颐䷚，互坤䷁卦为十二月卦，居颐中故十二月中。旁通大过䷛，为巽☴上下相背，巽☴为气，故气不和。

南山有雀北山罗：颐䷚，下震☳为南，上艮☶为山为有为雀，互坤☷为北，颐䷚大离☲为罗。《史记卷一二〇·汲郑列传第六十》：太史公曰：夫以汲、郑之贤，有势则宾客十倍，无势则否，况众人乎！下邽翟公有言，始翟公为廷尉，宾客阗门；及废，门外可设雀罗。

一朝听得金鸡叫：大过䷛，互乾☰为一为朝，上兑☱为听得为叫，互乾☰为金，下巽☴为鸡，故金鸡。另，上兑☱居西，亦为金鸡。

大海沉沉日已过：颐䷚，互坤☷为海，通乾☰为大故大海，上互坤☷为沉，下互坤☷亦为沉，故沉沉，坤☷又为已，下震☳为日为过。

本象颂"十二月中气不和"，第三十七象颂"倒戈逢八月"，第二十二象颂"一木会支二八月"，皆用了从孟喜开端的两汉卦气说。

图示卦象

此图，山上鸟无足，山下旭初升。此图为颐䷚卦象的杰出表述。互坤☷为山，上艮☶为鸟，为震☳覆，震☳为足，故鸟无足，震☳为日，在下为初，故旭初升。图示如下：

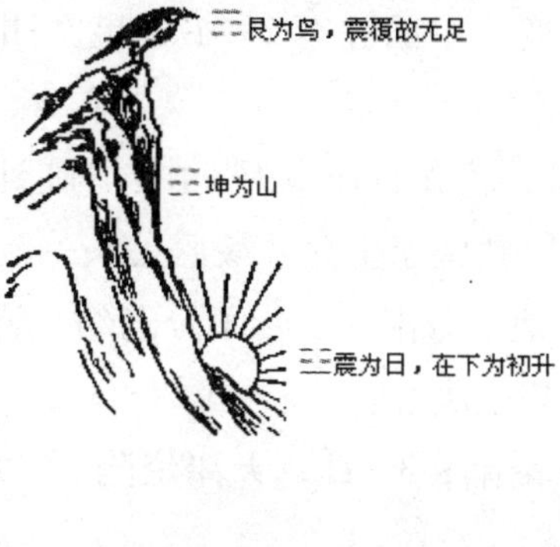

历史年鉴（抗日战争）

1931 年 9 月 18 日，日本关东军炸毁沈阳郊外的“南满”铁路，悍然发动对华战争。至 1932 年 1 月，东北全境沦陷。

1932 年 1 月 28 日，日本军队在上海挑起“一·二八”事变，十九路军奋起抵抗。3 月 9 日，日本扶持溥仪成立“满洲国”于长春。

1933 年 1 月 3 日，日军攻占山海关，3 月 9 日，第 29 军在喜峰口与日军展开激战。5 月 26 日，冯玉祥、方振武、吉鸿昌建察哈尔民众抗日同盟军。

1934 年 4 月 17 日，日本外务省情报部长天羽英二发表声明，声称要排挤英美在华势力，独占中国。

1935 年 6 月 28 日，日军攻丰台。

1936 年 7 月 13 日，国民政府主席蒋介石作《救亡与御侮的步骤与限度》报告说：“中央对于外交所抱的最低限度，就是保持领土主权的完整，任何国家要求侵害我们的领土主权，我们绝对不能容忍，我们绝对不签订任何侵害我们领土主权的协定，并绝对不容忍任何侵害我们领土主权的事实。再明白些说，假如有人强迫我们签订承认伪满洲国等损害领土主权的协定的时候，就是我们不能容忍的时候，就是我们最后牺牲的时候。”11 月 5 日至 23 日，傅作义率部抗日于绥远。12 月 12 日，张学良、杨虎城发动“西安事变”。

1937 年 7 月 7 日，日军进攻卢沟桥龙王庙中国驻军，并炮轰宛平城，史称七七事变。中国驻军 29 军吉星文团奋起抵抗，全面抗战拉开战幕。

7 月 16 日、17 日，蒋介石在庐山发出：“临到最后关头，便只有拼全民族的生命，以救国家生存。最后关头一到，我们只有牺牲到底，抗战到底！”“地不分南北，年不分老幼，皆有守土抗战之责任，皆应抱定牺牲一切之决心！”

7 月 28 日，北京沦陷，30 日，天津沦陷。7 月 31 日，蒋介石发表《告抗战全军将士书》，指出日寇攻陷平津“此诚为我民族莫大之奇耻，亦中国历史未有之巨变”，要求全军将士“要确立牺牲到底的决心！”“确立最后胜利之自信！”

8 月 13 日—11 月 12 日，淞沪会战：国军参战 70 余万人，日军参战 30 万人，中国军民浴血奋战，国军伤亡 20 余万人，日军三易主帅伤亡 5 万余人，粉碎了日本三个月灭亡中国的狂妄计划。是役主要参战将领有顾祝同、陈诚、张发奎、薛岳。

9 月 13 日—11 月 8 日，太原会战：国军参战 28 万人，伤亡 10 万人，日军参战 15 万人，伤亡近 3 万人。其中忻口战役打出了国威。是役主要参战将领有阎锡山、卫立煌、孙连仲、傅作义，郝梦龄阵亡。其间国民革命军第八路军（按战斗序列又称第十八集团军）第一一五师师长林彪率部歼敌千余人于平型关，取得了全国抗战以来中国军队的第一个大胜利，极大鼓舞了抗日军民的抗战决心。

11 月 17 日国民政府迁至武汉，20 日再迁至重庆，是为陪都。

12 月 1 日—13 日，南京保卫战：国军参战 15 万人，日军 5 万人，日军伤亡 12000 余人。13 日，南京沦陷，日军开始持续八个多月的大屠杀，死难同胞 30 余万。是役主要参战将领有唐生智、孙元良、俞济时、宋希濂、王耀武。

1938 年　1 月 4 日—5 月 21 日，徐州会战：包括滕县血战、临沂之战、台儿庄大捷、徐州突围。国军参战 60 万人，日军参战 30 多万人，其中台儿庄大捷歼敌 1 万余人。山东省主席韩复榘临阵退缩，被蒋介石下令枪决。是役主要参战将领有李宗仁、孙连仲、汤恩伯、张自忠，王铭章阵亡。

5 月 21 日—6 月，兰封会战：土肥原 14 师团孤军深入，被以薛岳为指挥的国军包围于兰封附近，土肥原险被歼。第八十八师中将师长龙慕韩擅自撤退，被蒋介石军法处置。是役主要参战将领有：程潜、薛岳、邱清泉、桂永清、宋希濂、杜聿明。

6 月 12 日—10 月 27 日，武汉会战：国军参战 100 余万人，日军参战 35 万人，国军死伤 25.46 万人，日军被歼近 10 万人。其中万家岭大捷全歼日军四个团，中国空军击落日机 62 架，炸毁日机

16 架，炸沉日舰 23 艘。中国海军击沉日舰多艘。是役中国军民同仇敌忾、众志成城。主要参战将领有陈诚、白崇禧、薛岳、张发奎、孙连仲、王耀武、张灵甫、黄维、商震、杜聿明、郑洞国、关麟征、李延年、徐焕升。

1939 年　5 月 1 日—20 日，随枣会战：武汉会战之后，日军为了消除鄂北、豫南方面中国军队对武汉的威胁，向湖北随县枣阳地区发动进攻。第五战区国军伤亡 2 万余人，击毙日军近 1.4 万人。是役主要参战将领有：李宗仁、汤恩伯、张自忠、李品仙。

9 月 14 日—10 月 7 日，第一次长沙会战：国军部署 50 万兵力，实际参战兵力近 25 万，由第九战区薛岳指挥。日军死伤 2 万余人，国军伤亡 3.3 万人。是役主要参战将领有：薛岳、罗卓英、王耀武、关麟征、张灵甫。

11 月 13 日—1940 年 2 月 26 日，桂南会战：国军参战兵力 15 万，日军参战兵力 10 万，国军伤亡 4 万人，日军伤亡 1.3 万人，之后日军从南宁撤走。其间国军调 10 个精锐师在日军死守的昆仑关天险发动立体化进攻，歼灭日军近 5000 人，史称“昆仑关大捷”。是役主要参战将领有：白崇禧、杜聿明、邱清泉、廖耀湘、郑洞国、陈明仁、戴安澜。

1940 年　3 月 30 日，汪伪“中华民国政府”在南京粉墨登场。5 月 1 日—6 月 18 日，枣宜会战：国军参战兵力 40 多万，日军参战兵力约 20 万。日军占领了宜昌，伤亡 2.5 万人，我军伤亡 4 万人。是役第三十三集团军总司令张自忠将军壮烈殉国，其他主要参战将领有：李宗仁、陈诚、汤恩伯、黄琪翔、孙连仲、孙震。

1941 年　1 月 25 日—2 月 7 日，豫南会战：日军以约 6 万兵力在豫南地区寻第五战区主力决战。日军伤亡近万人，最终撤退，以中国军队的胜利而结束。是役主要参战将领有李宗仁、汤恩伯、孙连仲、李品仙。

3 月 15 日—4 月 9 日，上高会战：日本欲消灭赣北中国军队主力，投 6 万余兵力，国军兵力约 15 万，歼伤日军 1.5 万人，国军伤亡 2 万余人，取得了抗战以来罕见的胜利。是役主要参战将领有：罗卓英、王耀武、张灵甫、李天霞。

5 月 7 日—27 日，晋南会战：日军以 10 余万兵力欲歼灭山西南部的中央军，国军第一战区司令卫立煌率 7 个军 18 万兵力阻击，日军死伤 9900 余人。是役主要参战将领有卫立煌、杜聿明、傅作义。

9 月 17 日—10 月 6 日，第二次长沙会战：日军第十一集团军司令冈村宁次率敌 12 余万分三路进攻长沙，第九战区司令长官薛岳率部 20 余万待敌。是役歼伤日军 2 万多人，主要参战将领有薛岳、杨森、欧震、王耀武。

12 月 8 日，日军偷袭珍珠港，太平洋战争爆发，美英同时对日宣战。

12 月 23 日—1941 年 1 月 6 日，第三次长沙会战：国军参战兵力 30 余万，日本参战兵力 10 多万，此役共毙伤俘日军 5. 69 万人，是 12 月 8 日太平洋战争爆发以来，盟国唯一决定性之胜利。主要参战将领有薛岳、杨森、方先觉、余程万、孙明瑾。

1942 年 1 月 3 日，在美国总统罗斯福提议下，蒋介石被正式推举为中国战区最高统帅，负责中国、泰国及越南地区联军部队的总指挥任务。

4 月 30 日—7 月 28 日，浙赣会战：日军欲摧毁浙赣地区国军军用机场，打通浙赣铁路，日本参战兵力在 9 个师以上，其中第一一五师团师团长被炸死，日本伤亡 3 万余人。是役主要参战将领有：顾祝同、上官云相、黄绍竑等。

1943 年 5 月—6 月，鄂西会战：国军投入兵力第六战区 40 个师，日军投入兵力 10 多万人。国军伤亡 4. 18 万人，损失惨重。日军伤亡 2. 5 万余人，一说数千人。是役主要参战将领有陈诚、胡琏、王瓒绪等。

9 月 8 日，意大利投降，德意日法西斯轴心基本解体，日本更加孤立无援。

11 月 2 日—12 月，常德会战，又称常德保卫战：国军投入第六、第九战区的 16 个军 42 个师约 21 万人，日军及伪军投入兵力 16 万。第七十四军五十七师师长余程万率部死守常德。最终以日军伤亡 2 万余人，国军伤亡 4 万余人而终。史称常德大捷。主要参战将领有：孙连仲、王耀武、余程万、胡琏、池峰城、张灵甫。

1944 年 4 月—5 月 25 日，豫中会战，是中国第一战区在河南中部对日本华北第十二军进行的防御战役，是豫湘桂会战的第一部分。其中许昌保卫战惨烈甚极，师长吕公良阵亡。主要参战将领有：汤恩伯、蒋鼎文、胡宗南等。

5 月—8 月，长衡会战，又称第四次长沙会战，是豫湘桂会战的第二部分。国军参战兵力 30 万余，日军先后投入 10 个师团约 36 万人，国军伤亡 9 万余人，日军伤亡 6.68 万人。其间第十军 1.8 万人在军长方先觉率领下在衡阳御 10 万之敌 48 昼夜，气贯长虹。是役主要参战的将领还有：薛岳、周庆祥、容有略。

8 月—12 月 10 日，桂柳会战，此役是豫湘桂会战的第三部分。国军参战兵力 20 余万，日军参战兵力 16 万，11 月 10 日，桂林陷，柳州亦陷，数十万军民夺路逃向桂西北，日军尾追，杀害中国军民 20 余万人。是役主要参战将领有：白崇禧、张发奎、孙元良，阚维雍将军阵亡。

1945 年 1 月 27 日，中国远征军会师于畹町附近的芒友，中印公路通车。3 月 30 日中国远征军攻克乔梅，与英国胜利会师，至是中国远征军完成历史使命。中国远征军先后两次远征，第一次入缅作战始于 1942 年 2 月，由史迪威、罗卓英、杜聿明率领，出征 10.3 万千人，伤亡 5.6 万余人，英军伤亡 1.3 万余人，日军伤亡约 2 万人，以失败而返国，其间第二〇〇师师长戴安澜将军牺牲。第二次始于同年 7 月 15 日，年底成立新一军，由郑洞国、孙立人任正副军长，辖廖耀湘新 22 师。陈诚、卫立煌先后任远征军司令。至今年 3 月与英军会师前，驻印中国军伤亡 1.8 万千余人，歼灭日军 4.8 万千余人，解放缅甸土地约 13 万平方公里；滇西中国远征军伤亡 6.7 万人，歼灭日军 4.8 万余人。最终中国远征军完成了中国战略大反攻的全面胜利。

4 月 9 日—6 月 7 日，湘西会战：国军以陆军总司令何应钦亲任指挥的 9 个军 26 个师会战 10 万日军于芷江。是役中国军队以 18549 人的伤亡代价毙伤俘日军 30154 人，粉碎了日军攻占芷江机场的企图，湘西会战的胜利标志着日军中国战场攻势的结束。

5 月 8 日，德国法西斯无条件投降，至此欧洲战争结束。

7 月 26 日，中、美、英三国发表《波茨坦公告》促令日本无条件投降，日置之不理。

8 月 6 日，美国向日本广岛投下第一颗原子弹，9 日向长崎投下第二颗原子弹。

8 月 9 日，苏联向日本驻中国东北关东兵发起全面进攻。

8 月 15 日，日本裕仁天皇宣布无条件投降。

9 月 2 日，日本代表在东京湾美国密苏里号战舰上签署投降书。

9 月 9 日，中国战区的日本投降仪式在南京举行。日本派遣军总司令冈村宁次向中国陆军总司令何应钦交出其佩刀，并在对华投降书上签字。

（注：以上所引中日双方死伤人数多参考于任保根编著《中国抗战大写真》，中国文史出版社，2009 年版。中日双方所公布之死伤人数多有出入，至今未有定论，冀将来双方共同修史以确认。）

至是历时 15 年的抗日战争结束。从 1937 年至 1945 年间，中日双方会战在 10 万兵力以上之战役凡 22 次，重要战斗 1117 次，小型战役近 4 万余次，国军阵亡 322 万多人，击毙日军包括 126 名将官在内 48 万余人，击伤日军近 200 万人。中国人民死伤 3000 余万。遍阅二十四史乃至二十六史，此役可谓黄帝立国以来，中国人民进行的最伟大的一次卫国战争。

谶曰“鸟无足，山有月”正是“岛”字，“旭初升”之旭为日与图中太阳一致，应了岛国日本崛起侵华。“人都哭”，日军罪行罄竹难书，中国人民血泪斑斑。

“十二月中气不和”，十二月之中为六月，指 1937 年阴历六月之“七七事变”，抗战全面爆发。

“南山有雀北山罗”，指汪精卫在南京成立伪国民政府，和爱新觉罗·溥仪在东北长春成立伪满洲国。精卫为鸟故为雀。

“一朝听得金鸡叫”，1945 年为乙酉年，酉为金属鸡故为金鸡，9 月 9 日日本受降日亦逢乙酉月。

“大海沉沉日已过”，日本战败投降，日帝国像太阳西沉大海一样一去不复返。

此象无比准确地预示了日本侵华及其战败的时间，在《推背图》研究史上极其重要。因为通行本《推背图》正式公开刊行于民国四年即1915年，正值第三十八象。如果通行本《推背图》是1915年之伪作，那么能准确推测20多年后有这么一场国难的人，当属易学史上非凡者，然搜寻那段历史，遑论清末民初，就是上推元明清三朝亦无人有此功力，元之吴澄、张理，明之来知德，清之胡渭、惠栋、张惠言、焦循，此等对汉易和宋图难有超越者，能有如此之创造力?!

第四十象　癸卯 ䷑ 艮上巽下　蛊

谶曰：

一二三四，无土有主。

小小天罡，垂拱而治。

颂曰：

一口东来气太骄，

脚上无履首无毛。

若逢木子冰霜涣，

生我者猴死我雕。

圣叹曰："此象有一李姓，能服东夷，而不能图长治久安之策，卒至旋治旋乱，有兽活禽死之意也。"

苗元一按

蛊䷑互归妹䷵通随䷐覆随䷐

一二三四：归妹䷵，互坎☵为一，下兑☱为二，互离☲为三，上震☳为四。

无土有主：归妹䷵，互坎☵为无，坎☵纳戊为土，故无土，上震☳为主。另：上震☳为主为艮☶覆，艮☶为土，土覆故无土，故无土有主。

小小天罡：蛊䷑，上艮☶为少男，故小，互兑☱为少女，故小，故小小。上艮☶为天为罡故为天罡。

垂拱而治：蛊䷑，上艮☶为拱，艮☶覆为震☳为垂，故三至上☲为震☳正覆，为垂拱之象。上艮☶为治。故垂拱而治。

一口东来气太骄：随䷐，上兑☱为口独居在上，故为一口。下震☳为东为来，互巽☴为气，下震☳为太为骄。

脚上无履首无毛：蛊䷑，互震☳为脚为上为履，上艮☶为震☳覆为覆履，故无履；上艮☶为首，下巽☴为无，互震☳为毛。

张董本作“无覆”，民国四年本作“无履”，意近，“覆”当“履”之误。

若逢木子冰霜涣：归妹䷵，上震☳为若逢为木子，下兑☱为冰，上震☳为霜，互坎☵为涣。

生我者猴死我雕：蛊䷑，互震☳为生，上艮☶为我为猴，故生我者猴。下巽☴为伏为死，上艮☶为我，互震☳为雕，故死我雕。

张董本作“鵰”，民国四年本作“雕”，雕同鵰。

图示卦象

图中三个孩童手持风轮，有相接之象。取蛊䷑卦象，上艮☶为童子，互震☳后天数为三，故三童子，上艮☶为手为持，下巽☴为风轮。故手持风轮。图示如下：

十九年前笔者与西北大学王建新先生一起探讨《推背图》时，他认为图中孩童所持图案，当象征国民党党徽。笔者深以为然，今从之。建新先生现已是著名的考古学家、博士生导师。

历史年鉴待续。

第四十一象　甲辰 ䷝ 离上离下　离

谶曰：

天地晦盲，草木蕃殖。

阴阳反背，上土下日。

颂曰：

帽儿须戴血无头，

手弄乾坤何日休。

九十九年成大错，

称王只合在秦州。

圣叹曰："此象一武士擅握兵权，致肇地覆天翻之祸，或一白姓者平之。"

苗元一按

离䷝互大过䷛通坎䷜覆离䷝

天地晦盲：大过䷛，互乾☰为天，伏坤☷为地，下巽☴为晦；大过䷛，为兑☱上下相背，兑☱为见，相背，故不见，故盲。

草木蕃殖：大过䷛，下巽☴为草木，为蕃为繁，上兑☱为殖。

张董本作"繁殖"，民国四年本作"蕃殖"，蕃有繁殖之意。"蕃"似乎于史实更近。

阴阳反背：离䷝，上离☲为阴，通坎☵为阳，伏震☳为反，伏艮☶背。

上土下日：坎䷜，上坎☵纳戊，故土，互震☳为日，故上土下日。

帽儿须戴血无头：离䷝，互巽☴为帽，通震☳为儿，伏艮☶为须为戴。伏坎☵为血为无为头。

手弄乾坤何日休：大过䷛，伏艮☶为手弄，互☰为乾，通☷为坤，上兑☱为何。《广雅·释诂》："何，问也"，兑☱为问故为何。互乾☰为日，下巽☴为休。

九十九年成大错：离䷝，上离☲为九，互兑☱为十通艮☶为成，下离☲亦为九，故九十九年，互大过䷛为大错。此亦经典表述。

称王只合在秦州：坎䷜，互震☳为称王，下坎☵为只为合，上坎☵为西故为秦，互艮☶为州，是故称王只合在秦州。

张董本作"有秦州"，民国四年本作"在秦州"。今从四年本。

图示卦象

此图一武士单手叉腰，脚踩乾坤。取旁通坎䷜象，互艮☶为兵戈，互震☳为武为士，故为武士。互震☳为足，足下为坎☵为月，离☲日坎☵月象征乾坤。艮☶为手为插，坎☵为腰。另，本卦䷝离为甲胄，为刀为兵，为戎为斧，故为武士。图示如下：

第四十二象　乙巳 ䷷ 离上艮下　旅

谶曰：

美人自西来，朝中日渐安。

长弓在地，危而不危。

颂曰：

西方女子琵琶仙，

皎皎衣裳色更鲜。

此时混迹居朝市，

闹乱君臣百万般。

圣叹曰：“此象疑一女子当国，服色尚白，大权独揽，几危社稷，发现或在卯年，此始乱之兆也。”

苗元一按

旅䷷互大过䷛通节䷻覆丰䷶

美人自西来：旅䷷，上离☲为美人，下艮☶为自，互兑☱为西，通震☳为来。

朝中日渐安：旅䷷，下艮☶为朝中，上离☲为日，互兑☱为渐，下艮☶为安。

长弓在地：旅䷷，坎☵为弓，二至五为☱为长弓，下艮☶在地，故长弓在地。

危而不危：节䷻，上坎☵为危，互艮☶为安，故危而不危。

西方女子琵琶仙：取大过䷛象，上兑☱为西方，下巽☴为女子，伏震☳为琵琶，伏坤☷为仙。

皎皎衣裳色更鲜：取大过䷛象，上兑☱为白，下巽☴亦白，故为皎皎。互乾☰为衣裳，《系辞下》："黄帝尧舜垂衣裳而天下治，盖取诸乾坤"；九家易注曰："黄帝以上，羽皮革木，以御寒暑，至乎黄帝，始制衣裳，垂示天下，衣取象乾，居上覆物。"

旅䷷，上离☲为色，下艮☶为色为更，互兑☱为鲜。

此时混迹居朝市：取节䷻象，互艮☶为此时，上坎☵为混，互震☳为迹，互艮☶为居，互震☳为朝通巽☴为市。

闹乱君臣百万般：取大过䷛之象，下巽☴为闹，坎☵为乱，䷛为大坎☵为大乱。互乾☰为君通坤☷为臣为百万，下巽☴为般。

图示卦象

图中一美人手抱琵琶，一弓在地，一兔旁走。取本卦旅䷷象，上离☲为美人，下艮☶为手为抱，互巽☴通震☳为琵琶，二至五䷛为长弓，下艮☶为地，故长弓在地，巽☴旁通为震☳为兔，故旁边一兔。图示如下：

第四十三象　丙午 ䷱ 离上巽下　鼎

谶曰：

君非君，臣非臣。

始艰危，终克定。

颂曰：

黑兔走入青龙穴，

欲尽不尽不可说。

惟有外边根树上，

三十年中子孙结。

圣叹曰："此象疑前象女子乱国未终，君臣出狩，有一杰出之人为之底定，然必在三十年后。"

苗元一按

鼎䷱互夬䷪通屯䷂複单䷃

君非君：夬䷪，下乾☰为君，上兑☱为非，互乾☰为君。

臣非臣：屯䷂，互坤☷为臣，上坎☵为非为臣。

另：本卦鼎䷱，五爻为君位，本为阳却为阴居，九五位被六五所居故君非君；二爻和四爻本为臣位，为阴爻，却为阳居，六二与六四位被九二与九四所居，故臣非臣。

另，屯䷂，初至五䷚，为震☳正覆，震☳为君，故君非君。䷚又为艮☶正覆，艮☶为臣，故臣非臣。

始艰危：屯䷂，下震☳为始，上坎☵为艰危。

终克定：屯䷂，互艮☶为终，下震☳为克定。

黑兔走入青龙穴：屯䷂，互坤☷为黑，下震☳为兔，为走入，为青龙，上坎☵为穴。

欲尽不尽不可说：屯䷂，上坎☵互坤☷皆欲皆不，互艮☶互坤☷皆尽，故欲尽不尽，上坎☵为不可，下震☳为说，故不可说。

惟有外边根树上：屯䷂，坎☵为惟，为外，互艮☶为有为边为根，下震☳为树为上。

三十年中子孙结：屯䷂，下震☳后天数三，互坤☷为十为年，上坎☵为中，故三十年中，下震☳为子，互艮☶为孙，䷚震艮相连为结。另，坎☵巽☴皆结。

图示卦象

此图一长者与一孩童扬袖并行，长者作关怀状，似君臣父子之象。取屯䷂卦之象，下震☳为长，互艮☶为幼，震艮相接，故长幼同行；下震☳为扬为袖，似拨乱反正、奋发向上。

初至五䷚，下震☳为长，上艮☶为幼，互坤☷为爱，艮☶关震☳照，故有长者爱幼之象。

初至五䷚，下震☳为君，上艮☶为臣，为君臣并道之象，此所谓“君非君，臣非臣”。图示如下：

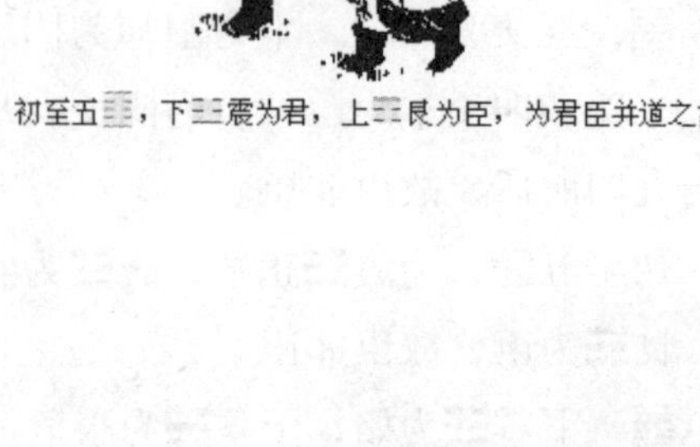

初至五䷚，下☳震为君，上☶艮为臣，为君臣并道之象

第四十四象 丁未 ䷿ 离上坎下 未济

谶曰：

日月丽天，群阴慑服。

百灵来朝，双羽四足。

颂曰：

中国而今有圣人，

虽非豪杰也周成。

四夷重译称天子，

否极泰来九国春。

圣叹曰：“此象乃圣人复生，四夷来朝之兆，一大治也。”

苗元一按

未济䷿互既济䷾通既济䷾覆既济䷾

日月丽天：未济䷿，上离☲为日，下坎☵为月，故日月，离☲为丽，在上故丽天。

群阴慑服：未济䷿，下坎☵为群，上离☲为阴，互坎☵为慑，故群阴慑服。另：易经中未济与既济两卦爻辞多取半象，《推背图》亦宗之。既济䷾，初至上为三个半兑☱之象，下卦互卦又皆离☲，兑☱离☲皆阴，故群阴。

百灵来朝：未济䷿，互既济䷾，通既济䷾，覆既济䷾，一片离☲兑☱巽☴之象，离☲兑☱巽☴皆有鸟象，故为百灵，半震☳为来为朝，故百灵来朝。

双羽四足：未济䷿，上离☲为雉，故有双羽，下坎☵为马，故有四足。

中国而今有圣人：未济䷿与既济䷾两卦本于否䷋泰䷊两卦，否䷋二五升降为未济䷿，泰䷊二五升降为既济䷾，此处宗卦变说。本象颂曰四句从否䷋、泰䷊两卦。否䷋下卦坤☷为中为国，互艮☶为而今为有，上乾☰为圣人。

虽非豪杰也周成：取否䷋象，互巽☴为虽，下坤☷为非，上乾☰为豪杰，伏震☳亦为豪杰，乾☰震☳皆周，互艮☶为也为成。

四夷重译称天子：取泰䷊象，互震☳为四，上坤☷为夷为重，互兑☱为译为称，下乾☰为天子。

否极泰来九国春：未济䷿本于否䷋之二五升降，既济䷾本于泰䷊之二五升降，未济䷿通既济䷾，是故否极泰来。泰䷊卦，下乾☰为九，上坤☷为国，互震☳为春，故九国春。《参同契》曰："坎戊月精，离己日光"，所谓离坎乾坤之精也。因此离坎在大象上与乾坤相通。如离☲乾☰皆日，坎☵坤☷皆月等。是故未济䷿与否䷋，既济䷾与泰䷊卦虽不同但象却有一致性。

图示卦象

一圣人居南面而坐，一人背弓居北朝见。取否䷋象，乾☰为圣君，坤☷为下臣，乾☰为南，坤☷为北。另：未济䷿，上离☲为君在上，下坎☵为臣为夷为弓在下，故夷人背弓臣服居北来朝。

《推背图》中第二十二象亦取卦变说。图示如下：

第四十五象　戊申 ䷃ 艮上坎下　蒙

谶曰：

有客西来，至东而止。

木火金水，洗此大耻。

颂曰：

炎运宏开世界同，

金乌隐匿白洋中。

从今不敢称雄长，

兵气全消运已终。

圣叹曰："此象于太平之世复见兵戎，当在海洋之上，自此之后，更臻盛世矣。"

苗元一按

蒙䷃互复䷗通单䷰覆屯䷂

有客西来：蒙䷃，上艮☶为有，互震☳为客为来，下坎☵为西。

至东而止：蒙䷃，互震☳为至为东，上艮☶为而为止。

木火金水：革䷰，互巽☴为木，下离☲为火，互乾☰为金，上兑☱为水。另：蒙䷃，二至上䷃，为艮☶正覆，艮☶为土，正覆有土崩瓦解之象，故缺土也。

洗此大耻：蒙䷃，下坎☵为洗，上艮☶为此，互震☳为大，下坎☵为耻。

炎运宏开世界同：蒙䷃，上艮☶纳丙为炎，互震☳为运为宏为开，互坤☷为世界，坤☷坎☵为同。虞翻易以巽☴为同。

金乌隐匿白洋中：蒙䷃，上伏兑☱为金，下伏离☲为乌，兑离皆阴皆伏，故隐匿，互震☳为白，下坎☵为洋为中。汉王充《论衡·说日》："儒者曰：日中有三足乌"；《淮南子·精神》："日中有踆乌"；唐瞿昙悉达《开元占经·日占一》引张衡《灵宪》曰："日者，阳精之宗，积而成乌。"

从今不敢称雄长：蒙䷃，互震☳为从，上艮☶为今，艮☶为时为日故为今。下坎☵为不，互震☳为敢为称为雄为长。

兵气全消运已终：取蒙䷃通革䷰之象，革䷰下离☲为兵气，上兑☱为销毁。蒙䷃互震☳为运，上艮☶为终，互坤☷为全为已。

图示卦象

此图两武士手持长矛腾空而起，刺向太阳。

蒙䷃，下坎☵为空为中，互震☳为飞，上艮☶为兵戈为武士为手持，通兑☱为二，故两武士手持兵戈空中起飞。上艮☶为日，互震☳为日。

革䷰，上兑☱为二为枪为戈为矛，下离☲为太阳，故两矛刺向太阳。图示如下：

第四十六象　己酉 ䷺ 巽上坎下　涣

谶曰：
黯黯阴霾，杀不用刀。
万人不死，一人难逃。
颂曰：
有一军人身带弓，
只言我是白头翁。
东边门里伏金剑，
勇士后门入帝宫。

圣叹曰："此象疑君王昏聩，一勇士仗义兴兵为民请命，故曰万人不死，一人难逃。"

苗元一按

涣䷺互颐䷚通丰䷶覆节䷻

黯黯阴霾：颐䷚，互坤☷为黯为阴为霾。

张董本作"阴沥"，民国四年本作"阴霾"，"沥"当"霾"之误。

杀不用刀：涣䷺，下坎☵为杀，上巽☴为覆兑☱，兑☱为刀，故杀不用刀。《既济·九五》"东邻杀牛"，上坎☵为杀。另，下坎☵为杀为不，互艮☶为用为刀。

万人不死：颐䷚，互坤☷为万为人为不为死。

一人难逃：涣䷺，下坎☵为一人为难，互震☳为逃。

有一军人身带弓：涣䷺，下坎☵为一，互震☳为军人，互艮☶

为有为身，下坎☵为弓，故有一军人身带弓。

只言我是白头翁：涣䷺，下坎☵为只，互震☳为言，互艮☶为我为是，上巽☴为白，下坎☵为首为头，互震☳为翁。

东边门里伏金剑：颐䷚，下震☳为东，上艮☶为边，互坤☷为门为里，伏兑☱为金为剑，故东边门里伏金剑。

勇士后门入帝宫：颐䷚，下震☳为勇士为后，互坤☷为门，震☳又为人为帝，上艮☶为宫。

民国四年本作“瞶”，“瞶”当为“聩”。

图示卦象

图中一老翁赤手空拳走来，背后是一丛竹子。此图取本卦涣䷺象，下坎☵为木为虚故为竹，坎☵又为后故在后。另：巽震皆后。

上巽☴为白，互艮☶为头，互震☳为翁，故白头翁。

下坎☵为空，互艮☶为手，故赤手空拳。

颐䷚上艮☶为背道，下震☳为行，故背道而行。图示如下：

第四十七象 庚戌䷅乾上坎下 讼

谶曰：

偃武修文，紫薇星明。

匹夫有责，一言为评。

颂曰：

无王无帝定乾坤，

来自田间第一人。

好把旧书多读到，

义言一出见英明。

圣叹曰：“此象有贤君下士，豪杰来归之兆，盖辅助得人，而帝不居德，王不居功，蒸蒸然有无为而治之盛。此一治也。”

苗元一按

讼䷅互家人䷤通明夷䷣覆需䷄

偃武修文：讼䷅，互巽☴为陨故偃，旁通震☳为武，震☳又伏巽☴下不出故偃武；明夷䷣，上坤☷为文，下离☲为饰，故修文。

紫薇星明：讼䷅，上乾☰为天宫为紫薇，互离☲为星为明。

匹夫有责：明夷䷣，互坎☵为马为夫，故为匹夫，互震☳为责。故匹夫有责。《说文》：责，求也。

一言为评：讼䷅，上乾☰为一为言，下坎☵为两兑☱口相对为争言为评论，故一言为评。

张董本作“为评”，民国四年本作“为君”，联系上下文来看当“一言为评”。

无王无帝定乾坤：明夷䷣，互坎☵为无，下离☲为王，故无王，上坤☷为无，互震☳为帝，故无帝，互震☳为定，上坤☷出于乾☰，故乾坤。另，讼䷅，下坎☵为无，上乾☰为王为帝，故无王无帝。互巽☴通震☳为定，上☰通☷为乾坤。

来自田间第一人：讼䷅，上乾☰为第一人，通坤☷为田间，故来自田间第一人。另：明夷䷣，互震☳为来，上坤☷为自，为田间，互坎☵为第一，为人。

好把旧书多读到：明夷䷣，下离☲为好，上坤☷为旧为文，故旧书，互震☳为多为读为到。故好把旧书多读到。

义言一出见英明：明夷䷣，上坤☷为义为言，互震☳亦为义为言，互坎☵为一，震☳奋于坎☵为出，故一出，震☳又为英，下离☲为见为明。

图示卦象

图中一书柜，分三格，放有旧书和卷轴。取明夷䷣卦象，互震☳为木为足为四，故为四脚柜；上坤☷为文，下离☲为明，文明之象；上坤☷为旧为文，数八，故八套旧书。坤☷在上为二为文，故上面先摆两套，互震☳先天数三，为言论，故中间再摆三套，下离☲数三为文，故下面又摆三套。下离☲为画，互坎☵为轴，互震☳为竖，故竖一画轴。真是匪夷所思！图示如下：

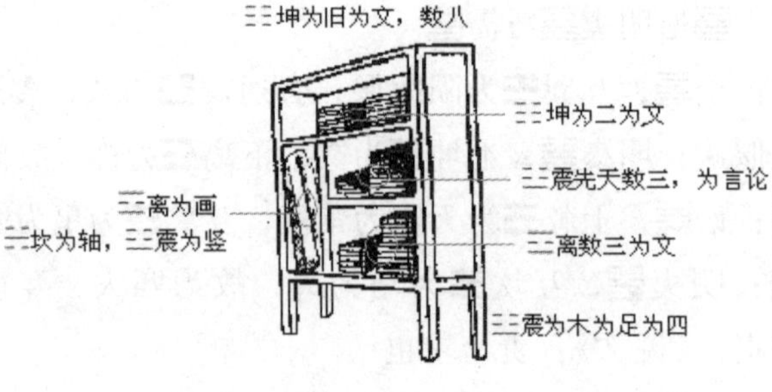

第四十八象 辛亥 ䷌ 乾上离下 同人

谶曰：

卯午之间，厥象维离。

八牛牵动，雍雍熙熙。

颂曰：

水火既济人民吉，

手持金戈不杀贼。

五十年中一将臣，

青青草自田间出。

圣叹曰："此象疑一朱姓与一苗姓争夺朝纲，而朱姓有以德服人之化，龙蛇相斗，想在辰巳之年，其建都或在南方。"

苗元一按

同人䷌互姤䷫通师䷆覆大有䷍

卯午之间：姤䷫，卯在东方，午在南方，故卯午之间为东南，姤䷫为大巽☴，巽☴后天方位在东南，故巽☴在卯午之间。此为《推背图》取后天八卦方位明证。

厥象维离：同人䷌，上乾☰为厥象，互巽☴为维，下☲为离。

八牛牵动：师䷆，上坤☷为八为牛，互震☳为牵动。

雍雍熙熙：师䷆，上坤☷为雍，《玉篇》：雍，和也。师古曰：雍，聚也。互震☳为熙。

水火既济人民吉：同人䷌，上乾☰为天河为水，下离☲为火，故水火既济；师䷆，坤☷坎☵皆众皆人民，互震☳为吉。

另：同人䷌通师䷆为大离大坎，坎出于离后，故离在先在内，坎在后在外为水火既济。

手持金戈不杀贼：取覆大有䷍之象，互兑☱为金戈（离乾皆武），通艮☶为手持，故手持金戈，伏坎☵伏坤☷皆不，皆杀，皆贼，故不杀贼。另：姤䷫，兑☱为金戈，覆故不杀，巽☴亦为贼。

五十年中一将臣：取师䷆卦象，上坤☷为五为十为年，下坎☵为中为一，互震☳为将，上坤☷为臣。

青青草自田间出：取师䷆象，互震☳为东方，色青，为草，上坤☷为自为田，下坎☵为间，互震☳为出。

图示卦象

此图又为一经典之作。取互卦姤䷫之象，上乾☰为龙，下巽☴为蛇，乾☰巽☴相接，乾☰为争，故龙蛇相争，且势均力敌。又上乾☰为云，下巽☴为草，故背景为蛇在草间，龙在云里。

另，地支卯午之间为辰巳，辰为龙，巳为蛇。

师䷆象，互震☳为龙，上坤☷为蛇，师有争象，故龙蛇相争。图示如下：

第四十九象　壬子 ䷁ 坤上坤下　坤

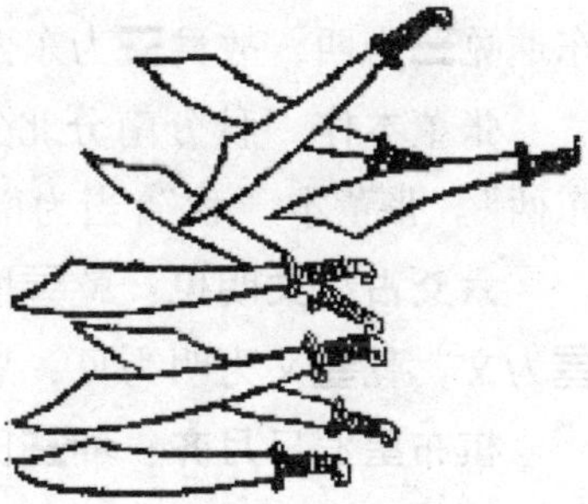

谶曰：

山谷少人口，欲剿失其巢。

帝国称弟兄，纷纷是英豪。

颂曰：

一个或人口内啼，

分南分北分东西。

六爻占尽文明见，

棋布星罗日月齐。

圣叹曰："久分必合，久合必分，理数然也，然有文明之象，当不如割据者之纷扰耳。"

苗元一按

坤䷁互坤䷁通乾䷀覆坤䷁

乾坤乃八卦之父母，所生☳、☵、☶、☴、☲、☱为六子，也就是说六子当有父母之血统，父母当有六子之基因。换而言之，乾坤两卦当有其余六卦之形义。以坤卦与其子为例：坤为义、震为仁；坤为水、坎为水；坤为土、艮为土；坤为顺、巽为顺；坤为死、离为难；坤为欲、兑为欲。六子卦象不显是因以半象隐形于坤卦中之故。是故研究坤卦卦象可兼取六子卦象。李淳风在本象中即多取坤卦中半艮半震之象。

山谷少人口： 艮☶为山谷，为少，坤☷为人，震☳为口。另：坤☷为土为虚，故为山谷，坤☷为少，为人口，亦可解。

欲剿失其巢：坤☷为欲为失，艮☶为剿为其巢。

帝国称弟兄：乾☰为帝，坤☷为国，震☳为称为兄，艮☶为弟。

张董本作“帝国”，民国四年本作“帝王”，均可，今取“帝国”。

纷纷是英豪：坤☷为帛，故为纷纷，乾☰震☳为英豪。乾☰为是。

一个或人口内啼：乾☰为一个，坤☷为或人，震☳为口为啼，艮☶为内。

分南分北分东西：坤☷为分，为北，乾☰为南；艮☶覆震☳为东通兑☱为西，故艮☶为东西。

张董本作“秋分南分北分东西”，民国四年本作“分南分北分东西”。张董本“秋”当为衍文，今从四年本。

六爻占尽文明见：乾䷀坤䷁两卦独有文言，盖因六爻皆变。乾䷀为文，乾䷀又为明为见，故六爻占尽文明见。

棋布星罗日月齐：坤☷艮☶为棋为布，乾☰艮☶为星，乾☰为日，坤☷为月，故棋布星罗日月齐。

图示卦象

此图八刀相连，取分合之势，当为经典图象。坤☷数八，乾☰为刚物为刀，坤☷为分为合，故八刀分而相连。《系辞上》：“方以类聚，物以群分”，故坤☷为聚为合亦为分。乾䷀用九：群龙无首吉。故“六爻占尽文明见”。图示如下：

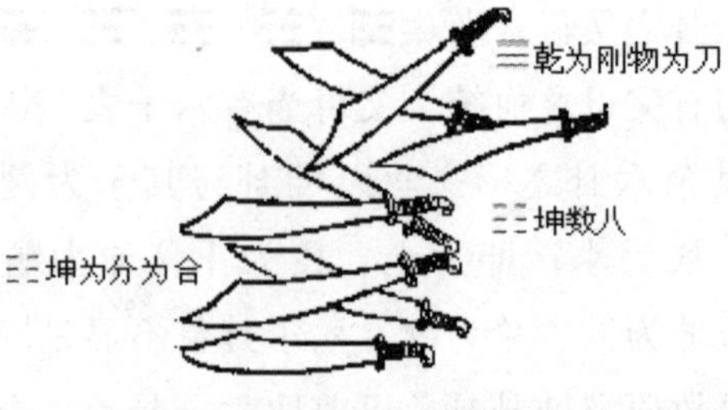

第四十九象的象数与图象应引起足够的重视。比如：此象是否用虞翻之正说（初变正为震☳，三变正为艮☶）和郑玄爻体说是非常值得深入研究的。

第五十象 癸丑 ䷗ 坤上震下 复

谶曰：

水火相战，时穷则变。

贞下起元，兽贵人贱。

颂曰：

虎头人遇虎头年，

白米盈仓不值钱。

豺狼结队街中走，

拨尽风云始见天。

圣叹曰：“此象遇寅年必遭大乱，君昏臣暴，下民无生息之日，又一乱也。”

苗元一按

复䷗互坤䷁通姤䷫複剥䷖

水火相战：复䷗，上坤☷为水，通乾☰为火，下震☳为相战。

时穷则变：复䷗，震☳为时为穷为变，故时穷则变。

张董本作“时勇则变”，民国四年本作“时穷则变”。“勇”当“穷”之误。

贞下起元：姤䷫，始自乾☰初爻动，乾䷀：元亨利贞，循环往复，周流不止，生生不息之象，故贞下起元。

这可能是“贞下起元”这一词汇的最早文献记载。唐德宗建中之乱行将结束时改元“贞元”（785—805）；朱熹（1130—1200）云：“贞了又元”（《语类》卷六十八）；哲学史家冯友兰（1895—

1990）有《贞元六书》。

兽贵人贱：取覆卦剥䷖象，上艮☶为兽为贵，下坤☷为人为贱。

虎头人遇虎头年：复䷗，坤☷为虎为人，在上故虎头人，下震☳为遇，下震☳又为年，坤虎在上，故虎头年。

白米盈仓不值钱：复䷗，下震☳为白为米为仓，互坤☷为盈，上坤☷为贱，故不值钱。

张董本作“白米盈盈”，民国四年本作“白米盈仓”。当为“盈仓”。

豺狼结队街中走：取覆卦剥䷖象，上艮☶为豺狼为街为走，下坤☷为中。剥䷖有鱼贯之象，故结队。

拨尽风云始见天：复䷗，坤☷为尽，为风为云，乾☰为始为见为天，但乾☰伏于坤☷下，故拨尽风云始能见天日。

图示卦象

图中绘一猛虎沿着草丛向下扑来，取复䷗象，上坤☷为虎，下震☳为草为爬。上坤☷为下，下震☳为往，故往下。图示如下：

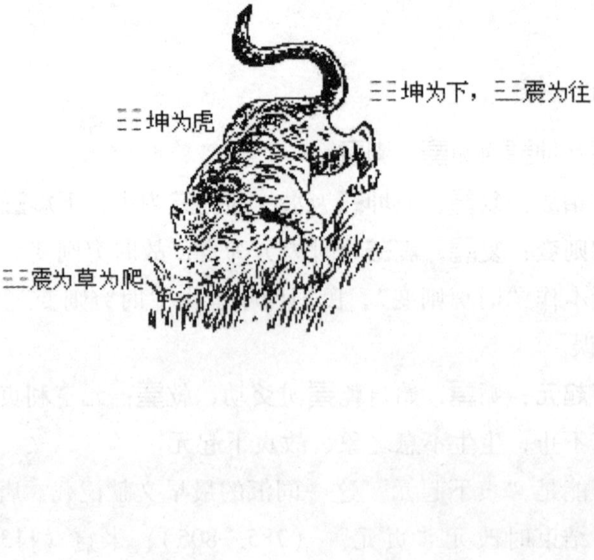

第五十一象 甲寅䷒坤上兑下 临

谶曰：

阴阳和，化以正。

坤顺而感，后见尧舜。

颂曰：

谁云女子尚刚强，

坤德居然感四方。

重见中天新气象，

卜年一六寿而康。

圣叹曰："此象乃明君得贤后之助，化行国内，重见升平，又一治也。卜年一六，或在位七十年。"

苗元一按

临䷒互复䷗通遁䷠覆观䷓

阴阳和：临䷒，上坤☷为阴通乾☰为阳，下兑☱为和。

化以正：取临䷒旁通为遁䷠之象，上坤☷旁通为乾☰，旁通者化也，乾☰为正，故化以正。

坤顺而感：临䷒，上☷为坤为顺，互震☳为而，下兑☱为感。

后见尧舜：临䷒，上坤☷为后，下兑☱为见，坤☷通乾☰为尧舜。

谁云女子尚刚强：临䷒，下兑☱为谁为云为女子，互震☳为尚为强，上坤☷通乾☰亦为刚强。

坤德居然感四方：临䷒，上☷为坤，互震☳为德，下兑☱为感通艮☶为居然，互震☳为四，上坤☷为方。

重见中天新气象：临䷒，上坤☷为重为中，下兑☱为见。遁䷠，上乾☰为天，下艮☶为日为新，互巽☴为气象。

卜年一六寿而康：遁䷠，下艮☶为卜，上乾☰为年，乾先天数一后天数六，故卜年一六。临䷒，上坤☷为寿，互震☳为康，故寿而康。

图示卦象

此图宫中端立一女一男，正副元首之象。取遁䷠卦之象，下艮☶为石为门为宫殿，互巽☴为女为姤，上乾☰为男为主。“阴阳和，化以正”，阴化正，主导者当为女元首。图示如下：

第五十二象　乙卯 ䷊ 坤上乾下　泰

谶曰：

慧星乍见，不利东北。

踽踽何之，瞻彼乐国。

颂曰：

欃枪一点现东方，

吴楚依然有帝王。

门外客来终不久，

乾坤再造在角亢。

圣叹曰：“此象主东北被夷人所扰，有迁都南方之兆。角亢南极也。其后有明君出，驱逐外人，再庆升平。”

苗元一按

泰䷊互归妹䷵通否䷋覆否䷋

慧星乍见：归妹䷵，上震☳为乍，下兑☱为见，兑☱通艮☶为彗星，彗通慧，故慧星乍见。民国四年本作“慧星乍见”，张董本作“彗星乍见”，今从民国四年本。《史记·淮南衡山列传》：“淮南王有女陵，彗有口辯。”

不利东北：否䷋，下坤☷为不，互巽☴为利，互艮☶为东北。《坤》：“东北丧朋”，故不利东北。

踽踽何之：泰䷊，互震☳为踽，互兑☱为何，震☳又为之。

瞻彼乐国：泰䷊，互兑☱为瞻，互震☳为彼为乐，上坤☷为国。

欃枪一点现东方：欃枪为古代彗星别称，见第八象。归妹䷵，下兑☱通艮☶为欃枪，互坎☵为一点，下兑☱为现，上震☳为东方。

张董本作“逸抢”，民国四年本作“欃枪”。“逸抢”当“欃枪”之讹。

吴楚依然有帝王：泰䷊，互震☳为吴为楚，《说文》：吴，大言也。震☳为大为言故为吴。通艮☶为依然，下乾☰为帝王。

门外客来终不久：泰䷊，下乾☰为门，互震☳为客为来且在乾☰外，故门外客来，上坤☷为终为不为久。

乾坤再造在角亢：归妹䷵，下兑☱为二为再，上震☳为造，故再造。否䷋，上☰为乾，下☷为坤，互艮☶为在为角亢。

京氏易极其重视星象学，加之李淳风为一代星象学宗师，故《推背图》多处出现二十八宿名词，如本象和第八象等，此为李淳风宗京氏易明证，这也是我们考证《推背图》为李淳风所作的理论依据之一。星象学与京氏易、两汉象数易学及《推背图》之间的关系是极其值得学术界重视的。

图示卦象

图中一君背手散步，头后方明月相照。取泰䷊象，下乾☰为君，上坤☷为月。互震☳为走，互兑☱通艮☶为背手，故背手散步。图示如下：

此图可能在传抄过程中有误。明月当在此君头顶之上，不应偏离太远。如下图：

第五十三象　丙辰 ䷡ 震上乾下　大壮

谶曰：

关中天子，礼贤下士。

顺天休命，半老有子。

颂曰：

一个孝子自西来，

手握乾纲天下安。

域中两见旌旗美，

前人不及后人才。

圣叹曰：“此象乃一秦姓名孝者，登极关中，控制南北，或以秦为国号，此一治也。”

苗元一按

大壮䷡互夬䷪通观䷓覆遁䷠

关中天子：夬䷪，上兑☱在西为秦故为关中，下乾☰为天子。另，大壮䷡，上震☳为天子，互兑☱通艮☶为关，下乾☰通坤☷为中。

礼贤下士：观䷓，下坤☷为礼为下，互艮☶为贤士。

顺天休命：观䷓，下坤☷为顺，互艮☶为天，坤☷又为休，上巽☴为命。

半老有子：大壮䷡互夬䷪，兑☱上断开为半，下乾☰为老，上震☳为子，故半老有子。

一个孝子自西来：大壮䷡，下乾☰为一个，上震☳为子通巽☴

为顺为孝，故一个孝子，互兑☱为西，上震☳为来。通观䷓，互艮☶下坤☷皆自。

手握乾纲天下安：大壮䷡，互兑☱通艮☶为手握，下☰为乾纲。观䷓，下坤☷为天下，互艮☶为安。

域中两见旌旗美：大壮䷡，互兑☱为两为见通艮☶为域，故域中两见，上震☳为旌旗，互兑☱为美。

张董本作“城中”，民国四年本作“域中”，“城”当“域”之误。

前人不及后人才：观䷓，互艮☶为前人，下坤☷为不及为后为人，上巽☴为才。

张董本作“前又”，民国四年本作“前人”，“又”当“人”之误。

图示卦象

此图大概是“关中天子，礼贤下士”之象。取观䷓卦之象，互艮☶为天子；下坤☷为臣为二，故一天子两大臣。

又，观䷓，下坤☷为地，上巽☴为禾为伏，故一禾伏地。恐有深意。图示如下：

第五十四象　丁巳 ䷪ 兑上乾下　夬

谶曰：

磊磊落落，残棋一局。

啄息苟安，虽笑亦哭。

颂曰：

不分牛鼠与牛羊，

去毛存鞟尚称强。

寰中自有真龙出，

九曲黄河水不黄。

圣叹曰：“此象有实去名存之兆，或为周末时，号令不行，尚颁正朔，亦久合必分之征也。”

苗元一按

夬䷪互乾䷀通剥䷖覆姤䷫

磊磊落落：取剥䷖象，上艮☶为磊，剥䷖为落。

残棋一局：夬䷪，上兑☱为残，伏坤☷为棋，棋：方正之名。下乾☰为一，通艮☶为局。另，艮似亦为旗。

啄息苟安：剥䷖，上艮☶为黔啄为休息，下坤☷为苟安。

张董本作“ 息苟安”，民国四年本作“啄息苟安”。张董本缺字当讹脱，今从四年本。

虽笑亦哭：夬䷪，上兑☱为笑为亦，通艮☶为震☳覆，震☳为笑，震☳覆为哭，故艮☶为哭。故虽笑亦哭。

不分牛鼠与牛羊：剥䷖，下坤☷为不为分为牛，上艮☶为鼠为与，通兑☱为羊。

去毛存鞟尚称强：夬䷪，上兑☱为鞟通艮☶为去毛，上兑☱为称，下乾☰为尚为强。另，兑☱为称在上故尚称。

寰中自有真龙出：夬䷪，下乾☰为真龙，通坤☷为寰中为自为有，乾☰在坤☷上，故寰中自有真龙出。

张董本作“自备”，民国四年本作“自有”。“备”当“有”之误。

九曲黄河水不黄：夬䷪，下乾☰河图数九，巽☴为木，上兑☱为巽☴覆，故为曲。伏坤☷为黄为河为水为不。

图示卦象

此图五童赶一牛，取剥䷖卦象，上艮☶为童子，河图数五（下坤☷数亦五），艮☶又为手指为木杆，故为赶，下坤☷为牛，此图与剥䷖卦象毫厘不失。图示如下：

第五十五象　戊午 ䷄ 坎上乾下　需

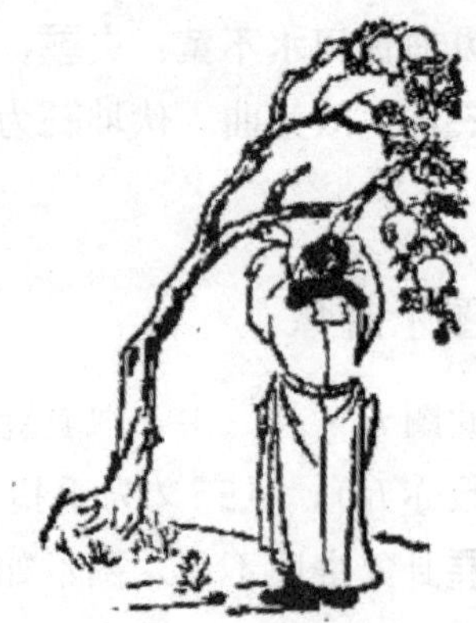

谶曰：

惧则生戒，无远勿届。

水边有女，对日自拜。

颂曰：

觊觎神器终无用，

翼翼小心有臣众。

转危为安见节义，

未必河山是我送。

圣叹曰："此象有一石姓或刘姓一统中原，有一姓汝者谋篡夺之，幸有大臣尽忠王室，戒谨惕励，一切外侮不灭自灭，虽乱而亦治也。"

苗元一按

需䷄互睽䷥通晋䷢覆讼䷅

惧则生戒：需䷄，上坎☵为惧为则，下乾☰为生，互兑☱通艮☶皆为戒。

张董本作"生威"，民国四年本作"生戒"，"威"当"戒"之误。

无远勿届：晋䷢，互坎☵为无，上离☲为远，下坤☷为勿，互艮☶为届。

水边有女：需䷄，上坎☵为水，互离☲互兑☱皆女。互兑☱通艮☶为边为有。

对日自拜： 晋䷢，上离☲为日，下坤☷为自，互艮☶为拜。离日在上故为对日。

觊觎神器终无用： 取需䷄象，互离☲为觊，互兑☱为觎，下乾☰为神器，通艮☶为终，通坤☷为无为用。

翼翼小心有臣众： 取晋䷢象，上离☲为翼，互坎☵为小心，互艮☶为有，下坤☷为臣为众。

转危为安见节义： 取晋䷢象，互坎☵为转为危，互艮☶为安，上离☲为见，互艮☶为节，下坤☷为义。

未必河山是我送： 取晋䷢象，互坎☵为未必，下坤☷为河，互艮☶为山为是，下坤☷为自为我，艮☶为送。

张董本作“是我”，民国四年本作“自我”。均可。

图示卦象

图中一人双手撑扶将倒之树，大有挽大厦于将倒、狂澜于即倾之势。取晋䷢象，震☳为树，互艮☶为震☳覆为树倒之象，艮☶又为手为扶，下坤☷为我。

互艮☶为石榴，为震☳倒挂，震数四，故有四颗石榴倒挂。此当有特指。图示如下：

第五十六象　己未 ䷇ 坎上坤下　比

谶曰：

飞者非鸟，潜者非鱼。

战不在兵，造化游戏。

颂曰：

海疆万里尽云烟，

上迄云霄下及泉。

金母木公工幻弄，

干戈未接祸连天。

圣叹曰："此象行军用火，即战不在兵之意。颂云，海疆万里，则战争之烈，不仅在于中国也。"

苗元一按

比䷇互剥䷖通大有䷍覆师䷆

飞者非鸟：取大有䷍象，上离☲为飞者，互兑☱为巽☴覆，巽☴为鸟，巽☴覆故非鸟。

潜者非鱼：取比䷇象，上坎☵为潜者，下坤☷为非为鱼。

战不在兵：取比䷇象，下坤☷为军为师，互艮☶为戈，故为战。离☲为兵，离☲伏于坎☵下，故战不在兵。

造化游戏：取覆卦师䷆象，互震☳为造化，震☳又为游戏。第十一象颂曰"上得天堂好游戏"，游戏亦取震☳象。震☳为游戏见《易林》：《夬之巽》："恬淡无患，游戏道门，与神来往，长乐以安"，游戏取巽之伏震；《易林》：《夬之涣》："被服衣冠，游戏道门，以礼相终，身无灾患”，游戏取涣之互震。另，比䷇象，互艮☶为造化，通兑☱为游为戏。

海疆万里尽云烟：取比䷇象，下坤☷为海为疆，为万里，互艮☶为尽，上坎☵为云，伏离☲为烟。艮☶亦烟。

张董本作“云煙”，民国四年本作“云烟”。《说文》：烟作煙。

上迄云霄下及泉：取比䷇象，上坎☵为云霄，下坤☷为泉，是故上迄云霄下及泉。

金母木公工幻弄：取比䷇象，互艮☶为金，下坤☷为母，上坎☵为木为公为工，下坤☷为幻，互艮☶为弄。此句定当有特指，是目前无法想象之武器，当在今之核武器之上。

张董本作“拾母木公工幻异”，民国四年本作“金母木公工幻弄”。今从四年本。

干戈未接祸连天：取大有䷍象，互兑☱为干戈，为未，旁通艮☶为接为连，上离☲为祸，下乾☰为天。

图示卦象

图中两战士人手一矛行军水上，两口相向互喷烈火，头上两鸟，展翅争斗。此图取象较为复杂。

比䷇，下坤☷为军后天数二，互艮☶为对垒，故两军对垒之象，艮☶为手为持通兑☱为右为矛，故右手持矛；下坤☷为水，互艮☶为武士在上，故行军水上。

大有䷍，互兑☱为两为口为喷，上离☲为火，故互喷烈火。互兑☱又为两为鸟为争，故两鸟相争，上离☲为飞，故空中相争。

比䷇，下坤☷为水，伏乾☰，乾☰在水下故为潜者，乾河图数为四为九，此处取四数，上坎☵下坤☷皆水皆鱼，故水中四鱼。图示如下：

☲离为飞
☱兑为两为鸟为争
☱兑为两为口为喷
☲离为火
☱兑为右为矛
☶艮为手为持
☷坤为军后天数二，☶艮为对垒
☷坤为水
☰乾在水下故为潜者，河图数四
☶艮为武士在上
☵坎☷坤皆水皆鱼
☷坤为水

第五十七象　庚申 ䷹ 兑上兑下　兑

谶曰：

物极必反，以毒制毒。

三尺童子，四夷詟服。

颂曰：

坎离相克见天倪，

天使斯人弭杀机。

不信奇才产吴越，

重洋从此戢兵师。

圣叹曰："此象言吴越之间有一童子，能出奇制胜，将燎原之火扑灭净尽，而厄运自此终矣，又一治也。"

苗元一按

兑䷹互家人䷤通艮䷳覆巽䷸

物极必反：艮䷳，上艮☶为物，互震☳为反，物极为艮☶覆，震☳象又为艮☶覆，故物极为震☳，而震☳为反，是故物极必反。

以毒制毒：艮䷳，上艮☶为以，互坎☵为毒，故以毒。下艮☶为制，互坎☵为毒，故制毒。

三尺童子：艮䷳，艮☶为童子，互震☳后天数为三通巽☴为尺。

四夷詟服：艮䷳，互震☳先天数为四，互坎☵为夷，互震☳为詟服。

张董本作"皆服"，民国四年本作"詟服"。"皆"当"詟"

之讹。

坎离相克见天倪：家人䷤，互☵为坎，互☲为离，坎☵水离☲火相克；互离☲为见为天，上巽☴为倪。另：艮䷳，艮☶为天倪。

天使斯人弭杀机：兑䷹，兑☱为天使。艮䷳，艮☶为斯人，互坎☵为弭为杀为机。

不信奇才产吴越：艮䷳，互坎☵为不信，互震☳为奇才为产，又震☳为南为行，故谓之吴越。

重洋从此戢兵师：兑䷹，兑☱为洋，上下皆兑☱故为重洋。通艮䷳，互震☳为从，艮☶为此，互坎☵为戢，艮☶为兵，震☳为师。

张董本作“息兵”，民国四年本作“戢兵”。“息”当“戢”之讹。

图示卦象

图中一飞奔童子持钵倾物倒出，似汤似火。取艮䷳卦象，艮☶为童子，艮☶为钵，震☳为盆，三至上䷚为艮☶震☳正覆，故倒出，互坎☵为水，下艮☶为火，故为汤也，坎☵又为毒，毒汤乎？钵中为汤为毒为火？此当为未知之武器。图示如下：

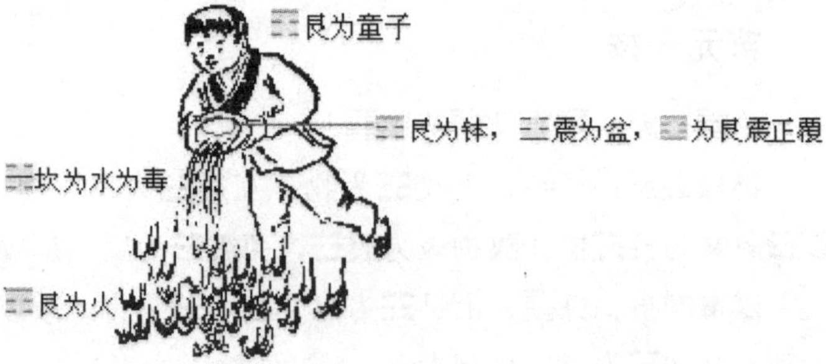

第五十八象　辛酉 ䷮ 兑上坎下　困

谶曰：

大乱平，四夷服。

称弟兄，六七国。

颂曰：

烽烟净尽海无波，

统帝统王又统和。

犹有煞星隐西北，

未能遍唱太平歌。

圣叹曰："此象有四夷来王，海不扬波之兆。惜乎西北一隅尚未平靖，犹有遗憾，又一治也。"

苗元一按

困䷮互家人䷤通贲䷕覆井䷯

大乱平：困䷮，坎☵为乱，三至上为䷜为大坎☵故大乱，下坎☵为平。

四夷服：贲䷕，互震☳数四，互坎☵为夷，震☳又为襦故为服。

称弟兄：困䷮，上兑☱为称，伏艮☶震☳坎☵为弟兄。

六七国：困䷮，下坎☵先天数六，上兑☱后天数七，通艮☶为国。

烽烟净尽海无波：贲䷕，下离☲为烽，上艮☶为烟，互坎☵为净，上艮☶为尽，坎☵又为海为波，坎☵陷为无。

统帝统王又统和：取贲䷕象，上艮☶为统治，下离☲为王，互震☳为帝，互坎☵为和，故统帝统王又统和。

张董本作“统帝统王又统和”，民国四年本作“称帝称王又统和”，今从张董本。

犹有煞星隐西北：贲䷕，上艮☶为犹有，下离☲为兵戈为星故为煞星，互坎☵为隐，上艮☶先天位在西北。

未能遍唱太平歌：取困䷮通贲䷕之象，困䷮上兑☱为未，通艮☶为能，贲䷕互震☳为遍为唱，故未能遍唱；困䷮，下坎☵为太平，上兑☱为歌。

图示卦象

图中四人背弓作揖，所谓“大乱平，四夷服”。取贲䷕象，互震☳为武装后天数四，互坎☵为弓，上艮☶为身背，故四人背弓。三至上为䷚，上艮☶为手，下震☳为礼，故䷚为作揖。图示如下：

第五十九象　壬戌 ䷞ 兑上艮下　咸

谶曰：

无城无府，无尔无我。

天下一家，治臻大化。

颂曰：

一人为大世界福，

手执签筒拔去竹。

红黄黑白不分明，

东南西北尽和睦。

圣叹曰：“此乃大同之象，人生其际，饮和食德，当不知若何愉快也。惜乎其数已终，其或反本归原，还于混噩欤。”

苗元一按

咸䷞互姤䷫通损䷨覆恒䷟

无城无府：取损䷨象，互坤☷为无，上艮☶为城为府。

无尔无我：取损䷨象，互坤☷为无，下兑☱为尔，上艮☶为无为我，坤☷亦为无为我。

天下一家：取咸䷞象，互乾☰为天，上兑☱为下，乾☰又为一，下艮☶为家。

治臻大化：取咸䷞象，下艮☶为治臻，互乾☰为大，互巽☴为化。另：伏坤☷为化。

一人为大世界福：取咸䷞象，互乾☰为一人为大为福，下艮☶为世界。

手执签筒拔去竹：取损䷨象，上艮☶为手为执，互震☳为签，互坤☷为筒，上艮☶为拔，互震☳为去，互坤☷为竹。

红黄黑白不分明：取损䷨象，上艮☶纳丙故红，互坤☷为黄为黑，下兑☱为白，互坤☷为夜故不分明。

东南西北尽和睦：取损䷨象，互震☳为东，上艮☶为南，下兑☱为西，互坤☷为北，故东南西北；上艮☶为尽，互坤☷为和，下兑☱为睦，故尽和睦。

依月体纳甲说：艮兑位于南方，故艮为南。

张董本作“东西南北”，民国四年本作“东南西北”。从四年本。“东南西北”为顺故和睦，“东西南北”交叉岂能和睦?!

图示卦象

图中一人“手执签筒拔去竹”。取咸䷞通损䷨象，咸䷞互乾☰为一为大人；损䷨上艮☶为手执，为拔，互震☳为签为去为竹，互坤☷为筒，故一手执签筒，一手拔去竹。损䷨二至上䷚为拔去之象。图示如下：

第六十象　癸亥䷬兑上坤下　萃

谶曰：

一阴一阳，无终无始。

终者自终，始者自始。

颂曰：

茫茫天数此中求，

世道兴衰不自由。

万万千千说不尽，

不如推背去归休。

圣叹曰："一人在前，一人在后，有往无来，无独有偶，以此殿图，其寓意至深远焉。无象之象胜于有象。我亦以不解解之，著者有知当亦许可。"

苗元一按

萃䷬互渐䷴通大畜䷙覆升䷭

一阴一阳：取萃䷬象，下坤☷通乾☰之象，下坤☷为阴，通乾☰为阳，故一阴一阳。

无终无始：取萃䷬象，下坤☷为无通乾☰为始，上艮☶为终，故无终无始。

终者自终：取萃䷬象，互艮☶为终者，下坤☷为自为终，故终者自终。

始者自始：取大畜䷙象，互震☳为胎为卵，故为始者，上艮☶为自，下乾☰为始，故始者自始。

茫茫天数此中求：取萃䷬象，上兑☱为茫，下坤☷为茫，故茫茫，坤☷通乾☰为天数，互艮☶为此为求，下坤☷为中。

世道兴衰不自由：取萃䷬象，下坤☷为世，互艮☶为道，上兑☱为兴，下坤☷为衰为不为自，乾☰为自由，乾☰伏，故不自由。

万万千千说不尽：取萃䷬象，下坤☷为万万千千，上兑☱为说，下坤☷为不，互艮☶为尽。

不如推背去归休：取萃䷬象，下坤☷为不如为休，互艮☶为推为背。三至上䷬旁通为䷩，䷩下震☳为去，上艮☶为归。

图示卦象

此图为推背图，也是《推背图》著作名称的由来，此图一人推另一人背，前者较年长，后者较年轻。

此图为癸亥，与第一图甲子遥相呼应，以六十天干地支为周纪构架象征天地之数的圆满终结和新的循环的开始。是故“日月循环，周而复始”（第一象）“一阴一阳，无始无终”（第六十象）。

《推背图》的作者惜字如金，面对一千五百年以上的历史只给了四十三象，许多时代如康乾王朝为清鼎盛时代，作者都未有详叙，为什么还要多一象深化第一象所揭示的天道观呢？问题当然不仅仅如此，还在于作者想通过象数易学和图书易学将本著的名称和著作者名字作以交代。后世以此图将本著命名为《推背图》，但署名一直不详，只传为李淳风、袁天罡所作，无有史证。宋岳珂的《桯史》也只记有李淳风一人所作。笔者以为本卦萃䷬即含有李淳风、袁天罡两作者之名。萃䷬通大畜䷙，萃䷬下卦坤☷为淳，互巽☴为风，通震☳为李，岂非李淳风?！萃䷬上兑☱居西，《参同契》曰“天罡据西”，又互艮☶为星，二至上䷬岂非天罡?！另：艮☶为前，坤☷为后，岂非天罡在前，淳风在后？又互艮☶为推为背为画，岂非推背图乎？凡《推背图》用一姓一名无不从象生，与《易》同也！图示如下：

鸣呼！本书以《推背图》命名以李淳风和袁天罡所作，此亦数也！坊间流传李淳风在作完《推背图》最后一象后，袁天罡轻推其背提醒他点到为止。但与此图不符，此图是李推袁背。以象而论，此图当为正说。

附　录

一、民国四年本《推背图》（金圣叹注本）曼根氏英文跋语影印件

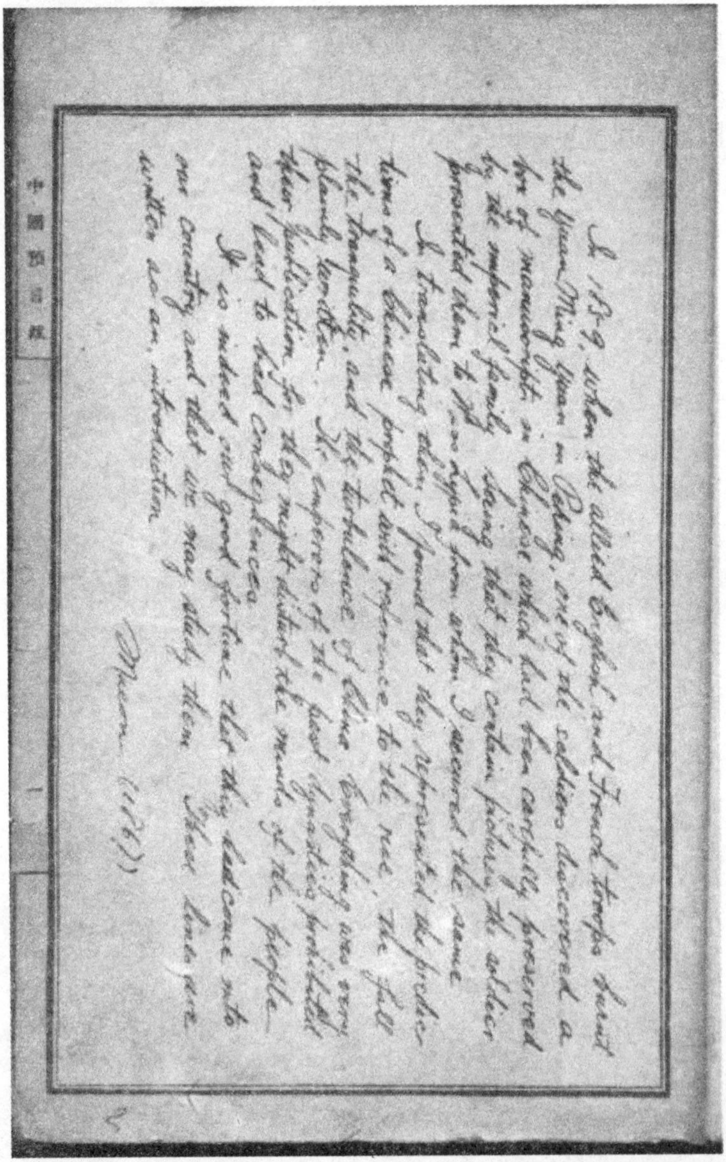

In 1859, when the allied English and French troops burnt the Yuan Ming Yuan in Peking, one of the soldiers discovered a box of manuscripts in Chinese which had been carefully preserved by the imperial family. Seeing that they contain pictures, the soldier presented them to Wu so Lypu from whom I secured the same.

In translating them I found that they represented the predictions of a Chinese prophet with reference to the rise, the fall the tranquility, and the turbulence of China. Everything was very plainly written. The emperors of the past dynasties prohibited their publication for they might disturb the minds of the people and lead to bad consequences.

It is indeed our good fortune that they had come into our country and that we may study them. These lines are written as an introduction.

Mueon (1867)

二、民国四年本《推背图》金圣叹序影印件

序

謂數可知乎可知而不可知也謂數不可知乎不可知而可知也可知者數不可知者亦數可知其所不可知者數不可知其所可知者亦數也吾嘗仰觀于天日月星辰猶是也俯察於地山川草木猶是也我所親見之天地非猶是我所未親見之天地耶然不得謂我所未親見之天地卽爲我所親見之天地天地自天地而我異矣我自我而天地異矣我生以前之天地可知也可知者數也我生以後之天地不可知也不可知者亦數也有我生以前之天地然後有我生以後之天地此可知其所不可知者數也我生以後之天地究不同於我生以前之天地此不可知其所可知者亦數也數之時義大矣哉唐臣袁天罡李淳風著有推背圖父老相傳迄未寓目壬戌之夏得一抄本展而讀之其經過之事若合符節其數耶其數之可知者耶其數之可知而不可知不可知而可知者耶玩其詞參其意胡運不長可立而待毋以天之驕子自處也

癸亥人日金喟識

三、苗元一书《唐太史令李淳风墓志铭》

（此碑立于四川省阆中市李淳风墓前）

主要参考文献

1.《子夏易传》二卷，〔周〕卜商撰，〔清〕马国翰辑《玉函山房辑佚书》本。

2.《周易丁氏传》二卷，〔汉〕丁宽撰，〔清〕马国翰辑《玉函山房辑佚书》本。

3.《周易施氏章句》一卷，〔汉〕施雠撰，〔清〕马国翰辑《玉函山房辑佚书》本。

4.《周易孟氏章句》二卷，〔汉〕孟喜撰，〔清〕马国翰辑《玉函山房辑佚书》本。

5.《周易梁丘氏章句》一卷，〔汉〕梁丘贺撰，〔清〕马国翰辑《玉函山房辑佚书》本。

6.《焦氏易林》，〔汉〕焦延寿撰，《四库全书》本。

7.《焦氏易林注》，〔清〕尚秉和撰。

8.《焦氏易诂》，〔清〕尚秉和撰，中华书局1991年版。

9.《周易尚氏学》，〔清〕尚秉和撰，中华书局1980年版。

10.《费氏易林》一卷，〔汉〕费直撰，〔清〕马国翰辑《玉函山房辑佚书》本。

11.《汉魏费氏易学考》，〔民国〕沈瓞民撰，《制言》第四十一期，1937年。

12.《京氏易传》，〔汉〕京房撰，《四库全书》本。

13.《易杂占条例法》一卷，〔汉〕京房撰，〔清〕黄奭辑《汉学堂丛书》本。

14.《京氏易传注》三卷，〔三国·吴〕陆绩撰，景印元明善本丛书十种。

15.《周易马氏传》三卷，〔汉〕马融撰，〔清〕马国翰辑《玉函山房辑佚书》本。

16.《周易注》一卷，〔汉〕宋衷撰，〔清〕孙堂辑《汉魏二十一家易注》本。

17.《周易荀氏注》三卷，〔汉〕荀爽撰，〔清〕马国翰辑《玉函山房辑佚书》本。

18.《九家周易集》一卷，〔清〕孙堂辑《汉魏二十一家易注》本。

19.《周易郑康成注》一卷，〔汉〕郑玄撰，〔宋〕王应麟辑，《四库全书》本。

20.《新本郑氏周易》三卷，〔清〕惠栋补正，《四库全书》本。

21.《周易郑氏注》三卷，〔清〕张惠言订正，《张皋文全集》。

22.《周易郑氏学阐微》，林忠军撰，上海古籍出版社2005年版。

23.《易纬》，〔汉〕郑玄注，《四库全书》本。

24.《周易参同契考异》，〔宋〕朱熹撰，《朱子全书》。

25.《周易参同契古注集成》，上海古籍出版社1990年版。

26.《周易虞氏义》九卷、《周易虞氏消息》二卷、《虞氏易礼》二卷、《虞氏易事》二卷、《虞氏易候》一卷、《虞氏易言》二卷，〔清〕张惠言撰，《张皋文全集》。

27.《周易虞氏学》，徐昂撰，民国三十六年刊。

28.《周易虞氏易象释易则》，潘雨廷撰，上海古籍出版社2009年版。

29.《汉易卦气学研究》，梁韦弦撰，齐鲁书社2007年版。

30.《周易注》、《周易略例》，〔魏〕王弼，楼宇烈《王弼集校释》（上、下册），中华书局1980年版。

31.《周易蜀才注》一卷，〔蜀〕范长生撰，〔清〕马国翰辑《玉函山房辑佚书》本。

32.《周易陆氏述》三卷，〔三国·吴〕陆绩撰，〔清〕马国翰辑《玉函山房辑佚书》本。

33.《周易干氏注》三卷，〔晋〕干宝撰，〔清〕马国翰辑《玉函山房辑佚书》本。

34.《周易向氏义》一卷，〔晋〕向秀撰，〔清〕马国翰辑《玉函山房辑佚书》本。

35.《周易何氏讲疏》一卷，〔隋〕何妥撰，〔清〕马国翰辑《玉函山房辑佚书》本。

36.《周易侯氏注》三卷，〔唐〕侯果撰，〔清〕马国翰辑《玉函山房辑佚书》本。

37.《周易探玄》三卷，〔唐〕崔憬撰，〔清〕马国翰辑《玉函山房辑佚书》本。

38.《周易元义》一卷，〔唐〕李淳风撰，〔清〕马国翰辑《玉函山房辑佚书》本。〔清〕惠栋《易汉学》卷四亦有述录。

39.《周易集解》，〔唐〕李鼎祚撰，中国书店出版社1984年版。

40.《周易集解纂疏》，〔清〕李道平撰，上海古籍出版社1994年版。

41.《周易正义》，〔唐〕孔颖达撰，北京大学出版社1999年版。

42.《经典释文·周易音义》，〔唐〕陆德明撰，中华书局1983年版。

43.《周易口诀义》六卷，〔唐〕史征撰，《四库全书》本。

44.《周易口诀义疏证》，徐芹庭撰，中国书店出版社2009年版。

45.《龙图序》，〔宋〕陈抟撰，〔元〕张理《易象图说·内篇》。

46.《易数钩隐图》三卷，〔宋〕刘牧撰，《四库全书》本。

47.《周易口义》十二卷，〔宋〕胡瑗述、倪天隐记，《四库全书本》。

48.《易童子问》三卷，〔宋〕欧阳修撰，《四部丛刊》本。

49.《开元占经》，〔唐〕瞿昙悉达撰，中央编译出版社2006年版。

50.《太极图说》、《通书》，〔宋〕周敦颐撰，《易学集成》，四川大学出版社 1998 年版。

51.《皇极经世》十二卷,〔宋〕邵雍撰,《四库全书》本。

52.《邵雍评传》,唐明邦撰,南京大学出版社 1998 年版。

53.《易通变》四十卷,〔宋〕张行成撰,《四库全书》本。

54.《横渠易说》三卷,〔宋〕张载撰,《四库全书》本。

55.《涑公易说》六卷,〔宋〕司马光撰,《四库全书》本。

56.《伊川易传》四卷,〔宋〕程颐撰,《四库全书》本。

57.《东坡易传》九卷,〔宋〕苏轼撰,《四库全书》本。

58.《易学辨惑》一卷,〔宋〕邵伯温撰,《四库全书》本。

59.《汉上易传》十一卷、《周易卦图》三卷、《周易丛说》一卷,〔宋〕朱震撰,《四库全书》本。

60.《周易窥余》十五卷,〔宋〕郑刚中撰,《四库全书》本。

61.《易原》八卷,〔宋〕程大昌撰,《四库全书》本。

62.《诚斋易传》二十卷,〔宋〕杨万里撰,《四库全书》本。

63.《周易本义》十二卷,〔宋〕朱熹撰,《四库全书》本。

64.《朱文公易说》二十三卷,〔宋〕朱熹撰、朱鉴编,《四库全书》本。

65.《南轩易说》三卷,〔宋〕张栻撰,《四库全书》本。

66.《周易音训》二卷,〔宋〕吕祖谦撰,台湾《易经集成》本。

67.《易图说》三卷,〔宋〕吴仁杰撰,《通志堂经解》本。

68.《周易玩辞》十六卷,〔宋〕项安世撰,《四库全书》本。

69.《水村易镜》一卷,〔宋〕林光世撰,《通志堂经解》本。

70.《周易象义》十六卷,〔宋〕丁易东撰,《四库全书》本。

71.《三易备遗》十卷,〔宋〕朱元升撰,《四库全书》本。

72.《周易集说》四十卷,〔宋〕俞琰撰,《四库全书》本。

73.《易图通变》五卷、《易筮通变》三卷,〔宋〕雷思齐撰,《四库全书》本。

74.《易本义附录纂疏》十五卷,〔元〕胡一桂撰,《四库全书》本。

75.《易纂言》十卷,〔元〕吴澄撰,《四库全书》本。

76.《周易原旨　易源奥义》,〔元〕保巴撰,中华书局 2009

年版。

77.《易象图说》,〔元〕张理撰,《易学集成》四川大学出版社 1998 年版。

78.《周易图说》二卷,〔元〕钱义方撰,《四库全书》本。

79.《周易集注》十六卷,〔明〕来知德撰,《四库全书》本。

80.《易象正》十六卷,〔明〕黄道周撰,《四库全书》本。

81.《古周易订诂》十六卷,〔明〕何楷撰,《四库全书》本。

82.《易图亲见》,〔明〕来集之撰,《易学集成》四川大学出版社 1998 年版。

83.《周易禅解》,〔明〕智旭撰,九州出版社 2004 年版。

84.《易学象数论》六卷,〔清〕黄宗羲撰,《四库全书》本。

85.《易音》三卷,〔清〕顾炎武撰,《音学五书》。

86.《周易象辞》二十一卷,〔清〕黄宗炎撰,《四库全书》本。

87.《周易稗疏四卷·考义一卷》,〔清〕王夫之撰,《四库全书》本。

88.《周易内传》、《周易外传》,〔清〕王夫之撰,九州出版社 2004 年版。

89.《御纂周易折中》,〔清〕李光地撰,上海古籍出版社 1990 年版。

90.《春秋占筮书》三卷,〔清〕毛奇龄撰,《四库全书》本。

91.《周易函书》(凡四册),〔清〕胡煦撰,中华书局 2008 年版。

92.《河洛精蕴》,〔清〕江永撰,巴蜀出版社 2008 年版。

93.《周易三极图贯》,〔清〕冯道立撰,九州出版社 2008 年版。

94.《周易浅述》,〔清〕陈梦雷撰,九州出版社 2005 年版。

95.《易图明辨》,〔清〕胡渭撰,九州出版社 2008 年版。

96.《周易述》,附《易汉学易例》(上、下册),〔清〕惠栋撰,中华书局 2007 年版。

97.《周易集解》,〔清〕孙星衍撰,上海书店出版社 1988

年版。

98.《易义别录》、《易图条辨》，〔清〕张惠言撰，《张皋文全集》。

99.《易学三书》，〔清〕焦循撰，九州出版社 2003 年版。

100.《周易姚氏学》，〔清〕姚配中撰，《皇清经解续编》本。

101.《周易平议》二卷、《周易互体征》一卷、《易贯》五卷、《卦气值日考》一卷、《卦气续考》一卷、《八卦方位说》一卷，〔清〕俞樾撰，《春在堂全书》。

102.《六十四卦经解》，〔清〕朱骏声撰，中华书局 1990 年版。

103.《经学通论》，〔清〕皮锡瑞撰，中华书局 1989 年版。

104.《易纬　诗纬　礼纬　乐纬》，〔清〕黄奭辑，上海古籍出版社 1993 年版。

105.《十三经注疏》，〔清〕阮元校刻，中华书局 1980 年版。

106.《杭氏易学七种》（上、下册），〔民国〕杭辛斋撰，九州出版社 2005 年版。

107.《经传诂易》，〔民国〕徐昂撰，南通翰墨林书局 1947 年版。

108.《乾坤衍》，熊十力撰，《熊十力全集》第七卷，湖北教育出版社 2001 年版。

109.《周易古义》，〔民国〕杨树达撰，上海古籍出版社 1991 年版。

110.《周易义证类纂》，闻一多撰，《周易与庄子研究》，巴蜀书社 2003 年版。

111.《易卦源于龟卜考》，屈万里撰，黄寿祺、张善文编《周易研究论文集》第一辑。

112.《先秦汉魏易例述评》，屈万里撰，台湾学生书局 1985 年版。

113.《中国古代龟卜文化》，刘玉建撰，广西师范大学出版社 1992 年版。

114.《谶纬论略》，钟肇鹏撰，辽宁教育出版社 1991 年版。

115.《谶纬文献与汉代文化构建》，徐兴无撰，中华书局2003年版。

116.《中国古代星占学》，卢央撰，中国科学技术出版社2008年版。

117.《易经源流——中国易经学史》（上、下册），徐芹庭撰，中国书店出版社2008年版。

118.《先秦易学史》、《两汉易学史》、《宋元明易学史》，高怀明撰，广西师范大学出版社2007年版。

119.《魏晋南北朝易学书考佚》，黄庆萱撰，幼狮文化事业公司1975年版。

120.《易学乾坤》，黄沛荣撰，大安出版社1998年版。

121.《周易探源》，李镜池撰，中华书局1978年版。

122.《周易研究论文集》（凡四辑），黄寿祺、张善文编，北京师范大学出版社（1987—1990年）。

123.《周易大传今注》，高亨撰，齐鲁书社1979年版。

124.《周易大传新注》，徐志锐撰，齐鲁书社1989年版。

125.《易学哲学史》（凡四卷），朱伯崑撰，华夏出版社1995年版。

126.《周易全解》，金景芳、吕绍纲撰，吉林大学出版社1989年版。

127.《易传与道家思想》，陈鼓应撰，台湾商务印书馆1994年版。

128.《周易溯源》，李学勤撰，巴蜀书社2006年版。

129.《内圣外王的贯通——北宋易学的现代诠释》，余敦康撰，学林出版社1997年版。

130.《易学本体论》，〔美〕成中英撰，北京大学出版社2006年版。

131.《周易卦爻辞中的故事》，顾颉刚撰，《燕京学报》1929年第六期。

132.《马王堆帛书〈六十四卦〉释文》，《文物》1984年第3期。

133.《帛书〈周易〉》，于毫亮撰，《文物》1984年第3期。

134.《今、帛、竹书〈周易〉综考》，刘大钧撰，上海古籍出版社2005年版。

135.《帛书周易注释》，张立文撰，中州古籍出版社2008年版。

136.《帛书〈周易〉论集》，廖名春撰，上海古籍出版社2008年版。

137.《楚竹书〈周易〉研究》（上、下册），濮茅左撰，上海古籍出版社2006年版。

138.《试释周初青铜器铭文中的易卦》，张政烺撰，《考古学报》1980年第4期。

139.《中国方术考》、《中国方术续考》，李零撰，东方出版社2000年版。

140.《易图考》，李申撰，北京大学出版社2001年版。

141.《周易八卦图解》，施维主编，巴蜀书社2003年版。

142.《易图象与易诠释》，郑吉雄撰，华东师范大学出版社2008年版。

143.《易图源流——中国易经图书学史》，徐芹庭撰，中国书店出版社2008年版。

144.《卦序与解卦理路》，李尚信撰，巴蜀书社2008年版。

145.《易学大辞典》，张其成主编，华夏出版社1992年版。

146.《二十世纪中国易学史》，杨庆中撰，人民出版社2000年版。

147.《说文解字》，〔汉〕许慎撰，中国书店出版社1989年版。

148.《说文解字注》，〔清〕段玉裁撰，上海古籍出版社1981年版。

149.《尔雅　广雅　方言　释名》（清疏四种合刊），上海古籍出版社1989年版。

150.《古字通假会典》，高亨撰，齐鲁书社1989年版。

151. 《广雅疏证》，〔清〕王念孙撰，中华书局 1983 年版。

152. 《经传释词》，〔清〕王引之撰，岳麓书社 1984 年版。

153. 《尔雅校笺》，周祖谟校笺，江苏教育出版社 1984 年版。《方言校笺》，周祖谟校笺，中华书局 1993 年版。

154. 《释名疏证补》，〔东汉〕刘熙撰，〔清〕毕沅疏证、王先谦补，上海古籍出版社 1984 年版。

155. 《经典释文汇校》，〔唐〕陆德明撰、黄焯汇校，中华书局 2006 年版。

156. 《殷墟卜辞综述》，陈梦家撰，中华书局 1988 年版。

157. 《龙龛手镜》（高丽本），〔辽〕释行均撰，中华书局 1985 年版。

158. 《宋刻集韵》，〔宋〕丁度等撰，中华书局 1989 年版。

159. 《宋本广韵》，中国书店出版社 1982 年版。

160. 《宋本玉篇》，中国书店出版社 1983 年版。

161. 《字汇　字汇补》，上海辞书出版社 1991 年版。

162. 《敦煌俗字典》，黄征撰，上海教育出版社 2005 年版。

163. 《辞源》（凡四册），商务印书馆 1915 年版。

164. 《桯史》，〔宋〕岳珂撰，中华书局 1981 年版。

165. 《鸡肋篇》，〔宋〕庄绰撰，中华书局 1997 年版。

166. 《隋唐嘉话　朝野佥载》，〔唐〕刘悚、张鷟撰，中华书局 1979 年版。

167. 《七修类稿》，〔明〕郎瑛撰，上海书店出版社 2001 年版。

168. 《国语》，上海古籍出版社 1988 年版。

169. 《春秋繁露》（上、中、下三册），〔汉〕董仲舒撰，中华书局 1975 年版。

170. 《史记》，中华书局 1959 年版。

171. 《汉书》，中华书局 1962 年版。

172. 《后汉书》，中华书局 1965 年版。

173. 《三国志》，中华书局 1982 年版。

174.《隋书》，中华书局 1973 年版。

175.《旧唐书》，吉林人民出版社 1998 年版。

176.《新唐书》，吉林人民出版社 1998 年版。

177.《唐会要》（上、中、下），中华书局 1955 年版。

178.《隋唐制度渊源略论稿 唐代政治史述论稿》，陈寅恪撰，生活·读书·新知三联书店 2001 年版。

179.《旧五代史》，吉林人民出版社 1998 年版。

180.《新五代史》，吉林人民出版社 1998 年版。

181.《宋史》，吉林人民出版社 1998 年版。

182.《辽史》，吉林人民出版社 1998 年版。

183.《金史》，吉林人民出版社 1998 年版。

184.《元史》，吉林人民出版社 1998 年版。

185.《新元史》，吉林人民出版社 1998 年版。

186.《明史》，吉林人民出版社 1998 年版。

187.《清史稿》，吉林人民出版社 1998 年版。

188.《资治通鉴》（全两册），〔北宋〕司马光撰，上海古籍出版社 1997 年版。

189.《剑桥中国秦汉史》、《剑桥中国隋唐史》、《剑桥中国辽西夏金元史》、《剑桥中国明代史》、《剑桥中国晚清史》（上、下）、《剑桥中华民国史》（上、下）、《剑桥中华人民共和国史》（上、下），中国社会科学出版社 1992 年版。

190.《万古江河》，许倬云撰，上海文艺出版社 2006 年版。

191.《中国文明七千年初探》，蒋南华撰，人民出版社 2002 年版。

192.《中国文明起源新探》，苏秉琦撰，辽宁人民出版社 2009 年版。

193.《中国历史年表》，柏杨撰，海南出版社 2006 年版。

194.《中外历史年表》，翦伯赞主编，中华书局 1963 年版。

195.《全球通史》，〔美〕斯塔夫里阿诺斯撰，北京大学出版社 2006 年版。

196.《金圣叹传论》，陈洪撰，天津人民出版社 1996 年版。

197.《金圣叹全集》（全六册），陆林辑校整理，凤凰出版社2008年版。

198.《中国科学技术史·数学卷》，〔英〕李约瑟撰，科学出版社1978年版。

199.《中国古代服饰研究》，沈从文撰，上海世纪出版集团2005年版。

200.《中国哲学史大纲》（卷上），胡适撰，东方出版社1996年版。

201.《东西文化及其哲学》，梁漱溟撰，商务印书馆1987年版。

202.《中国哲学史》（上、下册），冯友兰撰，华东师范大学出版社2000年版。

203.《中国政治思想史》，萧公权撰，新星出版社2005年版。

204.《中国近代思想史论》，《中国古代思想史论》，李泽厚撰，人民出版社1979年版；《中国现代思想史论》，李泽厚撰，东方出版社1983年版。

205.《中国现代哲学史稿》（上卷），袁伟时撰，中山大学出版社1987年版。

206.《中国近世思想史》，陈来撰，商务印书馆2004年版。

207.《中国道教思想史纲》（二卷），卿希泰撰，四川人民出版社1980年、1985年版。

208.《国史大纲》（上、下册），钱穆撰，商务印书馆1996年版。

209.《政道与治道》，牟宗三撰，广西师范大学出版社2006年版。

210.《历史哲学》，牟宗三撰，广西师范大学出版社2007年版。

211.《新儒家思想史》，张君劢撰，中国人民大学出版社2006年版。

212.《两汉思想史》，徐复观撰，华东师范大学出版社2001

年版。

213.《中国哲学原论》，唐君毅撰，中国社会科学出版社 2005 年版。

214.《易经与中国文化》、《中国哲学综论》，程石泉撰，上海古籍出版社 2007 年版。

215.《历史与思想》，余英时撰，联经出版事业公司 1976 年版。

216.《政治儒学》，蒋庆撰，生活·读书·新知三联书店 2003 年版。

后　记

此书历时19年。笔者的结论是:《推背图》是象数易学的经典和图书易学的里程碑。《推背图》无一字一句、一图一画不源于易。《推背图》作为中国历史上最为神秘的典籍，正是以中国历史上最为古老的典籍《易经》为基础的。就易学史而言，《推背图》不仅是两汉象数易学的终极，也是两宋图书易学的开端。

遗憾的是《推背图》自李淳风、袁天罡成书1300余年以来，历盛唐、五代、宋、元、明、清、民国，其间闻者甚众，研究者则甚少，长期辗转蹉跎把玩于江湖术士之手，鸿学巨儒无人问津，至今竟没有一本将其作为易学经典进行研究的著作。造成这一局面的原因主要有两个方面：一是《推背图》成书之后，被后人简单视为仅是研究朝代更迭的政治学著作，在专制主义统治之下，学者唯恐躲之不及，故无人敢于深入；二是象数易学自魏晋以降渐衰，唐李鼎祚《周易集解》之后已成绝学，后学无人识得《推背图》之奥且粗暴地将其斥为虚妄之作。即使在当代易学研究的重镇如山东大学、吉林大学、台湾大学、北京大学亦无机构和学者进行研究。在科学与民主日益昌明的今天，是到了将《推背图》纳入易学研究领域从而揭开其神秘面纱的时候了!

《推背图》著述之久，影响之巨，内容之广，启示之神秘，作者成就之杰出，《易经》之后，易学史上无出其右。其内容横跨文史哲，涉及象数易学、图书易学、历史哲学、政治哲学，乃至文字学、天文星象学等，足以构成一门学科。王观堂先生曾云：“古来新学问起，大都由于新发现。”（《王国维文集》第四卷，中国文史出版社1997年版，第33页）笔者以为，这新发现未必一定是出土文物、考古发掘，能从古代典籍中寻绎出往圣之绝学，这也是新内容、新材料、新发现、新学问！故笔者提出构建推背学一说。

笔者于易渊缘颇深，儿时即受父亲演卦的影响涉及象数，初一时父亲命我手抄传抄本《透天玄机》，此事给我留下深刻的印象。1984 年入中山大学哲学系后，再及易理学文献。笔者坚持朱子象数与易理并举的方法论，并进一步认为，象数是根，易理是本，根本须臾不可分离。笔者反对王辅嗣的扫象之说。就一个青年易学家而言，王弼的主张对于消除两汉象数易学之积弊，恢复义理之学之道统具有划时代的意义，但易学不仅是先验的，也是经验的，王弼二十一岁流星般的生命注定了其说对于经验世界的缺失。在易学史上流弊深远，致使后世义理派抛根求玄，不着边际，天马行空，任意恣为。

笔者从 1991 年开始研究《推背图》，先后参阅了包括明清手抄本在内的七种不同的版本。笔者开始时是抱着怀疑主义的态度研究《推背图》的，《推背图》每一象之神奇应验，使人们有理由怀疑它的真实性，有理由认为它是后人经过已经发生的历史进行编造而形成的著作。但笔者最终的研究结果是，《推背图》的作者只要精通象数易学，只要通达历史与哲学就能通过每一个卦象的正卦、覆卦、旁通卦、半卦、纳甲、卦气等创作出谶颂诗句并绘出图像，此所谓“观象玩辞”、“探赜索隐”、“钩深致远”也（《系辞传·上》），作者根本不需要当然也就不屑于用历史故事为其注脚和垫背。恰恰相反的是后人诸如金圣叹之流倒要用历史事实附会于《推背图》了。自民国四年通行本《推背图》刊行以来，海内外华人的研究著作不足二十本，而皆囿于金圣叹之陈说，最多不过是把金圣叹之说用白话文演绎、补充、发挥了一番而已。

笔者习易 30 年研究《推背图》19 年以来，翻阅文献上千种，对一些问题的辨识有时跨度达十余年，其中甘苦难为外人道也。比如：“卜”的卦象究竟是什么？《推背图》第十一象第二十四象第五十一象共出现三次“卜”字，笔者遍阅两汉象数易学，举凡孟喜、焦延寿、京房、马融、郑玄、荀爽、虞翻，一直到《周易集解》所载三十余家象数易学家，今所存其文献皆未有“卜”之象，即使《推背图》之后之邵雍、来知德、惠栋、张惠言、焦循、尚秉和亦未有述。笔者最后根据《说文》：卜，灼剥龟也。第十一象互艮象第二十四象和五十一象皆下伏艮（☶）象，艮☶纳丙为火为灼，艮☶又为龟，大艮☶为䷖为剥，故断艮为卜象。再比如：《新唐书》载《推背图》作者之一袁天罡为火山令，《旧唐书》载为火井令。近人皆以为火山令是司卜筮星象历法的宫廷神职官员或司全国堪舆之职官，笔者曾请益于国内多位唐史专家，说法与此相类。但考历代职官志，唐之前无此官职，唐之后亦无沿用，显然此种观点没有根据当属臆测。后笔者根据《山海经》、《华阳国志》、《说文》、《水经注》、《初学记》、《阆中县志》、《直隶邛州志》、火井镇史料等，得出结论：火山令即火井令即火井县令。隋唐时期的火井县在今四川邛崃县火井镇，袁天罡于唐武德初年出任火井县县令，后终老在这一职务上。再比如：民国四年版《推背图》出现“墊”、“莤”、“曐”、“影”、“凬”、“黬”、“数”等字，这些字在今天的《辞源》、《辞海》中均未收录。其他版本在传抄传印过程中将这些字讹为后人易识之字，严重曲解了作者的原意并削弱了该版本的学术价值。这些字收录在《龙龛手镜》、《集韵》、《字汇补》、《敦煌俗字谱》等文献中。而《龙龛手镜》、《集韵》、《敦煌俗字谱》所录之字许多为隋唐时期俗体字或异体字，亦即这些字均为当时的通俗字、通用字。这从一个方面反映了民国四年版本很可能就是或接近于李淳风最初的版本。其中“凬”字历代字典未明其意，笔者经过考释，“凬”当为“天影”。还有易卦与《推背图》中每一字每一句每一图之间的关系更是让笔者殚精竭虑、斟酌再三，在此不表。

笔者将宿命论作为历史现象来研究并不表明笔者就是宿命论者。在《推背图》中，中国历史宿命论是以象数易学和图书易学而逻辑地展开的。作者构建的中国和世界历史是按帝制时代——共和时代——大同时代这一宏大的历史观而命定式的发展的。在这一历史宿命论中，权威主义、保守主义、自由主义都不具有终极真理性，它们穿插在被规定了的历史之中，它们的能动性仅仅也只能仅仅是折射在宇宙与历史同构、天道与人道合一的洪流中。所幸的是《推背图》作者将人类的宿命最终定格在“无城无府，无尔无我”，地不分“东南西北”，人不分“红黄黑白”的大同世界（第五十九象）。果真如此，即使是那些坚定的人类创造历史主义者们也会欣然接受且乐观其成的。这比那些西方宿命论者动辄警告人类末日就要来临的怪论阳光多了。事实上，这一立论不仅是中国古代先哲的理想追求，也是人类共同的美好愿景。

与此同时，《推背图》以易理为旨归，臧否历史人物，总结人类兴衰，评说家国治乱。作者以无比的智慧，以无畏的勇气，以卓越的方法论和非凡的创造力，演绎了唐以后波澜壮阔的中国与世界大历史，这是一部无与伦比的创世纪，一部独特卓绝的编年史，一部空前绝后的中国历史和世界历史年鉴。

作为一部开拓性的著作，不尽人意之处当很多，需要进一步研究的地方亦很多。诸如：《推背图》与京氏易，《推背图》与天文星象学，《推背图》与先天八卦图、后天八卦图之间的关系，与周敦颐太极图之间的关系，《推背图》与《春秋公羊传》的历史哲学比较，《推背图》与《皇极经世》的象数论比较，《推背图》中的政治哲学，《推背图》与未来学，《推背图》与谶纬文化，《推背图》与古文字、古典文学等等。这些论题的深化，寄希望于后学。笔者的精力将集中到《周易大义》（上、下卷）的最后完成上。

李淳风，《旧唐书》载岐州雍人也，即今陕西岐山县凤鸣镇李家道人。笔者亦岐山人，很荣幸能在1300余年以后为吾之乡党的著作作以创造性的诠释。按《推背图》之排序，李淳风袁天罡作时始于乾卦，今运行至未济卦，恰一天道循环。一方面启示着继盛唐之后又一伟大时代的来临，另一方面也昭示着《推背图》在沉寂了千年之后将从吾辈开始发扬而光大之。呜呼，此亦数也?!

我要感谢岳麓书社刘志明先生，他是本书的奠基人，他的远见和道德勇气令人钦佩！

最后，谨将此著献给我的父亲，这不仅是因为他是我的易学启蒙先生，更重要的是他乐观而自然的人生态度一直影响着我。

庚寅年辛巳月乙酉日　苗元一

图书在版编目(CIP)数据

中国历史宿命论研究:推背学概论/苗元一著.—长沙:岳麓书社,2011.7(2023.4 重印)

ISBN 978-7-80761-635-1

Ⅰ.中… Ⅱ.苗… Ⅲ.①宿命论—研究—中国②命书—研究—中国—古代③推背图—研究 Ⅳ.①B089②B992.3

中国版本图书馆 CIP 数据核字(2011)第 078977 号

中国历史宿命论研究——推背学概论

作　　者:苗元一

责任编辑:刘志明

责任校对:舒　舍

封面设计:刘峰　山和水工作室

岳麓书社出版发行

地址:湖南省长沙市爱民路 47 号

直销电话:0731-88804152　0731-88885616

邮编:410006

版次:2011 年 7 月第 1 版

印次:2023 年 4 月第 11 次印刷

开本:700×1000　1/16

印张:23

字数:324 千字

印数:43 001—47 000

书号:ISBN 978-7-80761-635-1

定价:78.00 元

承印:长沙超峰印刷有限公司

如有印装质量问题,请与本社印务部联系

电话:0731-88884129